Hinter dem Sachregister befindet sich ein ausführliches Verzeichnis der

Guttentagschen Sammlung

Deutscher Reichs- und Preußischer Gesetze

Textausgaben mit Anmerkungen; Taschenformat

die alle wichtigeren Gesetze in unbedingt zuverlässigem Abdruck und mit mustergültiger Erläuterung wiedergibt.

Guttentagsche Sammlung
Nr. 139. Deutscher Reichsgesetze. Nr. 139.
Textausgaben mit Anmerkungen und Sachregister.

Grunderwerbsteuergesetz

(neueste Fassung)

mit den Ausführungsbestimmungen

erläutert von

Geheimem Oberjustizrat Otto Lindemann,
Ministerialdirektor im Preußischen Justizministerium

Zweite, völlig umgearbeitete Auflage

Berlin und Leipzig 1926
Walter de Gruyter & Co.
vormals G. J. Göschen'sche Verlagshandlung – J. Guttentag, Verlagsbuchhandlung – Georg Reimer – Karl J. Trübner – Veit & Comp.

Druck von Walter de Gruyter & Co., Berlin W. 10.

Inhaltsübersicht.

Verzeichnis der Abkürzungen.

A. = Anmerkung.
Abs. = Absatz.
AB. = Ausführungsbestimmungen.
AG. = Ausführungsgesetz.
AmtlMitt. = Amtliche Mitteilungen, herausgegeben im Reichsfinanzministerium.
Art. = Artikel.
AVfg. = Allgemeine Verfügung.
BGB. = Bürgerliches Gesetzbuch.
DJZ. = Deutsche Juristenzeitung.
DNotV. = Zeitschrift des Deutschen Notarvereins.
DStBl. = Deutsches Steuerblatt.
EG. = Einführungsgesetz.
FM. = Finanzminister.
FMBl. = Finanz-Ministerial-Blatt, herausgegeben im Preußischen Finanzministerium.
GenG. = Gesetz betr. die Erwerbs- und Wirtschaftsgenossenschaften.
GS. = Preußische Gesetzsammlung.
HGB. = Handelsgesetzbuch.
JMBl. = Justiz-Ministerial-Blatt, herausgegeben im Preußischen Justizministerium.
JR. = Juristische Rundschau.
JW. = Juristische Wochenschrift.
KO. = Konkursordnung.
KommBer. = Bericht des 11. Ausschusses der verfassunggebenden Deutschen Nationalversammlung (Druckf. Nr. 774).
KVG. = Kapitalverkehrsteuergesetz.
LStG. = Preußisches Landesstempelgesetz.

LeipzZtschr. = Leipziger Zeitschrift für Deutsches Recht.
MBl. = Ministerialblatt für die innere Verwaltung.
NStR. = Neue Steuerrundschau.
OVG. = Oberverwaltungsgericht; die Zahlen ohne weiteren Zusatz bezeichnen Band und Seitenzahl der amtlichen Sammlung der Entscheidungen des preußischen Oberverwaltungsgerichts.
OVGStaatsst. = Entscheidungen des Oberverwaltungsgerichts in Staatssteuersachen.
RAbgO. = Reichsabgabenordnung.
RFH. = Reichsfinanzhof; die Zahlen ohne weiteren Zusatz bezeichnen Band und Seitenzahl der amtlichen Sammlung der Entscheidungen und Gutachten des Reichsfinanzhofs.
RFM. = Reichsfinanzminister.
RG. = Reichsgericht.
RGBl. = Reichsgesetzblatt.
RGSt. = Entscheidungen des Reichsgerichts in Strafsachen.
RGZ. = Entscheidungen des Reichsgerichts in Zivilsachen.
RMBl. = Reichsministerialblatt.
RSchA. = Reichsschatzamt.
Rschr. = Rundschreiben.
RStBl. = Reichs-Steuerblatt.
RStG. = Reichsstempelgesetz.
RZBl. = Zentralblatt für das Deutsche Reich.
StGB. = Reichs-Strafgesetzbuch.
StPO. = Strafprozeßordnung.
VerwBl. = Preußisches Verwaltungsblatt.
ZeitgSt. = Zeitgemäße Steuerfragen und Zeitschrift für Steuerstrafrecht.
ZPO. = Zivilprozeßordnung.
ZVG. = Reichsgesetz über die Zwangsversteigerung und Zwangsverwaltung.

Einleitung.

Die Besteuerung des Eigentumswechsels bei Grundstücken findet sich als eine der ältesten indirekten Abgaben in den Finanzsystemen fast aller Staaten. Ihre Rechtfertigung findet diese Besteuerungsart weniger in volkswirtschaftlichen Gründen, die namentlich in den Fällen versagen, in denen die Steuer einen ohnehin mit Vermögensnachteilen verbundenen Eigentumswechsel belastet, als in praktischen Erwägungen. Der Grundeigentumswechsel zeigt das Vorhandensein nicht unbeträchtlicher Vermögenswerte, wodurch eine gewisse Vermutung für die steuerliche Leistungsfähigkeit der Beteiligten begründet wird, und erleichtert die Erhebung der Steuer vermöge der für ihn vorgeschriebenen Publizität. Bereits bei der Reichsfinanzreform des Jahres 1909 ging das Reich dazu über, diese bis dahin ausschließlich den einzelnen Ländern überlassene und von ihnen in verschiedener Form geregelte Besteuerungsform auch für sich in Anspruch zu nehmen, indem es Grundstücksübertragungen mit einem Steuersatz von $^2/_3$ v. H. belastete, wobei indessen die Befugnisse der Länder, Gemeinden und sonstiger Kommunalverbände, für ihre Zwecke, weitere Steuern vom Grundstückswechsel zu erheben, unberührt blieben. Die außerordentlich schwierige Finanzlage des Reichs nach Beendigung des Krieges ließ es geboten erscheinen, diese Steuerquelle ergiebiger zu gestalten und das Reich in höherem Maße als bisher an der Besteuerung des Grundstücksmarktes teilnehmen zu lassen

Neben der Erhöhung der Steuer für das Reich verfolgte der im Juni 1919 der verfassunggebenden Nationalversammlung vorgelegte Entwurf eines Grundwechselsteuergesetzes (Drucksache Nr. 374) den weiteren Zweck, sämtliche bisherigen Steuern auf Grundstücksübertragungen zusammenzufassen und an ihre Stelle eine einheitliche Steuer zu setzen. Die Nationalversammlung überwies den Entwurf dem 11. Ausschuß zur Vorberatung, welcher die Überschrift des Gesetzes in „Grunderwerbsteuergesetz“ änderte, mit Rücksicht auf die gleichzeitig zur Beratung stehende Reichsabgabenordnung eine Reihe von Bestimmungen strich, wesentliche Änderungen des Entwurfs aber nicht vornahm (KommBer. Drucksache Nr. 774). Am 11. August fand die zweite Beratung in der Vollversammlung statt, und am 16. August wurde das Gesetz in dritter Lesung nach Einfügung einer die Begünstigung von Kleinsiedlungen bezweckenden Steuerermäßigung angenommen.

Das unter dem 12. 9. 19 erlassene Gesetz wurde bereits durch die Reichs-Abgabenordnung vom 13. 12. 19 geändert. Einige Bestimmungen über die Wertberechnung, die durch die Vorschriften der RAbgO. entbehrlich geworden waren, wurden gestrichen und der § 15 neu gefaßt. Weitere Änderungen brachte die Inflationszeit mit sich. Durch Art. VIII der Zweiten Steuernotverordnung vom 19. 12. 23 wurden die Berechnung des gemeinen Wertes den veränderten Verhältnissen angepaßt, § 9, der die Begründung kleiner Wohnstätten und die Vergrößerung kleiner landwirtschaftlicher Siedlungen steuerlich begünstigte, gestrichen und die Sicherstellung der Steuer nach § 24 vereinfacht. Schließlich wurde durch Art. II des Gesetzes zur Änderung der Verkehrssteuern und des Verfahrens vom 10. 8. 25 (RGBl. 241) der Steuersatz auf 3% gesenkt und der RFM. ermächtigt, das Gesetz in geänderter Form und fortlaufender Paragraphenfolge neu bekanntzumachen und dabei den geltenden Vorschriften, insbesondere des Münzgesetzes, anzupassen.

Von der nach dem Reichsstempelgesetz und dem preußischen Stempelsteuergesetz bei Grundstücksveräußerungen erhobenen Abgabe unterscheidet sich die Grunderwerbsteuer wesentlich dadurch, daß sie nicht an das obligatorische Veräußerungsgeschäft, sondern an den dinglichen Eigentumsübergang anknüpft; sie folgt damit dem Vorbilde der Gemeindeumsatzsteuerverordnungen in Preußen, welche ebenfalls in ihrer überwiegenden Mehrzahl den Eigentumsübergang als steuerpflichtigen Rechtsvorgang zugrunde legten. Die Steuerpflicht tritt ein, wenn das Eigentum an einem inländischen Grundstück auf einen anderen übergeht, gleichviel ob dieser Übergang sich vollzieht durch rechtsgeschäftliche Übertragung oder kraft Gesetzes oder durch einseitiges Rechtsgeschäft oder endlich, wie bei der Zwangsversteigerung und Enteignung, durch behördlichen Ausspruch; auch begründet es für die Steuerpflicht keinen Unterschied, ob es sich um abgeleiteten oder ursprünglichen Erwerb handelt. Hinsichtlich der Besteuerung stehen den Grundstücken die Berechtigungen gleich, für welche die Vorschriften des bürgerlichen Rechts über Grundstücke gelten; ausgenommen sind nur die unbeweglichen Bergwerksanteile, um eine ungleichmäßige Behandlung dieser Kuxe gegenüber den als bewegliche Sachen betrachteten Kuxen neueren Rechts zu vermeiden. Dem Übergang des Eigentums an einem Grundstück wird es gleichgeachtet, wenn sich alle Anteile einer Personenvereinigung, zu deren Vermögen Grundstücke gehören, in einer Hand vereinigen oder nach einer solchen Vereinigung auf einen anderen übertragen werden. Neben die Besteuerung des dinglichen Eigentumsübergangs tritt subsidiär die Besteuerung des obligatorischen

Geschäfts, wenn der Übergang des Eigentums nicht innerhalb eines Jahres nach Abschluß des zur Übertragung des Eigentums verpflichtenden Veräußerungsgeschäfts erfolgt; hierdurch soll verhütet werden, daß zur Ersparung der Steuer die Eigentumsübertragung ungebührlich lange hinausgeschoben wird. Außerdem werden, wenn der dinglichen Eigentumsübertragung innerhalb eines Jahres mehrere obligatorische Rechtsgeschäfte vorausgegangen sind, welche den dinglichen Rechtserwerb nicht zur Folge gehabt haben, diese Zwischengeschäfte bei dem am Ende der Kette erfolgenden Eigentumsübergang steuerpflichtig. Objektive Steuerbefreiungen sind vorgesehen, teils um Doppelbesteuerungen zu vermeiden, teils um einzelne Fälle des Grundeigentumswechsels zu erleichtern; so wird keine Steuer erhoben beim Erwerb von Todes wegen oder auf Grund einer Schenkung unter Lebenden, beim Erwerb der Abkömmlinge von den Aszendenten und der Eltern von den Kindern, bei Begründung, Änderung, Fortsetzung und Aufhebung der ehelichen Gütergemeinschaft, bei Teilungen unter Miterben oder Teilnehmern an einer Gütergemeinschaft, beim Grundstückstausch zwecks Flurbereinigung, Grenzregelung und Umlegung. In subjektiver Hinsicht ist hauptsächlich die Befreiung von Kriegsbeschädigten und Hinterbliebenen von Kriegsteilnehmern, die bei Abfindung ihrer militärischen Bezüge Grundstücke erwerben, vorgesehen.

Die Steuer wird berechnet nach dem gemeinen Wert des Grundstücks oder des einem solchen gleichstehenden Rechts; wenn jedoch ein den gemeinen Wert übersteigender Veräußerungspreis vereinbart ist, so ist dieser maßgebend. Der gemeine Wert wird durch den Preis bestimmt, der im gewöhnlichen Geschäftsverkehre nach der Beschaffenheit des Grundstücks unter Berücksichtigung aller den Preis beeinflussenden

Umstände bei einer Veräußerung zu erzielen wäre; ungewöhnliche oder lediglich persönliche Verhältnisse werden nicht berücksichtigt. Mitveräußerte bewegliche Sachen — das bewegliche Inventar — werden nicht mitgerechnet, wohl aber die wesentlichen Bestandteile des Grundstücks, insbesondere die Gebäude, aufstehende Früchte und die mit dem Grundstück als solchem verbundenen Rechte und Nutzungen; indessen ist vorgeschrieben, daß der Wert der Maschinen sowie sonstiger Vorrichtungen aller Art, die zu einer Betriebsanlage des Grundstücks verwandt sind, abzurechnen sind (154 RAbgO.). Im Falle der Zwangsversteigerung vertritt das Meistgebot den Veräußerungspreis, so daß also das Meistgebot maßgebend ist für die Steuerberechnung, falls es höher ist als der gemeine Wert. Eine wichtige Erleichterung tritt für Hypotheken-, Grundschuld-, Rentenschuld- und Reallastgläubiger ein, die in der Zwangsversteigerung Grundstücke erwerben, um ihre Forderungen zu retten. Liegen die im Gesetz näher bestimmten Voraussetzungen bei einem solchen Erwerbe vor, so hat auf Antrag des Steuerschuldners das Landesfinanzamt zu bestimmen, daß die Steuer nur von demjenigen Teil des gemeinen Werts oder des Meistgebots erhoben wird, der den Betrag des Rechts des Erwerbers und der ihm vorgehenden gleichartigen Rechte übersteigt, so daß also ein völliger Erlaß der Steuer eintritt, wenn das Meistangebot für die Steuerberechnung maßgebend ist und dieses nicht einmal das Recht des Erwerbers oder gerade nur noch dieses Recht deckt. Überschreitet der der Steuerberechnung zugrunde zu legende Betrag nicht 150 M., so tritt völlige Steuerbefreiung ein. Die Steuer beträgt 3 v. H. Das Aufkommen an Grunderwerbsteuer ist in voller Höhe den Ländern überwiesen abzüglich von 4% für die Verwaltung der Steuer durch das Reich. Die Länder sind verpflichtet, an die Gemeinden (Gemeindeverbände) mindestens die Hälfte zu überweisen. Die einzelnen Länder und die Gemeinden können zu der Steuer für ihre Rechnung Zuschläge erheben, die aber zusammen nicht mehr als 2 v. H. betragen dürfen. Eine Erhöhung der Steuer auf 5 v. H. ist bei Parzellierungen vorgesehen, um den Güterschlächtern auf dem Lande und der Spekulation der Terraingesellschaften entgegenzuarbeiten.

Die subjektive Steuerpflicht ist dahin geregelt, daß grundsätzlich Schuldner der Steuer gegenüber dem Fiskus Erwerber und Veräußerer als Gesamtschuldner sind; die Steuerbehörde kann also nach Belieben den einen oder den anderen in Anspruch nehmen. Für die Frage, wer im Verhältnis der Beteiligten zueinander die Steuer zu tragen hat, sind in erster Reihe die zwischen ihnen getroffenen Vereinbarungen maßgebend; ist nichts vereinbart und auch aus dem zwischen den Beteiligten bestehenden Rechtsverhältnis — z. B. einem Auftragsverhältnis — nichts anderes zu entnehmen, so sind die Gesamtschuldner im Verhältnis zueinander zu gleichen Teilen verpflichtet. Zur Sicherung des Eingangs der Steuer ist eine Grundbuchsperre in der Weise vorgesehen, daß die Eintragung des Erwerbers erst stattfinden darf, wenn dem Grundbuchamt eine Bescheinigung des Finanzamts beigebracht ist, daß die Steuer gestundet oder in ihrem voraussichtlichen Betrage vorläufig gezahlt ist oder nicht zur Erhebung gelangt.

Neben die eigentliche Grunderwerbsteuer tritt aus Gründen der steuerlichen Gerechtigkeit die Besteuerung der im Besitz der toten Hand befindlichen Grundstücke, da es unbillig sein würde, diese Grundstücke, bei denen ein Eigentumswechsel selten oder gar nicht stattfindet, von der Besteuerung frei zu lassen. Es wird deshalb die Steuer auch erhoben für den Grundstücksbesitz von Fideikommissen und ähnlichen Rechtseinrichtungen und für die im Eigentum von juristischen Personenvereinigungen (offenen Handelsgesellschaften, Kommanditgesellschaften und Gesellschaften des bürgerlichen Rechts) stehenden Grundstücke, wenn seit der Bindung oder dem Eigentumserwerb oder dem letztmaligen Eintritt der Steuerpflicht 20 Jahre verflossen sind. Die Steuer beträgt 2 v. H. des gemeinen Wertes. Zum erstenmal wird diese Steuer am 1. Januar 1929 erhoben oder, wenn an diesem Tage noch nicht ein zehnjähriger Zeitraum seit dem Erwerb oder der Bindung des Grundstücks abgelaufen ist, erst mit dem Ablauf dieses Zeitraums, und zwar erstmalig nur in halber Höhe. In subjektiver Hinsicht sind für die Besteuerung der toten Hand besondere Befreiungen vorgesehen. Befreit sind nämlich das Reich, die Länder, die Gemeinden und Gemeindeverbände, ferner die deutschen Kirchen, die mit Rechtspersönlichkeit ausgestatteten, öffentlich zugelassenen Religionsgesellschaften und die ausschließlich kirchlichen, Unterrichts-, gemeinnützigen oder milden Zwecken dienenden Anstalten, Stiftungen und Personenvereinigungen hinsichtlich der unmittelbar zu den bezeichneten Zwecken bestimmten Grundstücke.

Während die Grundwechselabgabe im Reich und in Preußen früher in Form eines Stempels erhoben wurde, erfolgt bei der Grunderwerbsteuer eine förmliche Veranlagung. Zur Vorbereitung der Veranlagung ist den Grundbuchämtern, Registerbehörden und den sonstigen Reichs-, Staats- und Gemeindebeamten auferlegt, von allen eine Steuerpflicht auslösenden Rechtsvorgängen den Finanzämtern Mitteilung zu machen. Subsidär liegt eine Anzeigepflicht dem Veräußerer und Erwerber oder ihren gesetzlichen Vertretern ob, sofern nicht die vorerwähnten Mitteilungen an das Finanzamt zu erfolgen haben. Für die Besteuerung der toten Hand haben die Inhaber der gebundenen Grundstücke und die gesetzlichen Vertreter der Personenvereinigungen mindestens 2 Monate vor Ablauf des Steuerzeitraums dem Finanzamt Anzeige zu erstatten. Die Verwaltung und Erhebung der Steuer erfolgt durch die Finanzämter. Das Finanzamt setzt, nachdem die zur Berechnung der Steuer etwa erforderlichen Ermittlungen erfolgt sind, die Steuer fest und erteilt dem Steuerpflichtigen einen Steuerbescheid. Gegen den Steuerbescheid findet Einspruch statt, über den das Finanzamt entscheidet. Gegen die Einspruchsentscheidung des Finanzamts ist Berufung zulässig; gegen die Berufungsentscheidung des Finanzgerichts ist die Rechtsbeschwerde an den Reichsfinanzhof gegeben. Der Rechtsweg ist ausgeschlossen.

Der Reichsfinanzminister hat zur Ausführung des Gesetzes nähere Bestimmungen erlassen (abgedruckt unten unter B). Dem Reichsrat ist das Recht eingeräumt, die Steuer auch über den Anteil des Reichs hinaus einschließlich der von Ländern oder Gemeinden erhobenen Zuschläge aus Billigkeitsgründen zu erlassen. Dabei ist im Gesetz der ausdrückliche Hinweis gegeben, daß insbesondere diejenigen Fälle berücksichtigt werden sollen, in denen der Erwerb von Grundstücken durch einen Hypotheken-, Grundschuld-, Rentenschuld- oder Reallastgläubiger zur Rettung seines Rechts erfolgt, wobei namentlich an die Rettungskäufe außerhalb der Zwangsversteigerung im freihändigen Verkehr zu denken ist. Um Steuerhinterziehungen tunlichst vorzubeugen, ist der Reichsrat ermächtigt, auch solche Rechtsvorgänge für steuerpflichtig zu erklären, die es, ohne daß ein Eigentumsübergang stattfindet, einem anderen ermöglichen, über das Grundstück wie ein Eigentümer zu verfügen.

(Nr. 7046.) A.

Grunderwerbsteuergesetz.

Vom 12. September 1919.

(RGBl. S. 1617.)

In der Fassung der RAbgO. v. 13. 12. 19; der zweiten Steuernotverordnung v. 19. 12. 23; des G. zur Änderung der Verkehrssteuern und des Verfahrens v. 10. 8. 25.

Die verfassunggebende Deutsche Nationalversammlung hat das folgende Gesetz beschlossen, das mit Zustimmung des Reichsrats hiermit verkündet wird:

§ 1.

Beim Übergange des Eigentums an inländischen Grundstücken wird eine Grunderwerbsteuer erhoben. Dem Übergange des Eigentums steht gleich der Erwerb von herrenlosen Grundstücken.

Übersicht zu § 1.

1. Der steuerpflichtige Rechtsvorgang.
   - A. Begriff und Arten des Eigentums.
   - B. Der Übergang des Eigentums.
     - I. Begriffliche Abgrenzung des Eigentumsübergangs.
     - II. Arten des Eigentumsübergangs.
       - a) Abgeleiteter Erwerb.
         - α) Rechtsgeschäftliche Übertragung.
         - β) Gesamtrechtsnachfolge.
       - b) Originärer Erwerb.

III. Neubegründung von Eigentum und Berechtigungen.
2. Grundstücke und ihre Bestandteile als Gegenstand des Eigentumsübergangs.

1. Der steuerpflichtige Rechtsvorgang.

A. Eigentum ist nach bürgerlichem Recht das Recht der vollständigen und ausschließlichen Herrschaft über eine Sache (§ 903 BGB.). Dieser im bürgerlichen Recht geltende Eigentumsbegriff ist auch für das Steuergesetz maßgebend; ein „tatsächliches", „wirtschaftliches" oder „formales" Eigentum neben dem Eigentum im Rechtssinn kennt das Steuergesetz nicht (vgl. aber § 6). Auch ist eine Unterscheidung zwischen Ober- und Untereigentum oder Nutzeigentum dem Steuergesetz ebenso wie dem BGB. unbekannt. Als fiduziarisch pflegt man das Eigentum da zu bezeichnen, wo der Eigentümer obligatorisch gebunden ist, es nur in bestimmter Richtung zu gebrauchen und es, nachdem der Zweck der fiduziarischen Übertragung erreicht ist, wieder zurück- oder an einen Dritten herausgegeben. Auch das fiduziarische Eigentum ist vollwirksames Eigentum und sein Erwerb fällt unter § 1, RFH. 10. 1. 22 (8, 89); auch die Rückübertragung des Eigentums seitens des Treuhänders ist steuerpflichtig, jedoch kann Erlaß oder Erstattung der Steuer gemäß § 23 in Frage kommen.

Beim gemeinschaftlichen Eigentum sind zwei Formen zu unterscheiden, nämlich das Miteigentum, bei welchem den einzelnen Miteigentümern ideelle Anteile der Sache, Bruchteile, gehören, und das Miteigentum zur gesamten Hand, wobei solche ideellen Anteile fehlen. Gesamthandeigentum liegt vor bei der allgemeinen Gütergemeinschaft und Errungenschaftsgemeinschaft unter Ehegatten, bei der fortgesetzten Gütergemeinschaft, bei der Gemeinschaft der Miterben, der Gesellschaft des bürgerlichen Rechts (§§ 705ff. BGB.), der offenen Handelsgesellschaft und Kommanditgesellschaft und bei der Reederei. Miteigentum zur gesamten Hand kann rechtsgeschäftlich immer nur mittelbar durch Vereinbarung eines Rechtsverhältnisses entstehen, für welches das Gesetz das Gesamthandverhältnis vorgeschrieben hat; es steht nicht im freien Belieben der Beteiligten, dieses Eigentum im Wege des Vertrags zu begründen (OVG. 62, 265).

B. Nach den auch für das Steuerrecht maßgebenden Grundsätzen des Privatrechts ist zu unterscheiden der schuldrechtliche Vertrag, welcher die Verpflichtung zur Übertragung des Eigentums und den Anspruch hierauf begründet, und der dingliche Rechtsvorgang, der den Eigentumsübergang unmittelbar in sich schließt. Die Steuerpflicht ist nicht an den Abschluß des schuldrechtlichen Veräußerungsgeschäfts, sondern an den Eigentumsübergang geknüpft. Nur im Falle des § 5 Abs. 1 ist das zur Übertragung des Eigentums verpflichtende Rechtsgeschäfte steuerpflichtig und im Falle des § 5 Abs. 3 ist eine Besteuerung der schuldrechtlichen Zwischengeschäfte vorgesehen. Im übrigen ist der Inhalt des Veräußerungsgeschäfts von Bedeutung für die Frage, ob ein steuerfreier Eigentumsübergang nach § 8 vorliegt, sowie für die Berechnung der Steuer gemäß § 12.

I. Ein Eigentumsübergang liegt immer vor, wenn an Stelle einer Einzelperson als Eigentümerin eine andere Einzelperson oder eine juristische Person als Eigentümerin tritt; deshalb ist die Steuerpflicht begründet, wenn der Eigentümer eines Grundstücks dieses einer G. m. b. H. übereignet, deren sämtliche Anteile er besitzt RFH. 3. 11. 25 (17, 277); das gleiche gilt, wenn an Stelle einer juristischen Person eine andere juristische Person oder eine Einzelperson tritt (über den Fall, daß die Einzelperson bereits sämtliche Anteilsrechte der juristischen Person z. B. sämtliche Aktien einer Aktiengesellschaft, sämtliche Geschäftsanteile einer Gesellschaft mit beschränkter Haftung, in ihrer Hand vereinigt hat, vgl. § 3 A. 1). Demnach ist ein Eigentumsübergang gegeben, wenn bei Gründung einer Aktiengesellschaft oder Gesellschaft mit beschränkter Haftung Grundstücke durch einen oder mehrere Aktionäre oder Gesellschafter in die Gesellschaft eingebracht werden, mögen auch die Grundstücke bis dahin im Miteigentum der Gesellschafter gestanden haben; ebenso wenn Grundstücke einer Aktiengesellschaft an eine andere Aktiengesellschaft oder eine Gesellschaft mit beschränkter Haftung übertragen werden oder wenn eine Gesellschaft mit beschränkter Haftung bei der Auflösung oder ohne solche ein ihr gehöriges Grundstück einem ihrer Gesellschafter überträgt, RFH. 17. 11. 22 (10, 314).

Schwieriger gestaltet sich die Frage, ob ein Eigentumsübergang vorliegt, wenn ein Eigentumswechsel zwischen einer Einzelperson und einer Gesamthandvereinigung eintritt. Unzweifelhaft tritt ein Eigentumswechsel hinsichtlich des ganzen Grundstücks ein, wenn ein solches von einer Einzelperson in eine Gesellschaft des bürgerlichen Rechts, in eine offene Handelsgesellschaft oder Kommanditgesellschaft eingebracht wird, denn an Stelle des Einzeleigentums tritt das Gesamthandeigentum der Gesellschaft. Das gleiche gilt, wenn eine Gesamthandvereinigung ein Grundstück an eine nicht zu ihr gehörige Person veräußert. Auch dann liegt ein Eigentumsübergang vor, wenn Gesamthandeigentum auf eine zur Gesamthandvereinigung gehörige Einzelperson übergeht, z. B. ein zum Vermögen einer offenen Handelsgesellschaft gehörendes Grundstück auf einen Gesellschafter; jedoch gelten in solchem Falle wegen der Berechnung der Steuer die besonderen Vorschriften des § 15. Entsprechendes gilt, wenn eine Gesamthandvereinigung Eigentum von einer zu dieser Vereinigung gehörigen Person erwirbt (§ 15 Abs. 2).

Auch die Umwandlung der einen Form des gemeinschaftlichen Eigentums in die andere ist als ein Eigentumsübergang anzusehen. Demgemäß liegt ein Eigentumsübergang dann vor, wenn Gesellschafter einer offenen Handelsgesellschaft ein in ihrem Miteigentum nach Bruchteilen stehendes Grundstück in die Gesellschaft einwerfen (OVG. in VerwBl. 28 S. 667 Nr. 136; RFH. 13. 6. 19 (1, 93); oder wenn bei Auflösung einer offenen Handelsgesellschaft ein der Gesellschaft gehöriges Grundstück unter die Gesellschafter nach Bruchteilen verteilt wird (vgl. aber § 15). Bringen dagegen Miterben, welche Eigentümer des Nachlasses zur gesamten Hand sind, ein zum Nachlaß gehöriges Grundstück in eine von ihnen gebildete offene Handelsgesellschaft ein, so entfällt die Steuerpflicht, da das Eigentum nicht wechselt, vielmehr das Gesamthandeigentum auch unter den Gesellschaftern fortbauert OVG. 23. 10. 06 VerwBl. 28, 412; 18. 1. 09 VerwBl. 30 S. 482 Nr. 136; OVG. 68, 182; RFH. 10. 5. 21 (6, 27): vorausgesetzt ist aber dabei, daß der Kreis der Gesamthänder identisch ist (OVG. 50, 91). Ebenso liegt kein steuerpflichtiger Eigentumsübergang vor, wenn das Grundstück einer offenen Handelsgesellschaft auf eine andere offene Handelsgesellschaft übertragen wird, beide Gesellschaften aber aus denselben Gesellschaftern bestehen. Auch bei der Umwandlung einer offenen Handelsgesellschaft in eine Kommanditgesellschaft oder in eine Gesellschaft des bürgerlichen Rechts ist kein Eigentumswechsel hinsichtlich der zum Gesellschaftsvermögen gehörigen Grundstücke anzunehmen (OVG. 28. 6. 18 AmtlMitt. 1918 S. 93), ebensowenig, wenn nach Auflösung einer offenen Handelsgesellschaft die Gesellschafter sich hinsichtlich der zum Gesellschaftsvermögen gehörenden Grundstücke nicht in der Weise auseinandersetzen, daß sie nunmehr Miteigentümer nach Bruchteilen sind, sondern die Fortsetzung des Gesamteigentums vereinbaren (OVG. 8. 3. 04 DJZ. 04, 870).

Die **Umwandlung von Bruchteilseigentum in Alleineigentum** an bestimmt umgrenzten Grundstücksflächen ist steuerpflichtig. Wird Bruchteilseigentum in Flächeneigentum verwandelt, so hört damit die ideelle Teilung des Grundstücks auf; das nunmehr bestehende Eigentum ist also ein anderes als das vorige. Deshalb setzt jede Änderung des Bruchteilseigentums eine Auflassung voraus, sei es, daß jemand seinen Bruchteil verkleinert oder vergrößert, sei es, daß er Alleineigentum erwirbt: was für die ganze Fläche gilt, muß auch für jeden Teil davon gelten, RFH. 19. 5. 25 DNotV. 1926 S. 52. Wegen Berechnung der Steuer vgl. § 15

Die **Möglichkeit, daß das Eigentum wechselt, obgleich grundbuchmäßig der Eigentümer derselbe bleibt,** ist nicht unbedingt ausgeschlossen; das kann im Zwangsversteigerungsverfahren vorkommen, wenn der Zuschlag dem bisherigen Eigentümer erteilt wird; in diesem Fall erhält zwar der bisherige Eigentümer kein anderes Grundstück, als er schon hatte, oder Eigentum anderer Art (vgl. A. 1 B II b δ); in solchem Falle tritt Grunderwerbssteuerpflicht ein (vgl. RFH. (Gutachten) 13. 6. 24 — 14, 8).

Teilnehmerwechsel. Falls zu einer Personenvereinigung, der ein Grundstück gehört, ein neuer Teilnehmer hinzutritt oder aus ihr, ohne daß Auflösung erfolgte, ein bisheriger Teilnehmer ausscheidet, ist zu unterscheiden, ob der Personenvereinigung Bruchteilseigentum oder Gesamthandeigentum zusteht. Liegt Bruchteilseigentum vor, so bedeutet sowohl der Eintritt eines neuen Teilnehmers wie der Austritt eines Teilnehmers einen Eigentumswechsel. Im Falle des Eintritts eines neuen Teilnehmers wird ihm, soweit nichts anderes vereinbart wird, von jedem Teilnehmer eine Quote des Miteigentums übertragen; im Falle des Ausscheidens überträgt der Ausscheidende mangels anderweitiger Vereinbarung seine Quote zu gleichen Teilen auf die anderen Miteigentümer. Wird Miteigentum, das mehreren nach Bruchteilen zusteht, in Natur geteilt und damit die Gemeinschaft aufgelöst, so überträgt jeder Miteigentümer sein Eigentum an einem Grundstücksteil auf einen anderen; der Teilungsvertrag ist daher als Tauschvertrag zu versteuern RFH. 4. 2. 21 (5, 19). Anders ist der Fall zu beurteilen, daß aus einer Gesamthandvereinigung ein Teilnehmer ausscheidet. Nach bürgerlichem Recht wächst, wenn aus einer Gesellschaft des bürgerlichen Rechts, einer offenen Handelsgesellschaft oder Kommanditgesellschaft ein Gesellschafter ausscheidet, der Anteil des Ausscheidenden am Vermögen der Gesellschaft den verbleibenden Gesellschaftern an (§ 738 BGB.); es handelt sich daher nach bürgerlichem Recht nicht um den Übergang des Eigentums an den zum Gesellschaftsvermögen gehörigen Sachen, insbesondere an den Grundstücken, sondern es wird lediglich von dem ausscheidenden Gesellschafter die Gesamtheit seiner aus dem bisherigen Bestehen der Gesellschaft sich ergebenden Gesellschaftsrechte aufgegeben, so daß seine beschränkende Mitberechtigung wegfällt und die übrigen Gesellschafter als alleinige Eigentümer übrigbleiben. Der RFH. hat entschieden, daß auch im Sinne des GrErwStG. der Wechsel im Personenstand einer Gesamthandgemeinschaft keinen steuerpflichtigen Eigentumsübergang hinsichtlich der zum Gesamtgut gehörenden Grundstücke darstellt (RFH. Gr. S. 9. 4. 23 — 12, 76). Ohne zu der Natur des Miteigentums zur gesamten Hand nach bürgerlichem Recht und den sich daraus für die Frage des Eigentumswechsels ergebenden Folgerungen Stellung zu nehmen, wird als die für die GrErwSt. maßgebende Rechtsauffassung des Gesetzgebers festgestellt, daß bei offenen Handelsgesellschaften, Kommanditgesellschaften und Gesellschaften des bürgerlichen Rechts der bloße Wechsel im Personenstand nicht als ein unter § 1 fallender Übergang des Eigentums an den zum Gesellschaftsvermögen gehörenden Grundstücken angesehen werden solle; diese maßgebende Rechtsauffassung wird aus den §§ 3, 10 und 15 Abs. 2 gefolgert. Die frühere Meinung des RFH. (5, 182), daß diese Rechtslage durch § 80 Abs. 2 Satz 1 RAbgO. geändert sei, da nach dieser Bestimmung der allgemeine Grundsatz gelte, daß für die Entstehung des Steueranspruchs das Eigentum zur gesamten Hand an den einzelnen Gegenständen als Miteigentum nach Bruchteilen gelte, ist aufgegeben; § 80 Abs. 2 RAbgO. entscheidet nicht über die Frage, ob die Gesamthandgemeinschaft als Einheit oder die Teilhaber einer solchen Gemeinschaft als Einzelpersonen steuerpflichtig sind, sondern kommt erst zur Anwendung, wenn nach besonderen Steuergesetzen die einzelnen Teilhaber von der Steuerpflicht betroffen werden. Der Grundsatz, daß im Falle des Ausscheidens von Teilhabern einer Gesamthandgemeinschaft kein steuerpflichtiger Eigentumsübergang vorliegt, würde, wenn die Gesellschaft nur aus zwei Gesellschaftern bestand, auch bezüglich des letztverbleibenden Gesellschafters gelten; indessen ist durch § 3 ausdrücklich bestimmt, daß die Vereinigung aller Anteile einer offenen Handelsgesellschaft, Gesellschaft des bürgerlichen Rechts usw. in der Hand eines Teilhabers dem Übergang des Eigentums an dem zum Vermögen der Gesellschaft gehörenden Grundstück gleichgeachtet wird. Darin, daß in eine offene Handelsgesellschaft oder sonstige Vereinigung zur gesamten Hand, welche ein Grundstück besitzt, ein neuer Gesellschafter eintritt, liegt kein steuerpflichtiger Eigentumsübergang, denn weder das ganze Grundstück noch ein bestimmter Teil davon wechseln in solchen Fällen den Eigentümer, Eigentümer bleibt vielmehr eine Gesamtheit von Gesellschaftern in ihrer Eigenschaft als Gesamtheit. Ebenso begründet die Veräußerung des Anteils eines Erben an einem Nachlaß, zu dem Grundstücke gehören, keine Steuerpflicht (KG. 15. 4. 20 JMBl. 1920, 576; RFH. 17. 4. 23 (12, 71); die abweichende Ansicht in RFH. 3. 2. 22 — 8, 297 ist aufgegeben); denn der Miterbe verfügt nicht über seinen Anteil an dem Nachlaßgrundstücke, wozu er rechtlich überhaupt nicht in der Lage ist (§ 2033 Abs. 2 BGB.), sondern über sein Erbteilhaberrecht als solches. Waren die Erben bereits im Grundbuch eingetragen, so hat die Eintragung des Erwerbers des Erbteils nur die Bedeutung einer Grundbuchberichtigung (OVG. 5. 1. 15 AmtlMitt. 1915 S. 57). Auch wenn die übrigen Miterben den gesamten Nachlaß einem von ihnen übertragen, liegt nur eine Anteilsveräußerung, kein steuerpflichtiger Eigentumsübergang an dem zum Nachlaß gehörigen Grundstücke vor (vgl. § 3 A. 1). Verkauft dagegen ein Alleinerbe die Erbschaft, zu welcher Grundstücke gehören, so erwirbt der Erbschaftskäufer das Grundstückseigentum erst mit der Auflassung und Eintragung im Grundbuch und die Steuerpflicht ist gegeben.

II. Steuerpflicht tritt ein, wenn ein bisher schon vorhandenes Eigentum auf einen anderen übergeht, gleichviel ob sich dieser Übergang vollzieht durch rechtsgeschäftliche Übertragung oder kraft Gesetzes oder durch einseitiges Rechtsgeschäft oder endlich, wie bei der Zwangsversteigerung und Enteignung, durch behördlichen Ausspruch. Auch begründet es für die Steuerpflicht keinen Unterschied, ob es sich um abgeleiteten oder ursprünglichen Erwerb handelt. Zur Behebung von Zweifeln ist im § 1 S. 2 ausdrücklich hervorgehoben, daß der Erwerb des Eigentums an herrenlosen Grundstücken dem Übergange des Eigentums gleichsteht.

a) Abgeleiteter Eigentumserwerb.

α) Der Hauptfall des abgeleiteten Erwerbs ist die rechtsgeschäftliche Übertragung des Eigentums. Zur Übertragung des

Eigentums an einem Grundstücke durch Rechtsgeschäft ist die in der Form der Auflassung erklärte Einigung des Veräußerers und Erwerbers und die Eintragung des Erwerbers in das Grundbuch erforderlich (§§ 873, 925 BGB.). Die zu der Einigung nötige Willenserklärung kann gemäß § 894 ZPO. durch ein gerichtliches Urteil ersetzt werden. Solange die Eintragung noch nicht erfolgt ist, begründet die Auflassung nicht die Steuerpflicht. Ist die Eintragung ohne Einigung, insbesondere auf Grund einer nichtigen Einigung, erfolgt und die Einigung auch nicht nachgeholt worden, so liegt kein Eigentumsübergang vor. Nichtig ist die Auflassung insbesondere, wenn sie wegen Irrtums oder Betrugs mit Erfolg angefochten ist oder wenn die Parteien sich in der Bezeichnung des Grundstücks derart geirrt haben, daß weder der Veräußerer die bezeichnete Parzelle an den Erwerber übereignen, noch dieser sie erwerben wollte, weil dann hinsichtlich der bezeichneten Parzelle nur ein Schein, nicht die Wirklichkeit einer Einigung über den Eigentumsübergang vorgelegen hat (RGZ. 78, 376). Die Nichtigkeit der einer Eintragung zugrunde liegenden Auflassung ist jedoch bei der Steuerveranlagung nicht von Amts wegen zu berücksichtigen, vielmehr ist die Steuer nur auf Antrag zu erlassen oder zu erstatten (§ 23a Nr. 1). Ist die einer Eintragung zugrunde liegende Auflassung nichtig und wird demnächst der frühere Eigentümer wieder eingetragen, so stellt dieser Vorgang nur eine Grundbuchberichtigung dar, die keine Steuerpflicht auslöst (OVG. 52, 127). Zu welchem Zwecke die Eigentumsübertragung erfolgt, ist, sofern nicht ein Fall der Steuerfreiheit nach § 8 vorliegt, gleichgültig; auch dann greift die Steuerpflicht Platz, wenn die Eigentumsübertragung nur in Erfüllung einer erzwingbaren Rechtspflicht vorgenommen wird.

β) Außer der Einzelrechtsnachfolge ist auch der Übergang im Wege der Gesamtrechtsnachfolge steuerpflichtig, gleichviel, ob es zum Eigentumsübergang einer Eintragung der Rechtsänderung im Grundbuche bedarf oder nicht, KG. 15. 4. 20 JMBl. 1920, 576; RFH. 12. 6. 23 (12, 209); 25. 9. 25 DStBl. 771; jedoch ist der Hauptfall, der Erwerb von Todes wegen, nach § 8 Nr. 1

befreit. Steuerpflichtig ist aber der Eigentumsübergang beim Anfall des Vereinsvermögens an den Fiskus (§ 45 BGB.), bei der Fusion von Aktiengesellschaften, RFH. 12. 6. 23 (12, 209), bei der Umwandlung einer Gewerkschaft älteren Rechts in eine solche neueren Rechts (OVG. 70, 172). Ändert aus Anlaß einer Fusion die übernehmende Gesellschaft ihre Firma, so wird dadurch natürlich nicht noch einmal eine Steuerpflicht ausgelöst RFH. 21. 8. 21 JW. 1922, 1617. Im Falle der Auflösung einer Aktiengesellschaft zum Zwecke der Umwandlung in eine GmbH. lassen die gesetzlichen Bestimmungen (§§ 80, 81 G. betr. GmbH.) erkennen, daß das Reichsgesetz selbst den Umwandlungsvorgang lediglich als Änderung der Gesellschaftsform ohne Eigentumswechsel auffaßt; eine Steuerpflicht wird also, falls die Aktiengesellschaft Eigentümerin eines Grundstücks war, nicht begründet RFH. 25. 9. 25 DStBl. 771. Dagegen tritt abweichend hiervon bei Umwandlung einer GmbH. in eine Aktiengesellschaft Gesamtrechtsnachfolge nicht ein; das Eigentum an den hierbei auf die Aktiengesellschaft übertragenen Grundstücken geht erst durch Auflassung und Eintragung über RFH. 3. 11. 25 (17, 249). Bei der Umwandlung einer Gewerkschaft in eine Aktiengesellschaft ist die Aktiengesellschaft als ein neues selbständiges Rechtssubjekt anzusehen; eine Gesamtrechtsnachfolge ist ausgeschlossen; der notarielle Gesellschaftsvertrag ist in solchem Falle im Sinne des § 5 als ein zur Übertragung des Eigentums verpflichtendes Veräußerungsgeschäft anzusehen, das die Grunderwerbsteuerpflicht auslöst, wenn der Übergang des Eigentums durch Auflassung und Eintragung nicht nach Ablauf eines Jahres nach Abschluß des Veräußerungsgeschäfts erfolgt RFH. 25. 9. 25 (17, 165).

b) Ursprünglicher (originärer) Eigentumserwerb.

Dahin gehört:

α) Die im § 927 BGB. geregelte Ersitzung bei Grundstücken zugunsten eines im Grundbuche nicht eingetragenen Nichteigentümers unter der Voraussetzung des Ausschlusses des Eigentümers im Wege eines öffentlichen Aufgebots (Kontratabularersitzung);

das Eigentum wird erst mit der Eintragung im Grundbuch erworben.

β) Die sogen. Tabularersitzung zugunsten eines im Grundbuch als Eigentümer Eingetragenen, der nicht wirklicher Eigentümer ist (§ 900 BGB.).

γ) Die Okkupation herrenloser Grundstücke nach Verzicht des bisherigen Eigentümers durch den Fiskus (§ 928 BGB.); auch in diesem Fall ist die Eintragung im Grundbuch Voraussetzung des Eigentumserwerbs.

δ) Der Erwerb in der Zwangsversteigerung mit dem Zuschlag (§ 90 ZVG.).

ε) Der Erwerb durch Enteignung Reichssiedlungsgesetz v. 11. 8. 19 — RGBl. 1429; Wohnungsmangelgesetz v. 26. 7. 23 — RGBl. 754 — § 6; und die landesrechtlichen Enteignungsgesetze, für Preußen Ges. über d. Enteignung von Grundeigentum vom 11. 6. 1874, Art. 2 des Wohnungsgesetzes vom 28. 3. 1918, Ges., betr. die Anlegung und Veränderung von Straßen und Plätzen in Städten und ländlichen Ortschaften, vom 2. 7. 1875 § 11).

ζ) Konsolidation im Bergrecht, d. h. die der Bestätigung des Oberbergamts bedürftige Vereinigung zweier oder mehrerer Bergwerke zu einem einheitlichen Ganzen.

III. Steuerfrei bleiben die Fälle der **Neubegründung von Eigentum**, bei denen ein Wechsel im Eigentum nicht stattfindet, z. B. die Neuentstehung von Grundstücken durch Anlandung. Da den Grundstücken die im § 2 bezeichneten Berechtigungen gleichstehen, können auch diese der Besteuerung nicht unterliegen, wenn sie in der Person des Erwerbers neu entstehen; steuerfrei ist also die Verleihung von Bergwerkseigentum, die Eintragung einer Kohlenabbaugerechtigkeit, die Begründung eines Erbbaurechts (RFH. 15. 12. 22 — 11, 137; OLG. Hamburg 4. 5. 25 LeipzZtschr. 1926, 187); denn vor der Begründung der selbständigen Berechtigung stehen zwar die darin enthaltenen Befugnisse dem Eigentümer bereits zu, aber nur als Ausfluß des Eigentums am Grundstücke, nicht als selbständige Gerechtigkeit. Es ist ausgeschlossen, in der bloßen Einräumung einer selbständigen Berechtigung, sei sie auch zeitlich und inhaltlich umfassendster Art, im Sinne des § 7 ein den Eigentumsübergang verdeckendes Rechtsgeschäft zu erblicken, oder im Sinne des § 6 einen Rechtsvorgang, der es ohne Übertragung des Eigentums dem Erwerber der selbständigen Berechtigung ermöglicht, über das Grundstück wie ein Eigentümer zu verfügen. Dieser Tatbestand ist vielmehr nur dann gegeben, wenn besondere Umstände dargelegt werden, aus denen hervorgeht, daß nach dem wirklichen Willen der Beteiligten der Erwerber der selbständigen Berechtigung nicht auf diejenigen Befugnisse beschränkt bleiben soll, die sich aus dem Wesen und der Eigenart der ihm eingeräumten selbständigen Gerechtigkeit ergeben, sondern darüber hinausgehende Machtbefugnisse — als wäre ihm das Grundstück selbst übertragen — erhalten soll; OVG. 25. 9. 14 AmtlMitt. 1915 S. 3 (vgl. § 7).

2. Unter einem Grundstück im Sinne des Gesetzes ist ein räumlich abgegrenzter Abschnitt der Erdoberfläche zu verstehen. Für die Frage, ob ein oder mehrere Grundstücke anzunehmen sind, ist der wirtschaftliche Zusammenhang entscheidend. Inländische Grundstücke sind die innerhalb der Reichsgrenzen belegenen Grundstücke. Ideelle Grundstücksteile stehen den Grundstücken gleich. Im Falle der Veräußerung mehrerer Bruchteile eines Grundstücks ist die Übertragung jedes einzelnen Bruchteils als ein besonderer Steuerfall zu behandeln RFH. 7. 3. 22 (8, 282).

Wesentliche Bestandteile der Grundstücke, d. h. solche Bestandteile, welche nicht von dem Grundstück getrennt werden können, ohne daß sie oder das Grundstück zerstört oder in ihrem Wesen verändert werden, teilen im Falle des Eigentumsübergangs stets das rechtliche Schicksal des Grundstücks (vgl. § 11). Werden solche wesentliche Bestandteile als bewegliche Sachen veräußert mit der Befugnis für den Erwerber, sie zu trennen und sich anzueignen, z. B. Holz auf dem Stamm, Kies aus einer Kiesgrube, so handelt es sich nicht um einen steuerpflichtigen Rechtsvorgang. Eine Baulichkeit, die nicht kraft Eigentums, sondern in Ausübung eines dinglichen Rechts an einem Grundstück darauf gestellt ist oder die von einem Mieter oder Pächter widerruflich oder für die Dauer des Miet- oder Pachtverhältnisses errichtet worden ist, gehört nach § 95 BGB. nicht zu den Bestandteilen des Grundstücks; die Veräußerung eines solchen Gebäudes ist als Veräußerung einer beweglichen Sache anzusehen RFH. 1. 12. 22 (11, 59). Steht ein Gebäude mit Teilen, die mit dem Hauptgebäude zu einer baulichen Einheit fest verbunden sind, infolge Überbaues im Sinne des § 912 BGB. oder infolge Gestattung des Nachbarn auf fremdem Grund und Boden, so ist der überragende Teil als Bestandteil des Hauptteils anzusehen und deshalb als Bestandteil der Parzelle, auf der das Hauptgebäude steht, in die Steuerpflicht einzubeziehen RFH. 1. 12. 22 (11, 59).

§ 2.

Den Grundstücken stehen Berechtigungen gleich, auf welche die Vorschriften des bürgerlichen Rechtes über Grundstücke Anwendung finden; ausgenommen sind unbewegliche Bergwerksanteile.

1. Berechtigungen, auf welche die Vorschriften des bürgerlichen Rechts über Grundstücke Anwendung finden, sind nach Reichsrecht das Erbbaurecht (Verordn. über d. Erbbaurecht v. 15. 1. 19 RGBl. S. 72) sowie die in Art. 63 und 68 EG. BGB. behandelten Rechte (Erbpachtrecht, Abbaurechte hinsichtlich nicht bergrechtlicher Mineralien). Ferner kommen die in Art. 67, 74, 196 EG. BGB. bezeichneten Rechte in Betracht, wenn sie nach Landesrecht die Eigenschaft unbeweglicher Sachen haben. Für Preußen bestimmt Art. 40 AG. BGB., daß für selbständige Gerechtigkeiten die sich auf Grundstücke beziehenden Vorschriften des BGB. gelten, wenn die Gerechtigkeit ein Grundbuchblatt erhalten hat. Danach erstreckt sich die Steuerpflicht in Preußen auf das Bergwerkseigentum (vgl. aber § 8 Nr. 8), die selbständigen Kohlenabbaugerechtigkeiten in den vormals Königlich Sächsischen Landesteilen (Recht zur Gewinnung von Stein- und Braunkohlen) — Sächs. OVG. 16. 4. 14 AmtlMitt. 1914 S. 223 —, die

Salzabbaugerechtigkeiten in der Provinz Hannover, die Salzgerechtigkeiten, die Bahneinheiten (Ges. über die Bahneinheiten in der Fassung vom 8. 7. 02 GS. S. 237; RFH. 6. 2. 23 — 11, 322), die Schiffsmühlengerechtigkeiten, die Fischereigerechtigkeiten (Fischereigesetz vom 11. 5. 16 §§ 8, 11, 17), Fährgerechtigkeiten, Abdeckereigerechtigkeiten und Apothergerechtigkeiten. Bei der Veräußerung von Apotheken in Preußen sind folgende Grundlagen des Erwerbsvorgangs zu unterscheiden:

a) Apothekenprivilegien, die entweder als vererbliche und veräußerliche Rechte mit dem Eigentum an einem Grundstücke verbunden oder selbständige Gerechtigkeiten sind. Solche kommen in den altpreußischen Provinzen nur bei Apotheken vor, die vor dem Inkrafttreten des Gewerbesteueredikts vom 2. 11. 1810 (GS. S. 79) errichtet sind. Ihre Übertragung unterliegt stets der Grunderwerbsteuer (OVG. 25. 3. 09 VerwBl. 31, 309). Nicht erforderlich ist, daß die selbständige Apothekengerechtigkeit ein eigenes Grundbuchblatt erhalten hat, es genügt vielmehr auch, daß sie mit dem Grundstück auf einem gemeinschaftlichen Blatte unter einer besonderen Nummer verzeichnet ist (OVG. 26. 9. 16 AmtlMitt. 1916 S. 191). Ob auch selbständige Apothekenberechtigungen, die überhaupt nicht im Grundbuch eingetragen sind, der Steuerpflicht unterliegen, ist streitig. Das OVG. hat für das Zuwachssteuerrecht entschieden (OVG. 19. 9. 13 AmtlMitt. 293), daß Übertragungen nicht eingetragener Apothekenrechte von der Zuwachssteuer nicht erfaßt werden; dagegen nimmt Boethke (DStBl. 1923, 47) mit Recht an, daß in solchen Fällen die Grunderwerbsteuerpflicht Platz greift, weil jeder innere Grund fehlt, die wirtschaftlich gleichen Vorgänge verschieden zu behandeln.

b) Bei den nach dem Gewerbesteueredikt vom 2. 11. 1810 auf Grund der Verordnung vom 24. 10. 1811 bis zum 11. 7. 1894 errichteten Apotheken beruht der Gewerbebetrieb auf einer dem Inhaber persönlich erteilten Konzession. Diese ist nicht übertragbar; da aber die Regierungspräsidenten nach Maßgabe der Kabinettsorders vom 5. 10. 1846 und 7. 7. 1886 verpflichtet sind, den ihnen von dem Berechtigten präsentierten Nachfolger zu konzessionieren, so pflegt man solche Konzessionen als vererbliche und veräußerliche zu bezeichnen. Die Vereinbarungen wegen Übertragung einer solchen Konzession auf den Erwerber oder wegen Verzichts des Verkäufers auf die Konzession unterliegen nicht der Grunderwerbsteuer (vgl. § 12 A. 2; ebenso Boethke DStBl. 1923, 48).

c) Die seit dem 11. 7. 1894 erteilten Konzessionen sind unveräußerlich und gelten nur für die Person des darin Benannten. Wird bei Veräußerung einer auf solcher Konzession beruhenden Apotheke im Vertrage ein besonderer Preis für das Privileg bestimmt, so wird man die für das Privileg ausgeworfene Summe als Teil des Kaufpreises für das Grundstück anzusehen haben, dem eine besondere werterhöhende Eigenschaft deshalb beigelegt ist, weil es zum Apothekenbetriebe geeignet oder weil seit langen Jahren eine Apotheke auf ihm betrieben worden ist.

Die Begründung der Berechtigung ist keine teilweise Veräußerung des Grundstücks und nicht steuerpflichtig (vgl. § 1 A. 1 B III).

2. Ausdrücklich ausgenommen von der Vorschrift des § 2 sind die unbeweglichen Bergwerksanteile. Es sind dies die durch § 228 Allg. Bergges. beibehaltenen Kuxe früheren Rechts, für welche die sich auf Grundstücke beziehenden Vorschriften des bürgerlichen Rechts gelten, während die Kuxe des Allgemeinen Berggesetzes die Eigenschaft beweglicher Sachen haben. Die Bestimmung soll eine ungleichmäßige, den Handel mit alten Kuxen schädigende Behandlung der Bergwerksanteile vermeiden. Die Steuerpflicht greift aber Platz, wenn sich sämtliche Kuxe in einer Hand vereinigen, vgl. § 3.

§ 3.

Werden alle Anteile einer Personenvereinigung (einer Aktiengesellschaft, Kommanditgesellschaft auf Aktien, Gesellschaft mit beschränkter Haftung, Gewerkschaft, offenen Handelsgesellschaft, Gesellschaft des bürgerlichen Rechtes, Genossenschaft usw.), zu deren Vermögen Grundstücke gehören, in der

Hand eines Teilhabers vereinigt oder, nachdem sie in der Hand eines Teilhabers vereinigt sind, auf einen anderen übertragen, so wird die Vereinigung oder Übertragung dem Übergange des Eigentums an dem Grundstück gleichgeachtet. Ehegatten sowie Eltern und Kinder gelten im Sinne dieser Vorschrift als eine Person.

1. Unter Personenvereinigung ist der auf Vereinbarung beruhende Zusammenschluß zweier oder mehrerer Einzelpersonen zur Erreichung eines bestimmten Zwecks zu verstehen; nicht darunter fällt die Gemeinschaft der Miterben bei ungeteiltem Nachlaß (vgl. § 1 A. 1 B I; Lindemann JW. 1920, 87; Ott JW. 1920, 739; RFH. 17. 4. 23 — 12, 71). Dagegen ist die Kommanditgesellschaft als Personenvereinigung anzusehen, und zwar auch dann, wenn nur eine einzige Person als Komplementär vorhanden ist (Lindemann a. a. O.). Die stille Gesellschaft fällt nicht unter § 3; das Ausscheiden des stillen Gesellschafters aus einem Handelsgewerbe, dessen Inhaber Grundstückseigentümer ist, stellt keinen Steuerfall dar. Das Erfordernis, daß zum Vermögen der Personenvereinigung Grundstücke gehören, setzt nicht die grundbuchmäßige Eintragung des Eigentums an Grundstücken voraus, sondern es genügt, wirtschaftliches Eigentum im Sinne des § 80 Abs. 1 RAbgO. RFH. 20. 9. 21 (6, 334).

2. Die Vereinigung aller Anteile einer Personenvereinigung in der Hand eines Teilhabers hat, sofern es sich um eine Vereinigung mit juristischer Persönlichkeit handelt, den Übergang des Eigentums an den der Vereinigung gehörenden Grundstücken nicht zur Folge, vielmehr bleibt nach wie vor die juristische Person Eigentümerin. Handelt es sich um eine Vereinigung ohne juristische Persönlichkeit mit Gesamthandberechtigung der Teilhaber (offene Handelsgesellschaft, Gesellschaft des bürgerlichen Rechts), so würde ohne die besondere Bestimmung des § 3 ebenfalls kein steuerpflichtiger Eigentumsübergang anzunehmen sein, obgleich der verbleibende Gesellschafter Alleineigentümer der zum Gesellschaftsvermögen gehörigen Grundstücke wird; denn bei der Vereinigung der Rechte in der Hand eines Teilhabers handelt es sich nur

um den Fortfall der beschränkenden Mitberechtigung der Gesellschafter (vgl. § 1 A. 1 B I). Indessen ist für beide Fälle durch die Vorschrift des § 3 die Vereinigung der Anteile in einer Hand dem Übergange des Eigentums an den zum Vermögen der Vereinigung gehörigen Grundstücken steuerlich gleichgestellt. Demgemäß hat die Vereinigung durch dingliche Übertragung der Anteile die Steuerpflicht nach § 1 zur Folge; in Fällen, in denen dem obligatorischen Veräußerungsgeschäft, welches die Vereinigung aller Anteile in einer Hand zum Gegenstande hat, die dingliche Anteilsübertragung nicht innerhalb eines Jahres nachfolgt, greift die Besteuerung nach § 5 Abs. 1 Platz. Eine die Steuerpflicht begründende Vereinigung aller Anteile an einer GmbH. in einer Hand liegt nicht vor, wenn die Anteile teils einer zweiten GmbH., teils einer Kommanditgesellschaft gehört haben und letztere ihre Anteile an eine dritte GmbH. abtritt, deren sämtliche Anteile der zweiten GmbH. gehören, denn die dritte GmbH. hat dadurch, daß die Anteile an ihr sämtlich in die Hand der zweiten GmbH. gelangt sind, ihre selbständige Rechtspersönlichkeit nicht verloren RFH. 24. 7. 25 DStBl. 772.

Für die Steuerberechnung ist der Wert der zum Gesellschaftsvermögen gehörenden Grundstücke maßgebend, nicht etwa der Wert der übertragenen Gesellschaftsanteile (a. M. Ott JW. 1920, 740). Werden alle Anteile einer Personenvereinigung, welche Grundstücke besitzt, in einer Hand vereinigt, so ist die Steuer nicht nur nach dem Verhältnis des zuletzt erworbenen Anteils, sondern von dem ganzen Wert der Grundstücke zu entrichten RFH. 28. 10. 21 (7, 145).

Wird nach Vereinigung aller Anteile einer Personenvereinigung mit juristischer Persönlichkeit in der Hand eines Teilhabers das Eigentum an dem im Eigentum der juristischen Person verbliebenen Grundstück auf den einzigen Teilhaber übertragen, so ist kein neuer Steuerfall gegeben, da in steuerlicher Beziehung der Übergang des Eigernums als bereits mit der Anteilsvereinigung eingetreten gilt. RFH. 28. 10. 21 (7, 145); 30. 1. 25 (15, 223). Das gilt jedoch nicht, wenn der Teilhaber der GmbH. alle Geschäftsanteile schon vor dem Inkrafttreten des GrErwStG. in seiner Person vereinigt hatte, RFH. 17. 11. 22 (10, 314); denn die Unterstellung des Gesetzes, daß der Übergang der Geschäftsanteile auf einen einzigen Teilhaber dem Übergang des Grundstückseigentums gleichgeachtet werde, kann nur für Vorgänge gelten, die sich nach Inkrafttreten des Gesetzes ereignet haben.

3. Die Weiterübertragung der in der Hand eines Teilhabers vereinigten Gesellschaftsanteile ist nur möglich, wenn es sich um eine Vereinigung mit juristischer Persönlichkeit handelt. In diesem Falle bleibt trotz der Anteilsvereinigung die Vereinigung als selbständiges Rechtssubjekt bestehen und nach wie vor Eigentümerin der zum Gesellschaftsvermögen gehörigen Grundstücke. Auch die Weiterübertragung der vereinigten Anteile hat keine Änderung des Eigentums zur Folge. Durch die Gleichstellung dieses Rechtsvorgangs mit dem Übergang des Eigentums an den Grundstücken wird aber die Steuerpflicht nach § 1 begründet. Auch ist die Möglichkeit des Eintritts der Steuerpflicht nach § 5 Abs. 1 oder 3 gegeben. Handelt es sich um eine Vereinigung ohne juristische Persönlichkeit, so endigt die Vereinigung mit der Vereinigung aller Anteile in der Person eines Teilhabers. Dieser ist Alleineigentümer der zum Gesellschaftsvermögen gehörigen Grundstücke geworden, eine weitere Übertragung der früheren Anteile der Personenvereinigung kommt nicht mehr in .Frage

Die Weiterveräußerung der in einer Hand vereinigten Anteile an mehrere Personen fällt, sofern nicht einer der in A. 4 behandelten Fälle vorliegt, nicht unter § 3. Es ist jedoch möglich, daß ein solcher Vorgang die Steuerpflicht nach § 5 RAbgO. begründet, wonach durch Mißbrauch von Formen und Gestaltungsmöglichkeiten des bürgerlichen Rechts die Steuerpflicht nicht umgangen oder gemindert werden kann. Der RFH. hat insbesondere angenommen, daß, wenn eine Gesellschaft im wesentlichen gegründet ist, um den Grundbesitz zu mobilisieren, wenn also die Absicht dahin geht, statt der an sich in Aussicht genommenen Veräußerung des Grundbesitzes selbst aus steuerlichen oder sonstigen Gründen nur die Geschäftsanteile zu übertragen, diese Übertragung der Geschäftsanteile nicht die dem gewollten wirtschaftlichen Erfolge entsprechende Gestaltung sei (§ 5 Abs. 2 Nr. 2 RAbgO., RFH. 11, 310).

4. Die Zusammenfassung der Ehegatten sowie der Eltern mit den Kindern zu einer Person soll Steuerumgehungen ausschalten. Die Bestimmung greift nicht nur Platz, wenn sich die Anteile einer Personenvereinigung in der Hand zweier Ehegatten oder eines oder beider Elternteile und ihrer gemeinschaftlichen Kinder vereinigen, sondern auch dann, wenn die Vereinigung erfolgt in der Person der Eltern, der Kinder und Schwiegerkinder oder in der Person zweier Ehegatten und der Kinder eines von ihnen. Dagegen kann sie nicht ausgedehnt werden auf das Verhältnis von Großeltern und Enkeln oder eines Stiefelternteils zu den Kindern des anderen Ehegatten nach Aufhebung der Ehe. An Kindes Statt angenommene Personen werden den leiblichen Kindern gleich zu behandeln sein (ebenso Ott JW. 1920, 741). Die Zusammenfassung der Ehegatten sowie der Eltern und Kinder gilt nur dann, wenn diese Personen im Falle der Vereinigung oder Übertragung der vereinigten Anteile auf der Erwerberseite stehen, nicht aber auch dann, wenn sie als Veräußerer und Erwerber beteiligt sind. Die Bestimmung greift also nicht Platz, wenn der Ehemann seine Anteile an einer GmbH. an seine Ehefrau, die einzige Mitgesellschafterin, überträgt, so daß diese sämtliche Geschäftsanteile in ihrer Hand vereinigt (Lindemann JW. 1920, 87; RFH. 6. 2. 23 (11, 231). Wenn nach einer nach Satz 2 steuerpflichtigen Vereinigung sämtlicher Anteile in der Hand von zwei Ehegatten der eine dieser Ehegatten seine Anteile dem anderen überträgt, so liegt kein neuer Steuerfall vor, weil durch die frühere Zusammenfassung der beiden Erwerber die Besteuerung des jetzigen wirtschaftlichen Vorganges bereits vorweggenommen ist.

§ 4.

Die Steuerpflicht wird begründet durch die Eintragung der Rechtsänderung in das Grundbuch oder, wenn es einer solchen zum Übergange des Eigentums nicht bedarf, durch den Vorgang, der die Rechtsänderung bewirkt.

Sofern das Grundbuch noch nicht als angelegt anzusehen ist, tritt an die Stelle der Eintragung die Umschreibung in öffentlichen Büchern.

1. Der **Zeitpunkt** der Entstehung der Steuerpflicht fällt regelmäßig zusammen mit der Eintragung der Rechtsänderung ins Grundbuch. Nur in den kleinen Reichsteilen, in denen das Grundbuch noch nicht angelegt ist, tritt an Stelle der Grundbucheintragung die Eintragung in öffentliche Bücher. Für ganz Preußen ist das Grundbuch als angelegt anzusehen. Die Eintragung der Rechtsänderung ins Grundbuch bewirkt die Steuerpflicht auch dann, wenn die den Eigentumsübergang betreffende Urkunde bereits vor dem Inkrafttreten des Gesetzes aufgenommen ist; jedoch wird der vorher etwa entrichtete Stempel auf die Grunderwerbsteuer angerechnet (vgl. § 37). Ist die Eigentumsveränderung ohne Eintragung im Grundbuch eingetreten (z. B. bei der Zwangsversteigerung, Enteignung, bei buchungsfreien Grundstücken — Art. 27 AG. BGB. —, Übergang des Vermögens einer Aktiengesellschaft als Ganzes auf Reich, Land oder Kommunalverband — § 304 HGB. —, bei Fusion zweier Aktiengesellschaften — § 306 HGB. —), so ist die Steuerpflicht an den Vorgang geknüpft, der die Rechtsänderung bewirkt. Dies ist bei der Zwangsversteigerung die Verkündung des Zuschlagsbeschlusses oder, falls der Zuschlag erst in der Beschwerdeinstanz erteilt wird, die Zustellung des Beschlusses; bei der Enteignung in Preußen die Zustellung des Enteignungsbeschlusses; bei der Übertragung des Eigentums an buchungsfreien Grundstücken der Zeitpunkt der Einigung; bei Fusionen der Abschluß des Fusionsvertrags. In den Fällen des § 3, in denen die Vereinigung aller Anteile einer Vereinigung in der Hand eines Teilhabers dem Eigentumsübergang gleichgestellt ist,

ist maßgebend der Zeitpunkt, in dem der dingliche Übergang des letzten in fremder Hand befindlichen Gesellschaftsanteils auf den einzigen verbleibenden Teilhaber stattfindet. Die bloße Berichtigung des mit der wirklichen Rechtslage nicht übereinstimmenden Inhalts des Grundbuchs ist kein steuerpflichtiger Rechtsvorgang.

2. Wirkung. Der Zeitpunkt des Eintritts der Steuerpflicht ist maßgebend für die Feststellung des gemeinen Werts des Grundstücks (vgl. § 11 A. 3). Es ist also der gemeine Wert zur Zeit des Eigentumsübergangs, nicht zur Zeit des Vertragsschlusses, sofern er den Veräußerungspreis übersteigt, maßgebend RFH. 7. 12. 23 (13, 120). Mit Ablauf des Jahres, in dem der Steueranspruch entstanden ist, beginnt die Verjährung.

§ 5.

Ein zur Übertragung des Eigentums verpflichtendes Veräußerungsgeschäft wird steuerpflichtig, wenn der Übergang des Eigentums nach Ablauf eines Jahres nach Abschluß dieses Veräußerungsgeschäfts nicht erfolgt ist.

Ist die Steuerpflicht nach Abs. 1 eingetreten und erfolgt sodann der Eigentumsübergang (§ 4), so wird die Steuer für diesen nur insoweit erhoben, als sie die Steuer des Abs. 1 übersteigt.

Liegen mehrere Veräußerungsgeschäfte innerhalb eines Jahres vor und führt eines von ihnen vor Ablauf des Jahres zum Eigentumsübergange (§ 4), so tritt gleichzeitig mit der Steuerpflicht des Eigentumsüberganges die Steuerpflicht derjenigen Veräußerungsgeschäfte ein, die dem zur Ausführung kommenden Veräußerungsgeschäfte vorangehen und ihrerseits nicht zum Eigentumsübergange geführt haben.

Als Veräußerungsgeschäfte im Sinne des Abs. 1 sind auch anzusehen:

1. die Übertragung der Rechte der Erwerber aus Veräußerungsgeschäften;

2. die Übertragung von Rechten aus Anträgen zur Schließung eines Veräußerungsgeschäfts, die den Veräußerer binden, sowie aus Verträgen, durch die nur der Veräußerer zur Schließung eines Veräußerungsgeschäfts verpflichtet wird;
3. nachträgliche Erklärungen des aus einem Veräußerungsgeschäfte berechtigten Erwerbers, die Rechte für einen Dritten erworben oder die Pflichten für einen Dritten übernommen zu haben;
4. die Abtretung der Rechte aus dem Meistgebot und die Erklärung des Meistbietenden, daß er für einen anderen geboten habe;
5. Rechtsgeschäfte, durch die jemand ermächtigt wird, ein Grundstück ganz oder teilweise auf eigene Rechnung zu veräußern.

Übersicht zu § 5.

1. Die subsidiäre Besteuerung des obligatorischen Veräußerungsgeschäfts.
   A. Begriff des Veräußerungsgeschäfts.
   B. Eintritt der Steuerpflicht.
   C. Mehrheit von Veräußerungsgeschäften.
   D. Eigentumsübergang nach eingetretener Steuerpflicht des Veräußerungsgeschäfts.
2. Besteuerung der Ersatzgeschäfte.
   A. Übertragung der Rechte aus Veräußerungsgeschäften.
   B. Übertragung von Rechten aus Angeboten und Angebotsverträgen.
   C. Erklärung des Erwerbs für Dritte.
   D. Abtretung der Rechte aus dem Meistgebot.
   E. Ermächtigung zur Grundstücksveräußerung.
3. Besteuerung von Zwischengeschäften.
   A. Voraussetzungen der Besteuerung.
   B. Wirkung.

1. Die **subsidiäre Besteuerung des obligatorischen Veräußerungsgeschäfts** soll verhüten, daß zur Ersparung der Steuer oder wenigstens von Zinsen die Eigentumsübertragung ungebührlich hinausgeschoben wird.

A. Als **Veräußerungsgeschäfte** sind alle entgeltlichen obligatorischen Rechtsgeschäfte anzusehen, welche eine Verpflichtung zur Übertragung des Eigentums an einem Grundstück oder zur Übertragung einer Berechtigung (§ 2) zu begründen geeignet und in rechtswirksamer Form abgeschlossen sind. Darunter fallen Kauf, Tausch, Leistung an Erfüllungs Statt, Verträge über Einbringung in Gesellschaften, Auseinandersetzungsverträge usw., der Vertragsantrag ist kein zur Übertragung des Eigentums verpflichtendes Veräußerungsgeschäft, denn der Antragende wird dadurch, daß der Antrag dem anderen zugeht, noch zu nichts verpflichtet; es tritt für ihn nur eine Gebundenheit ein in der Weise, daß er dem Antragsgegner gegenüber nicht berechtigt ist, über das Grundstück zu verfügen, soweit eine Verfügung nach Annahme des Antrags die Ausführung des nachher zustande gekommenen Vertrages beeinträchtigen könnte, und daß er sich bis zum Ablauf der gesetzten Frist das Zustandekommen des Vertrags gefallen lassen muß. Werden die Rechte aus dem Antrag vom Antragsempfänger abgetreten und überträgt der Antragende nach Annahme des Antrags das Eigentum auf den Zessionar, so sind steuerpflichtig die Übertragung des Eigentums und die Abtretung der Rechte aus dem Antrag (vgl. A. 3); denn die Übertragung der Rechte aus dem Antrag hat nicht unmittelbar zum Eigentumsübergang geführt, weil es noch der Annahme des Antrags bedurfte, um den Eigentumsübergang von dem Veräußerer auf den Zessionar zu ermöglichen RFH. (Gr. S.) 20. 3. 22 (9, 19). Auch das Meistgebot in der Zwangsversteigerung ist als ein Veräußerungsgeschäft im Sinne des Paragraphen anzusehen — RFH. 4. 2. 21 (5, 154); 24. 1. 22 (8, 248); dagegen Stillschweig JW. 1921, 601; Ihde JW. 1921, 1068; Ott JW. 1921, 1575 — weil es die Verpflichtung zur Erteilung des Zuschlags und damit zur Eigentumsverschaffung begründet. Auch bedingte, befristete oder von der Genehmigung eines Dritten abhängige Geschäfte sind geeignet, die Steuerpflicht zu begründen. Eine bedingte Veräußerung künftigen Bergwerkseigentums stellt z. B. die Verpflichtung des Inhabers eines Bergregals dar, bei Mutungen auf die ihm zustehenden Rechte der Ausschließung und Nutzung zugunsten eines anderen zu verzichten (RGZ. 94, 291); ein solches Geschäft unterliegt der Steuerpflicht. Die einjährige Frist beginnt aber bei aufschiebend bedingten, aufschiebend befristeten oder von einer Genehmigung abhängigen Geschäften erst mit dem Eintritt der Bedingung (OVG. 26. 5. 14 AmtlMitt. 1914 S. 257), dem Ablauf der Frist oder der Erteilung der Genehmigung, da erst dann die in der Verpflichtung zur Übertragung des Eigentums bestehende Wirkung des Rechtsgeschäfts eintritt RFH. 14. 7. 25 (17, 46).

Veräußerungsgeschäfte, durch welche sich jemand zur Übertragung des Eigentums an einem Grundstück verpflichtet, bedürfen nach § 313 BGB. der gerichtlichen oder notariellen Beurkundung und sind mangels Beobachtung dieser Form ungültig; indessen wird ein ohne Beobachtung dieser Form geschlossener Vertrag gültig, wenn die Auflassung und Eintragung ins Grundbuch erfolgt (vgl. A. 3 A II). Vorverträge, d. h. Verträge, durch welche erst die Verpflichtung zum Abschluß eines Vertrags des vorbezeichneten Inhalts begründet werden soll, verpflichten noch nicht zur Übertragung des Eigentums; sie fallen nicht unter die Vorschrift des Abs. 1. Ein zur Übertragung des Eigentums verpflichtendes Veräußerungsgeschäft im Sinne des § 5 Abs. 1 liegt erst dann vor, wenn aus ihm auf Eigentumsübertragung geklagt werden kann. RFH. 14. 7. 25 (17, 46). § 5 Abs. 1 ist aber auch dann anzuwenden, wenn ein Grundstück aufgelassen worden ist, ohne daß das Veräußerungsgeschäft in einer zur Übertragung des Eigentums verpflichtenden Form abgeschlossen war, und der Auflassungserklärung nicht binnen Jahresfrist die Eigentumseintragung im Grundbuch gefolgt ist — RFH. 15. 7. 24 (14, 138); denn die Auflassungsverhandlung enthält zwar nicht das schuldrechtliche Veräußerungsgeschäft, aber bereits den Beginn der Ausführung des dinglichen Geschäfts und es entspricht dem mit der

Vorschrift des § 5 Abs. 1 verfolgten Zweck, die Steuerentrichtung nicht hintanzuhalten, wenn alle Voraussetzungen für den Eigentumsübergang gegeben sind, diese Vorschrift auch auf den Fall der Auflassung anzuwenden, da in diesem Falle die Voraussetzungen für den Eigentumsübergang noch in weiterem Maße erfüllt sind als bei bloßer Beurkundung des obligatorischen Veräußerungsgeschäfts.

Unerheblich ist es, ob die Verpflichtung zur Eigentumsübertragung bereits aus einem anderen Rechtsgrund (Gesetz, letztwillige Verfügung usw.) entstanden ist; auch sogenannte Abwicklungsgeschäfte gehören zu den Veräußerungsgeschäften, sofern durch sie die Verpflichtung zur Eigentumsübertragung selbständig begründet wird. Auch ein Gesellschaftsvertrag kann als ein zur Übertragung des Eigentums verpflichtendes Veräußerungsgeschäft anzusehen sein; durch die Erhebung der Gesellschaftssteuer des KVG. wird die GrErwSt. in solchem Falle nicht ausgeschlossen RFH. 25. 9. 25 (17, 165).

Die Ausdehnung der Steuerpflicht auf die obligatorischen Veräußerungsgeschäfte erfordert eine entsprechende Anwendung der auf den dinglichen Eigentumsübergang zugeschnittenen Bestimmungen des Gesetzes. Als Veräußerer ist derjenige, welcher sich schuldrechtlich zur Übertragung des Eigentums verpflichtet hat, anzusehen; als Erwerber derjenige, dem gegenüber diese Verpflichtung eingegangen ist.

Die Bestimmung findet auf Rechtsgeschäfte, die vor dem Inkrafttreten des Gesetzes abgeschlossen sind, Anwendung (vgl. aber § 37 A. 1).

B. Voraussetzung der Besteuerung des Veräußerungsgeschäfts ist der Ablauf eines Jahres seit dem Abschluß oder dem Wirksamwerden des bedingten, befristeten, genehmigungsbedürftigen Geschäfts, ohne daß der Eigentumsübergang erfolgt ist. Bei Ablauf des Jahres muß noch eine Verpflichtung zur Auflassung auf Grund des Veräußerungsgeschäfts bestehen; ist das Veräußerungsgeschäft rückgängig gemacht, so entfällt die Steuerpflicht (OVG. 5. 2. 16 AmtlMitt. 1917 S. 35; RG. (Straff.) 1. 12. 22 DJZ.

1923, 377). Für die Berechnung der Jahresfrist gelten die §§ 186ff. BGB. Der Zeitpunkt, in dem das Jahr abgelaufen ist, ist maßgebend für den Eintritt der Steuerpflicht und die Veranlagung.

C. Liegen mehrere Veräußerungsgeschäfte innerhalb des einjährigen Zeitraums seit Abschluß des ersten Geschäfts — gleichviel, ob sie eine zusammenhängende Kette bilden, so daß der Erwerber in dem vorhergehenden der Veräußerer in dem nachfolgenden ist, oder ob sie völlig unabhängig voneinander sind —, so wird die Steuer nur für das erste Geschäft erhoben. Die späteren Geschäfte werden erst steuerpflichtig, wenn seit ihrem Abschluß oder Wirksamwerden (vgl. unter B) ebenfalls ein Jahr abgelaufen ist.

D. Ist ein zur Übertragung des Eigentums verpflichtendes Veräußerungsgeschäft zur GrErwSt. herangezogen worden und geht dann das Eigentum über, so ist die für diesen Übergang zu erhebende Steuer von dem Betrage zu berechnen, um den sich der steuerpflichtige Wert inzwischen erhöht hat RFH. 3. 10. 24 (14, 226). Ist der für das Grundstück vereinbarte Preis höher als der Anfangswert, so ist der Unterschied von Preis und Endwert maßgebend RFH. 10. 11. 25 DStBl. 1926, 85. Bei der Ermittlung des Grundstücksmehrwerts, der der Steuer nach § 5 Abs. 2 zugrunde zu legen ist, ist der Nachweis zulässig, daß der der Besteuerung nach Abs. 1 zugrunde gelegte Grundstückswert hinter dem damaligen Werte des Grundstücks zurückgeblieben ist RFH. 22. 12. 24 (15, 183). Die Berechnung der Steuer nach Abs. 1 und Abs. 2 muß getrennt erfolgen; es ist nicht zulässig, an Stelle der Steuern aus Abs. 1 und Abs. 2 eine einheitliche Steuer aus § 4 zu erheben RFH. 22. 10. 24 (14, 272).

2. Den eigentlichen zur Übertragung des Eigentums an Grundstücken verpflichtenden Veräußerungsgeschäften stehen gewisse im Verkehr übliche Ersatzgeschäfte gleich, welche im Abs. 4 aufgezählt werden. Andere Rechtsgeschäfte können auf Grund des § 7 in Frage kommen.

A. Übertragung des Rechts des Erwerbers aus einem Veräußerungsgeschäfte liegt vor, wenn derjenige, welcher auf Grund des Veräußerungsgeschäfts den obligatorischen Anspruch auf Auflassung erworben hat, diesen Anspruch an einen Dritten abtritt und der Dritte die Abtretung annimmt. Die Abtretung und Annahme kann formlos erfolgen (RG. 11. 2. 16 JMBl. 1916 S. 97). In der bloßen Offerte der Abtretung seitens des Erwerbes liegt noch keine Übertragung, denn von einer Übertragung kann erst gesprochen werden, wenn eine vertragliche Vereinbarung über den Übergang vorliegt (§ 398 BGB.). Ebenso wie die erste fällt natürlich auch jede weitere Übertragung des Anspruchs unter die Bestimmung. Ob der Erwerber zur Übertragung des von ihm erworbenen Rechts verpflichtet war, z. B. auf Grund eines Auftrags, Dienst- oder Werkvertrags, ob also ein sogenanntes Abwicklungsgeschäft vorliegt, ist unerheblich.

B. Um die auf die Beurkundung von Abtretungen der Rechte des Erwerbers aus Veräußerungsgeschäften gelegten Stempelsteuern zu sparen, hatte der Verkehr seit langem den Ausweg gefunden, daß dem Zwischenmann nur ein Verkaufsantrag mit Bindung des antragenden Eigentümers für eine längere Frist gemacht wurde und daß der Zwischenmann, wenn er mit Vorteil für sich einen Kauflustigen fand, diesem die Rechte aus jenem Antrag abtrat. Ebenso wie nach LStG. und RStG. ist deshalb auch für die Grunderwerbsteuer die Abtretung der Rechte aus Anträgen und Angebotsverträgen der Übertragung der Rechte der Erwerber aus Veräußerungsgeschäften gleichgestellt. Ob nach bürgerlichem Recht der Vertragsantrag für den Antragsempfänger überhaupt ein abtretbares Recht begründet, ist unerheblich. Die einseitige Erklärung, daß der Empfänger eines bindenden Grundstückskaufangebots einem anderen die Abtretung seiner Rechte anträgt, genügt noch nicht, es muß vielmehr die Annahme des Vertragsangebots hinzukommen, RFH. 20. 3. 22 (9, 19). Die im Anschluß an das preußische Recht für die reichsstempelgesetzliche Behandlung der Beurkundungen von Abtretungen angenommene Auslegung, wonach bereits die Beurkundung der einseitigen Erklärung des Abtretenden die Steuerpflicht auslöst (vgl. Rschr. d. RSchA. vom 15. 11. 13 — JMBl. 1914 S. 520 —) gilt für das Grunderwerbsteuergesetz nicht. Anträge zur Schließung eines Veräußerungsgeschäfts, die den Veräußerer binden, und Verträge, durch die sich der Veräußerer zum Abschluß eines Veräußerungsgeschäfts verpflichtet, bedürfen ebenso wie das Veräußerungsgeschäft selbst der gerichtlichen oder notariellen Beurkundung. Dagegen ist die Übertragung formlos gültig. Eine Übertragung liegt auch dann vor, wenn sich in einem Vertrage der Veräußerer zur Schließung eines Veräußerungsgeschäfts mit einem von dem Vertragsgegner zu bezeichnenden Dritten verpflichtet und der von dem Vertragsgegner bezeichnete Dritte die Rechte aus dem Vertrage geltend macht; denn in der Nominierung des Dritten liegt eine Abtretung der aus dem Vertrag erworbenen Rechte, RFH. 20. 3. 22 (9, 19). Eine Übertragung der Rechte aus dem Antrage liegt auch dann in der Benennung des Dritten, wenn ein Kaufangebot einem von dem Antragsempfänger zu benennenden Dritten gemacht wird mit der Bestimmung, daß der Antragsempfänger auch sich selbst als Käufer benennen könne; denn das Angebot ist dahin aufzufassen, daß der Antrag an den Antragsempfänger oder an eine von ihm zu benennende andere Person gerichtet ist RFH. 24. 4. 23 (12, 66). Voraussetzung der Anwendbarkeit des § 5 Abs. 4 Nr. 2 ist aber stets, daß die Mittelsperson nicht nur als Stellvertreter gehandelt, sondern eigene Rechte aus dem Antrag zur Schließung eines Veräußerungsgeschäfts oder aus dem den Veräußerer bindenden Vertrag erworben hat. Grundstückskäufe, die jemand als Käufer abschließt „handelnd im mündlichen Auftrag eines Dritten, den er später benennen wird", sind im Zweifel dahin zu verstehen, daß die Mittelsperson selbst zum Erwerbe berechtigt sein soll mit der Befugnis, an ihrer Stelle jemand anders als Käufer zu bezeichnen RFH. 8. 7. 21 (6, 198). Macht jemand dem von einem anderen zu benennenden Dritten ein Kaufangebot, so ist es Frage der Auslegung, ob der andere selbst Antragsempfänger oder nur Stellvertreter des Dritten ist. Aus dem Mangel objektiver Bestimmbarkeit des unbenannten Dritten folgt noch nicht, daß der andere auch selbst zur Annahme des Antrags berechtigt ist. Ist der andere lediglich Stellvertreter des unbenannten Dritten, so enthält dessen nachträgliche Benennung keine Übertragung der Rechte aus dem Kaufangebot RFH. 5. 1. 23 (11, 153). Ist der Vertragsantrag der Mittelsperson lediglich als direktem Stellvertreter eines Dritten gemacht, so ist die Steuerpflicht der Mittelsperson selbst dann nicht gegeben, wenn ihre Stellvertretung wegen des Mangels objektiver Bestimmbarkeit des dritten Angebotsempfängers unwirksam ist RFH. a. a. O.

C. Wirtschaftlich steht der Übertragung des Rechts des Erwerbers aus einem Veräußerungsgeschäfte der Fall gleich, daß der Erwerber — auf Grund eines ausdrücklichen oder stillschweigenden Vertragsvorbehalts — erklärt, die Rechte aus dem Veräußerungsgeschäfte ganz oder zum Teil für einen Dritten erworben oder die Pflichten für einen Dritten übernommen zu haben, mag er nun auf Grund rechtsgeschäftlicher oder gesetzlicher Vollmacht oder als Geschäftsführer ohne Auftrag für Rechnung des Dritten gehandelt haben. Die im RStG. vorgesehene Befreiung für den Fall, daß der erste Erwerber das Veräußerungsgeschäft nachweislich auf Grund eines Vollmachtauftrags oder als Geschäftsführer ohne Auftrag für einen Dritten abgeschlossen hat und die Übertragung der Rechte an diesen Dritten erfolgt, greift nicht mehr Platz.

Voraussetzung der Anwendbarkeit dieser Vorschrift ist, daß die Erklärung nachträglich abgegeben ist, d. h. nach Abschluß des ersten Geschäfts. Erklärt bei einer freiwilligen notariellen Grundstücksversteigerung der Meistbietende nach Erteilung des notariellen Zuschlags, aber vor Schluß der Niederschrift, daß er für einen anderen geboten habe, und unterzeichnet alsdann dieser andere die Niederschrift mit, so ist ein unmittelbarer Kaufvertrag mit dem anderen zustande gekommen; die Erklärung des Meistbietenden ist dann keine nachträgliche im Sinne der Vorschrift, da der Zuschlag erst mit dem Abschluß der notariellen Niederschrift wirksam wird RFH. 12. 5. 22 (9, 217).

D. Im Zwangsversteigerungsverfahren kann der Meistbietende sein Recht aus dem Meistgebot bis zur Verkündung des Zuschlags an einen anderen abtreten, und zwar entweder durch mündliche Erklärung im Versteigerungstermin oder Termin zur Verkündung des Zuschlags oder durch Einreichung einer öffentlich beglaubigten Urkunde an das Versteigerungsgericht. Die Abtretung hat, wenn der Zessionar in gleicher Form die Verpflichtung aus dem Meistgebot übernimmt, die Wirkung, daß der Zuschlag dem Zessionar zu erteilen ist. Innerhalb der gleichen Zeitgrenze und in gleicher Form kann der Meistbietende die Erklärung abgeben, für einen anderen geboten zu haben; diesem ist der Zuschlag zu erteilen, wenn die Vertretungsmacht des Meistbietenden oder die Zustimmung des anderen entweder bei dem Gericht offenkundig ist oder durch eine öffentlich beglaubigte Urkunde nachgewiesen wird (§ 81 ZVG.). Eine Abtretung des Rechts aus dem Zuschlag in dem Sinne, daß an Stelle des Erstehers ein anderer als Eigentümer ins Grundbuch einzutragen ist, ist ausgeschlossen, da der Ersteher mit der Verkündung des Zuschlags bereits Eigentümer geworden ist.

E. Durch die Bestimmung in Nr. 5 sollen alle Vereinbarungen getroffen werden, durch die der Berechtigte einem anderen die Befugnis einräumt, ein Grundstück oder einen Grundstücksteil im eigenen Namen oder im Namen des Vollmachtgebers ganz oder zum Teil auf eigene Rechnung zu veräußern. Von der Bevollmächtigung unterscheidet sich die Ermächtigung dadurch, daß sich die Bevollmächtigung nur auf das Handeln im fremden Namen bezieht, während derjenige, dem eine Ermächtigung erteilt ist, auf Grund derselben auch im eigenen Namen soll handeln können.

Ein bloßer Auftrag zur Veräußerung des Grundstücks, sei es mit, sei es ohne Vollmachtserteilung, genügt nicht, um die Voraussetzung der Nr. 5 zu erfüllen. Der Ermächtigte muß rechtlich in den Stand gesetzt sein, für eigene Rechnung zu handeln RFH. 10. 7. 23 (12, 258). Es bestehen hierbei folgende Möglichkeiten:

a) Ihm ist Veräußerungsvollmacht erteilt; dann wird durch den vom Ermächtigten im Namen des Eigentümers geschlossenen

Vertrag der Eigentümer zwar unmittelbar berechtigt und verpflichtet, aber im Innenverhältnis der beiden wird es so angesehen, als sei der Ermächtigte der Veräußerer, und der Eigentümer hat nur das zu erhalten und zu leisten, was zwischen ihnen vereinbart ist, während der Ermächtigte das Mehr an Empfangenem darüber hinaus behält und den Eigentümer von allen Verbindlichkeiten zu befreien hat, die der Erwerber etwa gegen ihn geltend machen könnte.

b) Die Ermächtigung geht dahin, einen Erwerber ausfindig zu machen, mit diesem alle Einzelheiten des Vertrages festzusetzen und alsdann den Vertragsschluß mit dem Eigentümer herbeizuführen; der Eigentümer darf sich nicht weigern, den Vertrag zu schließen.

c) Die Ermächtigung geht dahin, den Vertrag im Namen des Ermächtigten zu schließen, und der Eigentümer ist verpflichtet, die Auflassung dem Erwerber zu erteilen; in diesem Falle geht das schuldrechtliche Veräußerungsgeschäft schon unmittelbar kraft Gesetzes auf Rechnung des Ermächtigten. Ein unter die Vorschrift fallendes Geschäft liegt insbesondere vor, wenn ein Grundstückseigentümer einem anderen ein Grundstück zum Kauf anträgt mit der Ermächtigung für diesen, das Grundstück in eigenem Namen zum Verkauf anzubieten, und sich verpflichtet, mit dem ihm vom Vertragsgegner bezeichneten Dritten unmittelbar einen Kaufvertrag über das Grundstück unter den festgestellten Bedingungen abzuschließen, während der Mehrerlös dem Antragsgegner zufallen soll RFH. 10. 1. 22 JW. 829. Die Vorschrift findet auf den Vermittler eines Kaufgeschäfts aber nicht schon deswegen Anwendung, weil er als Vergütung für seine Tätigkeit das erhält, was er über den von dem Auftraggeber gesetzten Preis hinaus erzielt; seine Steuerpflicht entsteht vielmehr nur, wenn der Auftraggeber sich zum Abschluß des Kaufvertrags ihm gegenüber verpflichtet hat; denn nur dann liegt ein zur Übertragung des Eigentums verpflichtendes Veräußerungsgeschäft im Sinne des Abs. 1 vor RFH. 24. 3. 21 (5, 202).

3. Besteuerung von Zwischengeschäften. Der dinglichen Eigentumsübertragung, welche regelmäßig die Steuerpflicht auslöst, gehen häufig mehrere obligatorische Rechtsgeschäfte voraus, welche einen dinglichen Rechtserwerb nicht zur Folge haben, gleichwohl aber wirtschaftlich einen mehrfachen Umsatz des Grundstücks darstellen. Diese Zwischengeschäfte bleiben nicht steuerfrei, sondern werden bei dem am Ende der Kette erfolgenden Eigentumsübergang besteuert.

A. Voraussetzungen der Besteuerung.

I. Es müssen mehrere Veräußerungsgeschäfte der in A. 1 A bezeichneten Art oder Ersatzgeschäfte im Sinne der A. 2 innerhalb eines Jahres abgeschlossen sein, von denen eines vor Ablauf des Jahres zum Eigentumsübergang geführt hat. Veräußerungsgeschäfte, die länger als ein Jahr vor dem Eigentumsübergang geschlossen waren, sind nach Abs. 1 zu versteuern. Auch solche Veräußerungsgeschäfte kommen in Betracht, welche vor dem Inkrafttreten des Gesetzes abgeschlossen sind (vgl. 1 A a. E.). Die Steuerpflichtigkeit eines Veräußerungsgeschäfts wird nicht dadurch ausgeschlossen, daß zu ihm (z. B. nach der Verordnung vom 15. 3. 18 RGBl. 123) behördliche Genehmigung erforderlich und nicht erteilt ist, sofern es trotz seiner etwaigen Nichtigkeit im Grundstücksumsatz als Zwischengeschäft gedient hat und die wirtschaftliche Wirkung dieses Geschäfts auch nicht rückgängig gemacht ist RFH. 4. 5. 23 (12, 100). Schließt jemand für eine noch nicht errichtete GmbH. einen Kaufvertrag über ein Grundstück, so entstehen die Vertragsrechte nach der Errichtung im Falle der Genehmigung des Vertrags unmittelbar in der Person der Gesellschaft; ein steuerpflichtiges Zwischengeschäft im Sinne des § 5 liegt nicht vor RFH. 14. 10. 21 (7, 72).

II. Die zu versteuernden Veräußerungsgeschäfte müssen dem durch Übertragung des Eigentums zur Ausführung kommenden Veräußerungsgeschäfte vorangehen. Dieser Voraussetzung ist nicht schon dadurch genügt, daß die Veräußerungsgeschäfte zeitlich früher vorgenommen sind als die Eigentumsübertragung; es muß vielmehr zwischen den vorangehenden Veräußerungsgeschäften und der nachfolgenden Eigentumsübertragung ein innerer Zusammenhang bestehen. Die Steuerpflicht eines Veräußerungsgeschäfts tritt also nicht zugleich mit jedem zeitlich nach ihm liegenden Eigentumsübergang des Grundstücks ein, sondern nur durch einen solchen, der mit dem Veräußerungsgeschäft durch inneren Zusammenhang verbunden ist. Dieser innere Zusammenhang braucht aber nicht durch eine Kette in der Art gebildet zu sein, daß der neue Eigentümer sein Recht von dem aus dem Veräußerungsgeschäft berechtigten Zwischenmann rechtlich ableitet; der innere Zusammenhang wird vielmehr auch schon dadurch hergestellt, daß die Auflassung und Eigentumsübertragung die Verpflichtung aus dem Veräußerungsgeschäft erlöschen läßt, also zugleich eine Erfüllung der dem Veräußerer obliegenden Pflichten gegen den Zwischenmann enthält RFH. 2. 12. 21 (7, 235); 25. 11. 21 (7, 270). Unerheblich ist es, ob den bei den einzelnen Rechtsgeschäften Beteiligten der Zusammenhang der gesamten Rechtsgeschäfte bekannt ist. Ist eines der mehreren Rechtsgeschäfte ungültig, so ist der Zusammenhang unterbrochen. Zu beachten ist aber, daß zwar ein Vertrag, durch den die Verpflichtung zur Übertragung des Eigentums an einem Grundstücke begründet wird, der gerichtlichen oder notariellen Beurkundung bedarf, daß aber ein ohne Beachtung dieser Form geschlossener Vertrag gültig wird, wenn die Auflassung und Eintragung ins Grundbuch erfolgt. Wird also das Recht des Erwerbers aus einem formlos abgeschlossenen Veräußerungsgeschäft auf einen Dritten übertragen und erfolgt die Auflassung an diesen sowie seine Eintragung ins Grundbuch, so ist der Fall des Abs. 3 gegeben (OVG. 12. 12. 10 VerwBl. 32, 517).

B. Wirkung. Liegen die Voraussetzungen des Abs. 3 vor, so werden mit dem Eigentumsübergang auch die vorausgegangenen Zwischengeschäfte steuerpflichtig, die nicht zum Eigentumsübergang geführt haben. Hat also z. B. A. sein Grundstück durch notariellen Vertrag an B. veräußert, B. dem C. eine bindende Verkaufsofferte gemacht, C. das Recht aus dieser Offerte an D. abgetreten, welcher die Offerte des B. angenommen hat, und wird dann das Grundstück von A. an D. übertragen, so ist für die zwischen A. und B., zwischen C. und D. geschlossenen Zwischengeschäfte sowie für den Eigentumsübergang von A. auf D. die Steuer zu erheben, während das Geschäft zwischen B. und D., weil es durch Eigentumsübertragung zur Ausführung kommt, steuerfrei bleibt. Die Frage, ob bei Kettengeschäften das sachenrechtliche Geschäft steuerfrei ist oder nicht, ist von der Art des Geschäfts abhängig, das unmittelbar zum Eigentumsübergang geführt hat; ist dieses schuldrechtliche Geschäft steuerfrei, so ergibt sich daraus auch die Steuerfreiheit des Eigentumsübergangs. Wenn also zwei Personen ein Grundstück je zur Hälfte erwerben, es sodann in eine von ihnen errichtete offene Handelsgesellschaft einbringen und die Auflassung unmittelbar an die offene Handelsgesellschaft erfolgt, so ist abgesehen von der Steuer zu dem ersten Kaufvertrag keine weitere Steuer zu erheben, weil der Einbringungsvertrag nach § 15 Abs. 3 steuerfrei ist RFH. 24. 11. 22 (11, 67). Erfolgt eine Abtretung der Rechte aus dem Meistgebot oder erklärt der Meistbietende, daß er für einen anderen geboten habe, und erhält darauf der Zessionar oder die von dem Meistbietenden bezeichnete Person den Zuschlag, so wird Grunderwerbsteuer sowohl für den kraft des Zuschlags eintretenden Eigentumserwerb wie für das Meistgebot (vgl. A. 1A) erhoben, während die Abtretung oder die Erklärung, für einen anderen geboten zu haben, steuerfrei bleibt, weil diese Zwischengeschäfte zum Eigentumsübergang geführt haben RFH. 24. 1. 22 (8, 247).

Liegt dem FA. bei Kettengeschäften der ganze Sachverhalt vor, so tritt durch die Besteuerung eines einzelnen der Geschäfte keine Gebundenheit für die Rechtsmittelbehörde ein; diese kann das besteuerte Geschäft durch ein anderes der Kette ersetzen RFH. (Gr. S.) 20. 3. 22 (9, 19).

Für die Berechnung der Steuer ist nach den Bestimmungen in §§ 11 und 12 der gemeine Wert oder der Veräußerungspreis maßgebend. Die Vorschrift kommt auch dann zur Anwendung, wenn Gegenstand des ersten Geschäfts das ganze Grundstück, Gegenstand des oder der folgenden Rechtsgeschäfte nur ein Teil des Grundstücks ist; in solchem Falle ist bei dem ersten Geschäft als Veräußerungspreis ein dem Werte des Trennstücks entsprechender Teil des Preises für das ganze Grundstück anzusehen.

§ 6.

Steuerpflichtig ist auch ein Rechtsvorgang, der es ohne Übertragung des Eigentums einem andern ermöglicht, über das Grundstück wie ein Eigentümer zu verfügen.

1. Die Bestimmung hat den Zweck, Umgehungen der Steuer zu verhüten. Ihre Anwendung setzt voraus, daß an Stelle der Übertragung des juristischen Eigentums, wenn auch ohne die Absicht der Steuerumgehung, ein Rechtszustand geschaffen ist, bei dem die wesentlichen rechtlichen Befugnisse, die den Eigentumsbegriff ausmachen, einem anderen als dem juristischen Eigentümer zustehen, so daß dieser andere wirtschaftlich im wesentlichen so gestellt ist, als ob er Eigentümer im Rechtssinne geworden wäre RFH. 14. 7. 23 (12, 301); 2. 12. 21 (7, 248). § 6 setzt also die wirtschaftliche Möglichkeit voraus, über das Grundstück wie ein Eigentümer zu verfügen; daß der andere auch zum rechtlichen Verfügen, wie Auflassung und Bestellung dinglicher Rechte befugt ist, wird nicht gefordert RFH. 14. 7. 23 (12, 298). Auch durch einen Pachtvertrag kann dem Pächter die wirtschaftliche Verfügungsmacht in vollstem Maße eingeräumt werden, während dem Verpächter alle wirtschaftlichen Befugnisse genommen sind RFH. 8. 4. 22 JW. 1611. Gewährt der Eigentümer eines Grundstücks seinem Hypothekengläubiger Besitz und Nutzung in Form des Nießbrauchs verbunden mit der unwiderruflichen und nach § 181 BGB. befreiten Vollmacht zur Veräußerung des Grundstücks, so schließt ein etwaiger Anspruch des Eigentümers auf Rechnungslegung die Anwendung des § 6 nicht aus, wenn die Beteiligten selbst dieser Pflicht keine wirtschaftliche Bedeutung beilegen RFH. 14. 7. 23 (12, 298). Der eigentumsähnliche Zustand muß von den Beteiligten als ein endgültiger gewollt sein. § 6 ist nicht anwendbar, wenn der Übergang des juristischen Eigentums

vereinbart ist und der bisherige Eigentümer seinem Vertragsgegner nur in Erfüllung dieser vertragsmäßigen Verpflichtung vorher die wirtschaftliche Verfügungsmacht überträgt RFH. 14. 7. 23 (12, 301). Wenn sich in solchem Falle Auflassung oder Umschreibung des Grundstücks verzögert, so kann eine Steuerpflicht frühestens nach Ablauf eines Jahres auf Grund des § 5 Abs. 1 entstehen. Übertragung des wirtschaftlichen Eigentums ist angenommen in einem Falle, in dem der eingetragene Eigentümer das Tonausbeutungsrecht auf 30 Jahre eingeräumt und gleichzeitig dem Vertragsgegner das Grundstück zum Kauf mit dreißigjähriger Annahmefrist angeboten hatte unter der Bestimmung, daß der Kaufpreis durch das für Überlassung des Tonausbeutungsrechts geleistete Entgelt beglichen sein sollte RFH. 7. 11. 21 (7, 181). Hat jemand als Treugeber die wirtschaftliche Verfügungsmacht über ein Grundstück, das auf den Namen des Treuhänders im Grundbuch eingetragen ist, so kann Steuerpflicht nach § 6 nicht dadurch entstehen, daß das Verhältnis des Treuhänders zum Treugeber noch besonders festgelegt wird und daß die Pflichten des Treuhänders durch Vertragsstrafe und ähnliches gesichert werden, daß auch der Treugeber sich umfassende Vollmacht geben läßt und sich dadurch in den Stand setzt, nach außen hin auch ohne Mitwirkung des Treuhänders die Rechtshandlungen vorzunehmen, die ihm im Innenverhältnis zum Treuhänder ohnehin zustehen RFH. 5. 1. 26 (18, 90). Die rein schuldrechtliche Natur des Kaufvertrags schließt es aus, in dem bloßen Abschluß eines solchen Vertrags die Schaffung eines Zustandes zu erblicken, der es im Sinne des § 6 dem Käufer ermöglicht, über das Grundstück wie ein Eigentümer zu verfügen; es müssen besondere Umstände vorliegen, aus denen sich entnehmen läßt, daß nach dem wirklichen Willen der Beteiligten dem Käufer über den gewöhnlichen Machtbereich eines nur schuldrechtlich Beteiligten hinausgehende Befugnisse eingeräumt werden sollen; solche Umstände werden durch die bloße Überlassung des Besitzes des Grundstücks an den Käufer der Regel nach nicht dargetan (OVG. 18. 2. 16 AmtlMitt. 1916 S. 106) Veräußert jemand sein Grundstück mit den von ihm auf dem ihm nicht gehörigen Nachbargrundstücke zu einem vorübergehenden Zweck errichteten, also ihm gehörigen Gebäuden, so wird dadurch allein dem Erwerber nicht ermöglicht, über das ganze Nachbargrundstück wie ein Eigentümer zu verfügen RFH. 1. 12. 22 (11, 59). Grundsätzlich kann nicht derselbe Rechtsvorgang nach § 5 und § 6 steuerpflichtig sein, da die Steuerpflicht für Rechtsvorgänge der im § 5 bezeichneten Art dort erschöpfend geregelt ist und die im § 5 Abs. 1 u. 4 gekennzeichneten Rechtsvorgänge sämtlich schuldrechtlicher Art sind (OVG. 67, 43).

Wenn vorher schon der Übergang des wirtschaftlichen Eigentums auf Grund des § 6 besteuert worden ist, ist die nochmalige Erhebung der Steuer für den Übergang des juristischen Eigentums ausgeschlossen, sofern die für die Besteuerung in Betracht kommenden Verhältnisse zwischenzeitlich keine Änderung erfahren haben RFH. 30. 1. 25 (15, 223).

Dagegen kann, wenn für den Übergang des wirtschaftlichen Eigentums keine Steuer erhoben ist und später das Eigentum auf den bisherigen wirtschaftlichen Eigentümer übergeht, dieser sich gegenüber der Heranziehung aus §§ 1, 4 nicht darauf berufen, daß die Steuer nur aus § 6 festgesetzt werden könne RFH. 1. 12. 25 (18, 7).

Gemäß § 35 Abs. 2 ist der Reichsrat ermächtigt, bestimmte Rechtsvorgänge dieser Art ausdrücklich für steuerpflichtig zu erklären. Daneben bleibt die allgemeine Befugnis der Veranlagungsbehörde, solche Vorgänge auf Grund des § 6 steuerlich zu erfassen.

2. Für die Umgehung der Steuer ist von besonderer Bedeutung die Vorschrift des § 5 RAbgO., wonach durch Mißbrauch von Formen und Gestaltungsmöglichkeiten des bürgerlichen Rechts die Steuerpflicht nicht umgangen oder gemindert werden kann. Voraussetzung eines solchen Mißbrauchs ist

a) daß in Fällen, wo das Gesetz wirtschaftliche Vorgänge, Tatsachen und Verhältnisse in der diesen entsprechenden rechtlichen Gestaltung einer Steuer unterwirft, zur Umgehung der Steuer ihnen nicht entsprechende, ungewöhnliche Rechtsformen gewählt oder Rechtsgeschäfte vorgenommen werden,

b) daß nach Lage der Verhältnisse und nach der Art, wie verfahren wird oder verfahren werden soll, wirtschaftlich für die Beteiligten im wesentlichen derselbe Erfolg erzielt wird, der erzielt wäre, wenn eine den wirtschaftlichen Vorgängen, Tatsachen und Verhältnissen entsprechende rechtliche Gestaltung gewählt wäre,

c) daß etwaige Rechtsnachteile, die der gewählte Weg mit sich bringt, tatsächlich keine oder nur geringere Bedeutung haben.

Unter dem Gesichtspunkt des § 5 RAbgO. hat der RFH. insbesondere den Fall geprüft, daß sämtliche Geschäftsanteile einer Grundstücks-GmbH. auf mehrere Personen übertragen werden; dabei hat er als Regel aufgestellt, daß, wenn die Gesellschaft im wesentlichen nur gegründet ist, um den Grundbesitz zu mobilisieren, wenn also die Absicht dahin geht, statt der an sich in Aussicht genommenen Veräußerung des Grundbesitzes selbst aus steuerlichen oder sonstigen Gründen nur die Geschäftsanteile zu übertragen, diese Übertragung der Geschäftsanteile nicht die dem gewollten wirtschaftlichen Erfolg entsprechende Gestaltung ist. Sind die Gründer der Gesellschaft nicht mehr Inhaber der Geschäftsanteile, so bedarf es weiter der Feststellung, daß ihre Rechtsnachfolger an dem Gründungszwecke festgehalten haben RFH. 20. 2. 23 (11, 310).

§ 7.

Die Besteuerung wird nicht dadurch ausgeschlossen, daß ein nach diesem Gesetze steuerpflichtiger Rechtsvorgang durch einen anderen verdeckt wird.

1. Bezüglich der Scheingeschäfte gilt die allgemeine Regel, daß die für das verdeckte Rechtsgeschäft geltenden Vorschriften Anwendung finden, wenn durch ein Scheingeschäft ein anderes Rechtsgeschäft verdeckt wird (§ 117 BGB.). Die Tatbestände des § 5 RAbgO. (vgl. § 6 A. 2) und des § 7 schließen sich gegenseitig aus; die Anwendung des § 5 RAbgO. kann nur in Frage kommen, wenn das die Steuerpflicht begründende Geschäft nicht statt-

gefunden hat, sondern durch ein ernstliches Umgehungsgeschäft ersetzt worden ist (Ersatzgeschäft); umgekehrt setzt die Anwendung des § 7 voraus, daß das die Steuerpflicht begründende Geschäft tatsächlich abgeschlossen ist und sein Abschluß durch ein zur Verdeckung des Geschäfts bestimmtes Scheingeschäft verdeckt wird (Deckgeschäft). RFH. 15. 12. 22 (11, 117); 4. 5. 23 (12, 100). Wenn eine nach § 5 Abs. 3 RAbgO. für die Besteuerung unterstellte rechtliche Gestaltung hinterher verwirklicht wird, ohne daß die für die Besteuerung in Betracht kommenden Verhältnisse eine Änderung erfahren haben, so liegt kein neuer Steuerfall vor RFH. 31. 10. 24 (15, 8); 30. 1. 25 (15, 225). Als ein verdeckendes Rechtsgeschaft als Scheingeschäft angesehen und die Befreiung aus § 8 Nr. 2 vorgang darstellen; z. B. besteht die rechtliche Möglichkeit, eine steuerpflichtige Grundstücksübertragung durch eine bloß formellrechtliche Einschiebung eines Zwischenerwerbers zu verdecken, der nach § 21 Abs. 1 Steuerfreiheit genießt und das Grundstück seinerseits nach § 8 Nr. 4 demjenigen, dem es von vornherein zugedacht war, überträgt.

Wollen Eheleute, die im gesetzlichen Güterstande leben, die Steuer für eine Grundstücksübertragung von dem einen Ehegatten auf den anderen dadurch umgehen, daß sie zuerst die allgemeine Gütergemeinschaft und bald darauf die Gütertrennung vereinbaren, so kann die Vereinbarung der allgemeinen Gütergemeinschaft als Scheingeschäft angesehen und die Befreiung aus § 8 Nr. 2 versagt werden RFH. 5. 1. 26 DStBl. 1926, Sp. 151. In dem bloßen Erwerb einer selbständigen Berechtigung, sei sie auch zeitlich und inhaltlich umfassendster Art, kann ein den Eigentumsübergang verdeckendes Rechtsgeschäft nur dann gefunden werden, wenn besondere Umstände nachgewiesen werden, aus denen hervorgeht, daß dem Erwerber über das Wesen der selbständigen Gerechtigkeit hinausgehende Machtbefugnisse eingeräumt werden sollten, die einer Übertragung des Grundeigentums gleichzuachten sind (OVG. 25. 9. 14 AmtlMitt. 1915 S. 3).

§ 8.

Die Steuer wird nicht erhoben:

1. beim Erwerbe von Todes wegen oder auf Grund einer Schenkung unter Lebenden (§§ 2, 3 des Erbschaftssteuergesetzes in der Fassung der Bekanntmachung vom 7. August 1922 — RGBl. I S. 695 —), sofern nicht die Form der Schenkung lediglich gewählt ist, um die Grunderwerbsteuer zu ersparen. Bei Schenkungen mit einer Auflage beschränkt sich die Steuerbefreiung auf den Teil des gemeinen Wertes des Grundstücks, der den Wert der Auflage überschreitet;
2. bei der Begründung, Änderung, Fortsetzung und Aufhebung der ehelichen Gütergemeinschaft;
3. beim Erwerb auf Grund von Verträgen, die zwischen Miterben oder Teilnehmern an einer ehelichen oder fortgesetzten Gütergemeinschaft zum Zwecke der Teilung der zum Nachlaß oder zum Gesamtgut gehörenden Gegenstände abgeschlossen werden, sowie beim Erwerb auf Grund eines Zuschlags, der in den vorgenannten Fällen bei Teilung im Wege der Versteigerung einem Miterben oder Teilnehmer erteilt wird;
4. beim Erwerbe der Abkömmlinge von den Eltern, Großeltern und entfernteren Voreltern, sowie beim Erwerbe der Eltern von den Kindern; den Eltern stehen die Stiefeltern gleich, ebenso die Adoptiveltern, wenn kein Verdacht besteht, daß die Annahme an Kindes Statt zum Zwecke der Steuerhinterziehung vorgenommen ist;
5. beim Einbringen in eine ausschließlich aus dem Veräußerer und dessen Abkömmlingen oder aus diesen allein bestehende Vereinigung. Die Steuerpflicht tritt ein, wenn nachträglich ein Gesellschafter aufgenommen wird, der nicht zu den Abkömmlingen des Veräußerers gehört;

6. beim Einbringen von Nachlaßgegenständen in eine ausschließlich von Miterben gebildete Vereinigung. Die Vorschrift der Nr. 5 Satz 2 findet entsprechende Anwendung;

7. beim Austausch im Inland gelegener Grundstücke zum Zwecke der Zusammenlegung (Flurbereinigung), der Ermöglichung einer besseren landwirtschaftlichen Ausnutzung von Grundstücken in Gemengelage, der Grenzregelung oder der besseren Gestaltung von Bauflächen (Umlegung) sowie bei Ablösung von Rechten an Forsten, wenn diese Maßnahmen auf der Anordnung einer Behörde beruhen oder von einer gesetzlich hierfür zuständigen oder durch die oberste Landesfinanzbehörde bezeichneten Behörde als zweckdienlich anerkannt werden;

8. beim Austausch von Feldesteilen zwischen angrenzenden Bergwerken und bei der Vereinigung zweier oder mehrerer Bergwerke zum Zwecke der besseren bergbaulichen Ausnutzung, sofern sie nicht zum Zwecke der Steuerersparung erfolgen;

9. bei Grundstücksübertragungen, die der Besiedlung des platten Landes oder der Schaffung gesunder Kleinwohnungen für Minderbemittelte zu dienen bestimmt sind, wenn als Erwerber oder Veräußerer Körperschaften des öffentlichen Rechtes oder solche Personenvereinigungen, die sich mit den genannten Zwecken befassen, beteiligt sind. Die Befreiung der Personenvereinigungen tritt nur ein, wenn der Reingewinn satzungsgemäß auf eine Verzinsung von höchstens fünf vom Hundert der Kapitaleinlagen beschränkt, bei Auslosungen, Ausscheiden eines Mitglieds und für den Fall der Auflösung der Vereinigung den Mitgliedern nicht mehr

als der Nennwert ihrer Anteile zugesichert und bei der Auflösung der etwaige Rest des Vermögens für gemeinnützige Zwecke bestimmt ist;

10. beim Erwerbe von Grundstücken zwecks Schaffung oder Erweiterung öffentlicher Erholungs-, Wald- und sonstiger Grünanlagen sowie für Zwecke öffentlicher Straßen und Plätze. Falls und insoweit das Grundstück innerhalb einer Frist, die vom Beginne des zweiten Jahres bis zum Ende des fünfzehnten Jahres nach Abschluß des Veräußerungsgeschäfts läuft, für andere Zwecke verwendet wird, erfolgt Nachveranlagung.

Zu den Miterben im Sinne der Nr. 3 und 6 wird der überlebende Ehegatte gerechnet, der mit den Erben des verstorbenen Gatten gütergemeinschaftliches Vermögen zu teilen hat. Die Steuerbefreiungen nach Nr. 3 und 4 kommen auch Ehegatten von Miterben oder Teilnehmern an einer fortgesetzten Gütergemeinschaft sowie Ehegatten von Abkömmlingen zu, wenn sie auf Grund des bestehenden Güterstandes ohne rechtsgeschäftliche Übertragung Miteigentum erwerben.

Übersicht zu § 8.

1. Erwerb von Todes wegen und Schenkung.
   A. Erwerb von Todes wegen.
   B. Schenkung unter Lebenden.
      I. Begriff der Schenkung; Schenkung unter einer Auflage; gemischte Schenkung.
      II. Als Schenkung geltende Rechtsvorgänge.
2. Eheliche Gütergemeinschaft.
3. Verträge zwischen Miterben und Teilnehmern einer Gütergemeinschaft.
4. Erwerb der Abkömmlinge von den Eltern.
5. Einbringen in Familiengesellschaften.
6. Einbringen in Nachlaßgesellschaften.

7. Umtausch von Grundstücken bei Zusammenlegung, Grenzregulierung, Umlegung.
8. Umtausch von Feldesteilen bei Konsolidation.
9. Erwerb für Kleinsiedlungen oder -wohnungen.
   A. Allgemeines.
   B. Siedlungswesen.
   C. Kleinwohnungen für Minderbemittelte.
10. Erwerb für Erholungsanlagen und Straßen.
11. Sonstige sachliche Steuerbefreiungen.

Objektive Steuerbefreiungen.

1. A. Für den Begriff des Erwerbes von Todes wegen sind die Vorschriften des § 2 des Erbschaftsteuergesetzes in der Fassung vom 22. 8. 25 (RGBl. I 320) maßgebend, welche lauten:

§ 2

(1) Als Erwerb von Todes wegen gilt

1. der Erwerb durch Erbanfall, durch Vermächtnis (§§ 2147ff. des Bürgerlichen Gesetzbuchs) oder auf Grund eines geltend gemachten Pflichtteilsanspruchs;
2. der Erwerb auf Grund einer Nachfolge in ein Hausgut, Lehen, Fideikommiß oder Stammgut oder in ein sonstiges gebundenes Vermögen;
3 der Erwerb durch Schenkung auf den Todesfall (§ 2301 des Bürgerlichen Gesetzbuchs) sowie jeder andere Erwerb, auf den die für Vermächtnisse geltenden Vorschriften des bürgerlichen Rechtes Anwendung finden;
4. der Erwerb von Vermögensvorteilen, der auf Grund eines vom Erblasser geschlossenen Vertrags unter Lebenden von einem Dritten mit dem Tode des Erblassers unmittelbar gemacht wird.

(2) Als vom Erblasser zugewendet gilt auch

1. der Übergang von Vermögen auf eine vom Erblasser angeordnete Stiftung;
2. was jemand infolge Vollziehung einer vom Erblasser angeordneten Auflage oder infolge Erfüllung einer vom Erblasser ge-

setzten Bedingung erwirbt, es sei denn, daß eine einheitliche Zweckzuwendung vorliegt;

3. was jemand dadurch erlangt, daß bei Genehmigung einer Zuwendung des Erblassers Leistungen an andere Personen angeordnet oder zur Erlangung der Genehmigung freiwillig übernommen werden;
4. was als Abfindung für einen Verzicht auf den entstandenen Pflichtteilsanspruch oder für die Ausschlagung einer Erbschaft oder eines Vermächtnisses von dritter Seite gewährt wird;
5. was als Entgelt für die Übertragung der Anwartschaft eines Nacherben gewährt wird.

(3) Das Erlöschen von Leibrenten und anderen von dem Leben einer Person abhängigen Lasten gilt nicht als Erwerb von Todes wegen.

Als Erwerb von Todes wegen gelten demnach folgende Erwerbsfälle:

I. a) Die Erbfolge, mag sie auf Gesetz (§§ 1922ff. BGB.) oder Verfügung von Todes wegen (Testament § 1937 BGB., Erbvertrag § 1941 BGB.) beruhen; auch die Nacherbfolge (§§ 2100ff. BGB.) fällt unter die Vorschrift.

b) Der Erwerb durch Vermächtnis (§§ 1939, 2147ff. BGB.). Das Vermächtnis begründet stets nur eine Forderung auf die Leistung des vermachten Gegenstandes (§ 2174 BGB.); sowohl der Erwerb dieser Forderung wie der Erwerb des Eigentums an dem vermachten Grundstück ist steuerfrei. Hat jemand durch Testament einem anderen das Recht eingeräumt, ein Nachlaßgrundstück für einen bestimmten Preis zu kaufen, so liegt Vermächtnis eines Kaufrechts vor. Wird demnächst dieses Recht ausgeübt, so gründet sich der Anspruch auf Übertragung des Eigentums nicht auf das Testament, sondern auf den Kaufvertrag; der den Preis übersteigende Teil des gemeinen Wertes ist erbschaftssteuerpflichtig, aber grunderwerbsteuerfrei, während in Höhe des Preises selbst Grunderwerbsteuer zu erheben ist RFH. 14. 7. 23 (12, 278).

c) Erwerb auf Grund eines geltend gemachten Pflichtteilsanspruchs (§§ 2303ff. BGB.). Der Pflichtteilsberechtigte hat nur einen persönlichen gegen den Erben gerichteten Anspruch auf eine Geldleistung. Dieser Erwerbsfall hat also für die Befreiung von der Grunderwerbsteuer keine Bedeutung. Über den Erwerb als Abfindung für einen Verzicht auf den entstandenen Pflichtteilsanspruch vgl. unter i.

d) Erwerb auf Grund einer Nachfolge in ein Hausgut, Lehen, Fideikommiß, Stammgut oder sonstiges gebundenes Vermögen. Die landesrechtlichen Vorschriften über Hausgüter, Lehen, Fideikommisse und Stammgüter sind durch das BGB. unberührt geblieben (Art. 57 bis 59 EG. BGB. — vgl. § 10 A. 1 A —). Steuerfrei bleibt der Übergang der zum gebundenen Vermögen gehörigen Grundstücke auf den nach den besonderen landesrechtlichen Vorschriften berufenen Rechtsnachfolger. Im Falle der Umwandlung hausrechtlich, lehns- oder fideikommißrechtlich oder nach den Vorschriften über Stammgüter gebundenen Grundvermögens in freies Eigentum tritt nur dann Steuerpflicht ein, wenn das Grundstück auf eine andere Person als den bisherigen Inhaber übergeht. Über die Besteuerung des gebundenen Grundbesitzes vgl. § 10.

e) Schenkung auf den Todesfall liegt vor, wenn eine Schenkung unter der Bedingung erfolgt, daß der Beschenkte den Schenker überlebt (§ 2301 BGB.).

Als ein Erwerb, auf welchen die für Vermächtnisse geltenden Vorschriften des BGB. Anwendung finden, kommen in Betracht der Voraus (§ 1932 BGB.), der von dem Erben zu leistende Unterhalt für Familienangehörige des Erblassers (§ 1969 BGB.), die Zuwendung des nach Beendigung der fortgesetzten Gütergemeinschaft einem anteilsberechtigten Abkömmling entzogenen Betrages an einen Dritten (§ 1514 BGB.).

f) Vermögenserwerb auf Grund eines vom Erblasser unter Lebenden geschlossenen Vertrags durch einen Dritten unmittelbar mit dem Tode des Erblassers, z. B. Erwerb auf Grund eines Gutsüberlassungsvertrags, durch den sich der Käufer verpflichtet hatte, beim Tode des Verkäufers einen Teil der übernommenen Grundstücke einem Dritten aufzulassen.

II. Hierzu treten die Fälle, die nach ausdrücklicher Gesetzesvorschrift den Zuwendungen vom Erblasser gleichgestellt sind, nämlich:

a) Der Übergang vom Vermögen auf eine vom Erblasser angeordnete Stiftung. Die Bestimmung ist anwendbar, gleichviel, ob die Stiftung als Alleinerbin, Miterbin oder Nacherbin eingesetzt ist.

b) Erwerbsfälle infolge Vollziehung einer vom Erblasser angeordneten Auflage (§ 1940 BGB.) oder infolge einer vom Erblasser gesetzten Bedingung. Durch die Auflage verpflichtet der Erblasser letztwillig den Erben oder Vermächtnisnehmer zu einer Leistung, ohne einem anderen ein Recht auf diese Leistung zuzuwenden. Die Vollziehung einer solchen in Übertragung eines Grundstücks bestehenden Leistung ist steuerfrei. Ferner gehören hierher Erwerbsfälle infolge der Bewirkung einer Leistung, von der der Erblasser einen Erwerb von Todes wegen abhängig gemacht hat, also z. B. der Fall, daß eine Erbeinsetzung unter der Bedingung der Übertragung eines Grundstücks an einen Dritten erfolgt. Die Anwendbarkeit der Bestimmung entfällt jedoch, wenn die Auflage oder die als Bedingung gesetzte Leistung zusammen mit dem dadurch beschwerten Erwerb von Todes wegen eine einheitliche Zweckzuwendung darstellt.

c) Erwerbsfälle infolge Anordnung von Leistungen an andere Personen bei Genehmigung einer Zuwendung des Erblassers oder infolge freiwilliger Übernahme solcher Leistungen zur Erlangung der Genehmigung. Dabei ist vornehmlich an Fälle gedacht, in denen die zur Genehmigung zuständige Behörde ihre Genehmigung von einer Zuwendung an andere Personen abhängig macht.

d) Abfindung für einen Verzicht auf den entstandenen Pflichtteilsanspruch; der Anspruch auf den Pflichtteil entsteht mit dem Erbfall; er ist veräußerlich und vererblich (§ 2317 BGB.). Ferner die Abfindung für die Ausschlagung einer Erbschaft oder eines Vermächtnisses (§§ 1945, 2180 Abs. 2 BGB.). Die Bestimmung kommt zur Anwendung, wenn die Abfindung in der Übertragung eines Grundstücks besteht.

e) Das als Entgelt für die Übertragung der Anwartschaft eines Nacherben Gewährte. Dem Nacherben steht in der Zeit zwischen dem Erbfall und dem Eintritt des Falls der Nacherbfolge ein besonders geartetes Vermögensrecht, die Anwartschaft, zu, das in der Regel vererblich ist und auch unter Lebenden veräußert werden kann. Wird als Entgelt für die Übertragung ein Grundstück geleistet, so tritt Steuerfreiheit ein.

B. Schenkungen unter Lebenden sind von der Grunderwerbsteuer nur unter der Voraussetzung befreit, daß die Form der Schenkung nicht lediglich gewählt ist, um die Grunderwerbsteuer zu ersparen. Über Schenkungen unter Lebenden bestimmt § 3 des Erbschaftsteuergesetzes:

§ 3

(1) Als Schenkung im Sinne des Gesetzes gilt

1. jede Schenkung im Sinne des bürgerlichen Rechtes;
2. jede andere freigebige Zuwendung unter Lebenden, soweit der Bedachte durch sie auf Kosten des Zuwendenden bereichert wird;
3. was infolge Vollziehung einer von dem Schenker angeordneten Auflage oder infolge Erfüllung einer einem Rechtsgeschäft unter Lebenden beigefügten Bedingung ohne entsprechende Gegenleistung erlangt wird, es sei denn, daß eine einheitliche Zweckzuwendung vorliegt;
4. was jemand dadurch erlangt, daß bei Genehmigung einer Schenkung Leistungen an andere Personen angeordnet oder zur Erlangung der Genehmigung freiwillig übernommen werden;
5. was als Abfindung für einen Erbverzicht (§§ 2346, 2352 des Bürgerlichen Gesetzbuchs) gewährt wird;
6. was ein Vorerbe dem Nacherben mit Rücksicht auf die angeordnete Nacherbschaft vor ihrem Eintritt herausgibt;
7. der Übergang von Vermögen auf Grund eines Stiftungsgeschäfts unter Lebenden;
8. eine freigebige Zuwendung bei Auflösung eines Fideikommisses oder anderweitiger Aufhebung der Bindung von Vermögen;
9. was bei Aufhebung einer Stiftung erworben wird.

(2) Im Falle des Abs. 1 Nr. 6 ist der Versteuerung auf Antrag das Verhältnis des Nacherben zum Erblasser zugrunde zu legen.

(3) Gegenleistungen, die nicht in Geld veranschlagt werden können, werden bei der Feststellung, ob eine Bereicherung vorliegt, nicht berücksichtigt.

(4) Die Steuerpflicht einer Schenkung wird nicht dadurch ausgeschlossen, daß sie zur Belohnung oder unter einer Auflage gemacht oder in die Form eines lästigen Vertrags gekleidet wird.

(5) Ausstattungen, die Abkömmlingen zur Einrichtung eines den Vermögensverhältnissen und der Lebensstellung der Beteiligten angemessenen Haushalts gewährt werden, gelten nicht als Schenkung, sofern zur Zeit der Zuwendung ein Anlaß zur Ausstattung gegeben ist und der Zweck der Zuwendung innerhalb zweier Jahre erfüllt wird. Ausstattungen, die über das angegebene Maß hinausgehen, sind insoweit steuerpflichtig.

I. Begriff der Schenkung. Nach bürgerlichem Recht ist eine Schenkung eine Zuwendung, durch die jemand aus seinem Vermögen einen anderen bereichert, wenn beide Teile darüber einig sind, daß die Zuwendung unentgeltlich erfolgt. Für die Erbschaftssteuer und demnach auch für die Grunderwerbsteuer ist der Begriff der Schenkung dahin erweitert, daß er auch sonstige freigebige Zuwendungen unter Lebenden umfaßt, soweit der Bedachte durch sie auf Kosten des Zuwendenden, wenn auch nicht unmittelbar aus dessen Vermögen, bereichert wird. Bei der Beurteilung, ob eine Bereicherung des Beschenkten vorliegt, bleiben Gegenleistungen, welche nicht in Geld veranschlagt werden können, außer Betracht. Erforderlich ist, daß die Bereicherung des Beschenkten eine endgültige, materielle, nicht bloß eine formale sei (RGZ. 62, 390). Deshalb liegt keine Schenkung vor für denjenigen, der fiduziarisch Eigentum erwirbt, RFH. 25. 5. 21 (6, 62); ebensowenig für den Fiduzianten, wenn der Fiduziar das Grundstück an ihn weiter überträgt. Wird bei einer Grundstücksübertragung Übernahme der Hypotheken durch den Erwerber vereinbart, so liegt keine

Schenkung vor, wenn die Hypotheken den Wert des Grundstücks erreichen oder ihn übersteigen, denn dann wird durch die Übernahme der Hypotheken für den vollen Wert des Grundstücks ein Entgelt geleistet, so daß keine Bereicherung eintritt (OVG. 8. 1. 04 VerwBl. 28, 668 Nr. 145; 7. 11. 12 VerwBl. 34, 702). Für die Annahme eines entgeltlichen Geschäfts ist nötig, daß beide einander gegenüberstehende Leistungen vermögensrechtlicher Natur sind. Der vermögensrechtlichen Zuwendung des einen Teils kann auch ein bloßes Unterlassen des andern Teils gegenüberstehen RFH. 4. 6. 19 (1, 101). Für den Charakter eines Rechtsgeschäfts ist aber nicht bloß die objektive Sachlage, sondern auch der erklärte Wille der Parteien von maßgebender Bedeutung. Darüber, ob eine Bereicherung vorliegt, entscheiden objektive Gesichtspunkte, für die Frage der Unentgeltlichkeit ist aber der subjektive Standpunkt der Beteiligten maßgebend. Zum Begriff der Schenkung gehört nicht die Absicht der Liberalität, nicht die Absicht der durch die Zuwendung eintretenden Bereicherung; wohl aber müssen beide Teile einig sein über die Unentgeltlichkeit der Zuwendung. Diese Einigkeit fehlt z. B., wenn für Dienste, die um persönlicher Beziehungen willen zunächst unentgeltlich geleistet sind, hinterher als Vergütung die Übertragung eines Grundstücks versprochen wird (RGZ. 72, 188). Wirken allerdings die geleisteten Dienste nur als Beweggrund, lösen sie ein Dankgefühl aus, dem durch eine freie Gabe genügt werden soll, und wird die Gabe von der Gegenseite in demselben Sinn angenommen, so liegt eine Schenkung vor. Haben dagegen die geleisteten Dienste auf der einen Seite das Gefühl einer wirklichen Schuld oder auf der anderen Seite das Gefühl eines wirklichen Anspruchs hervorgerufen, wird das Geleistete in der Annahme gegeben oder genommen, daß dadurch die Schuld abgetragen, die Dienste bezahlt werden sollen, so liegt keine Einigkeit über die Unentgeltlichkeit der Zuwendung und deshalb keine Schenkung vor RG. 7. 2. 19 DStBl. Sp. 54. Eine Ausstattung (§ 1624 BGB.), die einem Abkömmling zur Einrichtung eines angemessenen Haushalts gewährt wird, ist keine Schenkung, fällt aber unter Nr. 4. Zur Gültigkeit eines Vertrags, durch den die Übertragung eines Grundstücks schenkweise versprochen wird, ist nicht nur die gerichtliche oder notarielle Beurkundung des Versprechens erforderlich (§ 518 BGB.), sondern auch die Beurkundung der Annahme in der gleichen Form (RGZ. 82, 152). Ein mangels der nach § 518 BGB. erforderlichen Form unwirksames Schenkungsversprechen wird wirksam, wenn die versprochene Leistung bewirkt ist, also wenn die versprochene Grundstücksübertragung in der hierfür vorgeschriebenen Form vollzogen ist. Die Begründung der allgemeinen Gütergemeinschaft oder Fahrnisgemeinschaft schließt auch bei großer Verschiedenheit des beiderseitigen Vermögens an sich keine Schenkung in sich. Begründen die Ehegatten nur Errungenschaftsgemeinschaft und vereinbaren sie gleichzeitig, daß auch bestimmtes eingebrachtes Gut in die Gemeinschaft aufgenommen werden solle, so hängt es von den Verhältnissen des einzelnen Falles ab, ob hierin eine Schenkung zu sehen ist. RFH. 9. 12. 20 (4, 129); vgl. A. 2.

Schenkung unter einer Auflage. Unter einer Auflage ist jede dem Beschenkten als solchem auferlegte Leistung zu verstehen, die keine vertragliche Gegenleistung bildet, jedoch seine Bereicherung und infolgedessen auch die für die Zuwendung zu erhebende Schenkungssteuer mindert. RFH. 13. 2. 23 (11, 286). Das GrErwStG. will auch denjenigen Teil des Grundstückseigentums zur Steuer heranziehen, der mit Rücksicht auf die der Schenkung beigefügte Auflage für den Beschenkten keine Bereicherung darstellt und infolgedessen von der Schenkungssteuer frei bleibt. Steuerfreiheit tritt deshalb nur bezüglich desjenigen Wertteils des Grundstücks, der den Wert der Auflage überschreitet. Von einem gegenseitigen Vertrage unterscheidet sich die Schenkung unter einer Auflage dadurch, daß bei ihr rechtlich nur ein einseitiges Abhängigkeitsverhältnis besteht, nämlich das der Leistung des Beschenkten von der des Schenkers, nicht umgekehrt, und daß bei ihr nicht ein gegenseitiger Austausch und eine gegenseitige Ausgleichung zweier Leistungen stattfindet, sondern daß die Leistungen auf jeder Seite gesondert von der anderen selbständig für sich erfolgen, daß sie also, in diesem Sinne verstanden, einseitige, nicht wechselseitige sind (RGZ. 60, 238). Eine Schenkung unter einer Auflage liegt dann nicht vor, wenn der Empfänger der Zuwendung oder beide Teile wissen oder doch überzeugt sind, daß die für die Auflage erforderlichen Leistungen den Wert der Zuwendung erschöpfen oder gar übersteigen; in solchem Falle komt es nicht darauf an, daß das Grundstück objektiv einen höheren Wert hat, als im Vertrag angenommen ist (RG. 10. 10. 11 JW. 1911 S. 998). Wird bei der Schenkung der ideellen Hälfte eines Grundstücks an den Ehegatten vereinbart, soweit einer der Ehegatten über die Hälfte der Hypothekenschulden tilge, solle er Anspruch auf Ersatz haben, so hat das für den Beschenkten die Folge, daß er letzten Endes in jedem Falle die halben Hypothekenschulden zu tragen hat, gleichviel ob die Gläubiger den Schenker als persönlichen Schuldner oder ihn selbst als Miteigentümer des dinglich haftenden Grundstücks in Anspruch nehmen, während er nach den gesetzlichen Bestimmungen im Falle der Bezahlung der Hypothekenschulden durch ihn vollen Ersatz von dem Schenker verlangen könnte; die Bereicherung des Beschenkten wird also um den Wert der ihm auferlegten Leistung vermindert, der in dem halben Betrage der auf dem Grundstück lastenden Hypotheken besteht RFH. 13. 2. 23 (11, 286). Bei Schenkung eines Grundstücks unter Vorbehalt des Nießbrauchs beschränkt sich die Steuerbefreiung aus Nr. 1 auf den Teil des gemeinen Wertes des Grundstücks, der den Wert des Nießbrauchs überschreitet RFH. 7. 4. 25 (16, 97). Wird jemandem ein mit einem Altenteil belastetes Grundstück geschenkt, ohne daß er die persönlichen Altenteilsleistungen besonders übernimmt, so ist das eine Schenkung unter einer Auflage, wobei als Auflage die gesamte Altenteilslast anzusehen ist; eine Ausnahme gilt nur in dem Falle, daß dem Beschenkten das Recht eingeräumt wird, für alle aus der Belastung entstehenden Nachteile Schuldloshaltung zu verlangen RFH. 30. 10. 25 DStBl. 1926, 85.

Eine gemischte Schenkung liegt vor, wenn bei gegenseitigen Verträgen Leistung und Gegenleistung in einem offenbaren Mißverhältnis stehen und gleichzeitig anzunehmen ist, daß der eine

Vertragsteil sich des Mehrwerts seiner Leistung bewußt war und insoweit dem anderen Teil eine unentgeltliche Zuwendung hat machen wollen RFH. 6. 3. 25 (16, 22). In solchem Fall ist der Vertrag in seine beiden Teile, das entgeltliche Geschäft und die Schenkung, zu zerlegen. Auch ein sogenannter Übertrags-(Altenteils-)vertrag kann ein aus entgeltlicher Veräußerung und gleichzeitiger Schenkung bestehendes gemischtes Geschäft enthalten; in solchem Fall ist die GrErwSt. nur insoweit zu erheben, als dem Grundstückswerte Gegenleistungen des Erwerbers gegenüberstehen RFH. 6. 3. 25 (16, 22). Soweit eine Schenkungssteuer rechtskräftig festgesetzt ist, kann von dem Schenkungssteuerschuldner keine GrErwSt. mehr erhoben werden; eine Prüfung, ob die Schenkungssteuer zu Recht festgesetzt ist, ist ausgeschlossen RFH. 13. 3. 25 (16, 25).

II. Als Schenkung gelten auch folgende Rechtsvorgänge:

a) Erwerb durch Vollziehung einer von dem Schenker angeordneten Auflage (§ 525 BGB.) und Erfüllung einer einem Rechtsgeschäft unter Lebenden beigefügten Bedingung ohne entsprechende Gegenleistung (z. B. Erfüllung der in Übertragung eines Grundstücks bestehenden Bedingung, von der die Schenkung abhängig gemacht ist). Die Anwendbarkeit der Bestimmung entfällt auch hier, wenn eine einheitliche Zweckzuwendung vorliegt (vgl. A. 1 A II b).

b) Erwerbsfälle infolge von Anordnung von Leistungen an andere Personen bei Genehmigung einer Schenkung oder infolge freiwilliger Übernahme solcher Leistungen zur Erlangung der Genehmigung (vgl. A. 1 A II c).

c) Abfindung für einen Erbverzicht (§§ 2346, 2352 BGB.).

d) Übertragung eines Vorerben auf den Nacherben mit Rücksicht auf die angeordnete Nacherbfolge vor ihrem Eintritt.

e) Der vermögensrechtliche Akt, durch welchem in einem Stiftungsgeschäft unter Lebenden einer Stiftung das zur Erreichung der Stiftungszwecke bestimmte Vermögen zugewendet wird. Das Stiftungsgeschäft unter Lebenden bedarf der schriftlichen Form (§ 81 BGB.). Zur Entstehung einer rechtsfähigen Stiftung ist außer dem Stiftungsgeschäft die Genehmigung des Landes erforderlich, in dessen Gebiet die Stiftung ihren Sitz haben soll (§ 80 BGB.).

f) Freigebige Zuwendungen bei Auflösung eines Fideikommisses oder anderweitiger Aufhebung der Bindung von Vermögen (vgl. § 10 A. 1 A).

g) Erwerb bei Aufhebung einer Stiftung (vgl. § 88 BGB.).

2. Unter **ehelicher Gütergemeinschaft** ist nicht nur die allgemeine Gütergemeinschaft (§ 1437 BGB.) zu verstehen, sondern alle Güterrechtssysteme, bei denen ein gemeinschaftlicher Grundbesitz in Frage kommt, insbesondere auch die Errungenschaftsgemeinschaft (§§ 1519ff. BGB.). Die Befreiung tritt nur ein, wenn es sich um Begründung, Änderung oder Aufhebung des Güterstandes und den vermöge der Begründung oder Änderung des Güterstandes kraft Gesetzes eintretenden Eigentumsübergang handelt, nicht auch dann, wenn durch Rechtsgeschäft ein im Sondereigentum des Mannes oder der Frau stehendes Grundstück in die Gütergemeinschaft eingebracht (RFH. 9. 12. 20 — 4, 129) oder ein zur Gemeinschaftsmasse gehöriges Grundstück dem Mann oder der Frau zum Sondereigentum übertragen wird. Ebensowenig dann, wenn ein Ehegatte schon vor der Eheschließung bei Vereinbarung der Errungenschaftsgemeinschaft sein Grundstück zufolge besonderer Abrede dem Gesamtgut mit Wirkung von der Eheschließung ab zuführt (RFH. 18. 11. 21 — JW. 1922, 833); denn, wie nach Abs. 2 die Steuerfreiheit nach Ziff. 3 und 4 nur den Ehegatten zukommt, die auf Grund des bestehenden Güterstandes ohne rechtsgeschäftliche Übertragung Miteigentum erwerben, so will auch Ziff. 2 nur die Eigentumsveränderungen begünstigen, die kraft der gesetzlichen Gütergemeinschaft nach § 1438 Abs. 2, § 1519 Abs. 2 BGB. ohne rechtsgeschäftliche Übertragung in das Gesamtgut fallen, nicht aber solche, die auf besonderen, den gesetzlichen Zustand abändernden Vereinbarungen beruhen. Demgemäß greift, wenn bei Begründung der allgemeinen Gütergemeinschaft vereinbart wird, daß ein bisher den Ehegatten je zur Hälfte gehöriges Grundstück ganz in das Vorbehaltsgut der Frau fallen

soll, keine Befreiung Platz, vielmehr ist die Steuer von der Hälfte des Grundstückswerts zu entrichten RFH. 17. 11. 22 (11, 36). Über den Sonderfall des Erwerbs auf Grund von Verträgen zwischen Teilnehmern an einer ehelichen oder fortgesetzten Gütergemeinschaft zum Zwecke der Teilung vgl. Nr. 3.

3. Befreit ist der Erwerb auf Grund von Verträgen, die zwischen Miterben zum Zwecke der **Nachlaßteilung** geschlossen werden. Nicht erforderlich ist, daß durch die Ausführung des zwischen den Miterben zum Zwecke der Teilung geschlossenen und auch auf Nachlaßgrundstücke sich beziehenden Vertrages die Erbengemeinschaft vollständig zwischen allen Miterben und hinsichtlich aller Nachlaßgegenstände aufgehoben wird; vielmehr ist die Vorschrift auch in den Fällen einer objektiv oder subjektiv beschränkten Erbauseinandersetzung anwendbar, vorausgesetzt, daß ein zwischen Miterben zum Zwecke der Aufhebung der Erbengemeinschaft abgeschlossener Vertrag vorliegt RFH. 3. 2. 22 (8, 297). Nicht zu den Miterben gehören Vermächtnisnehmer (OVG. 1. 2. 16 AmtlMitt. 1916 S. 89) und Pflichtteilsberechtigte. Auch der Erwerber eines Erbanteils (§ 2033 BGB.) ist nicht als Miterbe anzusehen; seine Beteiligung macht also die Befreiungsvorschrift unanwendbar RFH. 17. 4. 23 (12, 71). Dagegen wird man, wenn an Stelle eines verstorbenen Miterben dessen Erben in die Gemeinschaft eingetreten sind, die Vorschrift für anwendbar erachten müssen (OVG. 10. 7. 14 AmtlMitt. 1914 S. 316). Die Befreiung greift nur Platz, solange das Grundstück zum Nachlaß gehört, sie entfällt also, wenn bezüglich des Grundstücks bereits eine Auseinandersetzung stattgefunden hat, z. B. wenn das Grundstück in eine aus sämtlichen Erben bestehende offene Handelsgesellschaft eingebracht ist (OVG. 68, 182). Nicht erforderlich ist, daß das Grundstück selbst geteilt wird, vielmehr ist die Bestimmung auch dann anwendbar, wenn ein Miterbe zum Zwecke der Auseinandersetzung das zum Nachlaß gehörige Grundstück oder den gesamten Nachlaß gegen Abfindung der übrigen Erben übernimmt RFH. 3. 2 22 (8, 297). Auch dann tritt Befreiung ein, wenn das Nachlaßgrundstück von einer aus einigen, nicht aus allen Miterben ge-

bildeten offenen Handelsgesellschaft erworben wird, obgleich die offene Handelsgesellschaft als solche nicht Miterbin ist. Dagegen ist nicht befreit die im Zusammenhang mit einer erbrechtlichen Regelung erfolgende Überlassung von nicht zum gemeinsamen Nachlaß gehörigem Grundbesitz eines Miterben an einen anderen Erben (OVG. 16. 10. 14 AmtlMitt. 1915 S. 5).

Dem Nachlaßteilungsvertrage zwischen Miterben stehen die Teilungsverträge zwischen den Teilnehmern einer ehelichen oder fortgesetzten Gütergemeinschaft gleich. Auch die Erben des überlebenden Ehegatten gehören zu diesen Teilnehmern. Die Befreiungsvorschrift ist auch dann anwendbar, wenn bei Auflösung der Ehe durch den Tod kein gemeinschaftlicher Abkömmling vorhanden ist (§ 1482 BGB.) oder keine fortgesetzte Gütergemeinschaft eintritt.

Ebenso wie der Erwerb durch Vertrag ist der Erwerb zu behandeln, wenn im Wege des Zuschlags bei einer Teilungsversteigerung in den vorbezeichneten Fällen ein Grundstück durch einen Miterben oder Gemeinschaftsteilnehmer erworben wird RFH. 14. 3. 22 (8, 286). Nicht erforderlich ist, daß bei der Versteigerung nur die Miterben oder Gemeinschaftsteilnehmer als Bieter zugelassen werden.

Falls der Ehegatte eines Miterben oder Teilnehmers an einer fortgesetzten Gütergemeinschaft an dem Erwerb seines Ehegatten infolge des zwischen ihnen bestehenden ehelichen Güterrechts ohne rechtsgeschäftliche Übertragung Miteigentum erlangt, bleibt auch dieser Erwerb steuerfrei. Eine rechtsgeschäftliche Übertragung im Sinne dieser Vorschrift liegt nicht vor, wenn das Miteigentum zur gesamten Hand, das beim Erwerb eines Grundstücks durch Ehegatten von diesen vereinbart ist, auch ohne diese Übertragung schon kraft des ehelichen Güterstandes eintrat, die Zuziehung des Ehemannes insofern also überflüssig war RFH. 10. 11. 22 RStR. 1923, 59.

4. Die Befreiungsvorschrift der Nr. 4 findet immer Anwendung, wenn die Veräußerer Eltern oder entferntere Voreltern, die Erwerber Kinder oder entferntere Abkömm-

linge sind, gleichviel ob es sich dabei um Übergabeverträge handelt, durch die der Erbgang vorweggenommen wird, oder um sonstige Veräußerungsgeschäfte. Auch der Übergang des Eigentums von Eltern usw. an Abkömmlinge im Wege der Zwangsversteigerung fällt unter die Befreiungsvorschrift RFH. 25. 11. 21 (7, 258). Im umgekehrten Falle, wenn die Eltern Erwerber sind, ist die Befreiung auf Eltern und Kinder beschränkt, so daß die Großeltern als Erwerber nicht befreit sind. Den Eltern stehen die Stiefeltern gleich. Adoptivkinder sind den leiblichen Kindern gleichgestellt, wenn kein Verdacht besteht, daß die Annahme an Kindes Statt zum Zwecke der Steuerhinterziehung vorgenommen ist. Maßgebend für diese vom Ausschuß der Nationalversammlung beschlossene Erweiterung war die Erwägung, daß der Krieg vielfach zur Adoption von Kriegswaisen an Stelle gefallener Söhne geführt habe (KommBer. S. 5). Zum Ausschluß der Befreiung genügt schon der begründete Verdacht der Absicht der Steuerhinterziehung, der volle Nachweis dieser Absicht ist nicht erforderlich. Falls der Ehegatte eines Abkömmlings an dem Erwerbe seines Ehegatten von seinen Voreltern infolge ehelichen Güterrechts kraft Gesetzes Miteigentum erwirbt, bleibt auch dieser Erwerb steuerfrei.

Veräußert jemand sein Grundstück an seinen Sohn und seine Schwiegertochter je zur Hälfte, so liegen an sich zwei Steuerfälle vor; die Erwerber haften nicht als Gesamtschuldner, der Sohn ist nach Nr. 4 ganz steuerfrei RFH. 7. 3. 22 (8, 282). Wird ein Grundstück von den Eltern an den Sohn und dessen Ehefrau, die in Errungenschaftsgemeinschaft leben, durch Übergabevertrag übereignet, so fällt es nicht in das eheliche Gesamtgut, sondern wird nach § 1521 BGB. eingebrachtes Gut; deshalb ist die Ehefrau nicht steuerfrei RFH. 12. 5. 22 (9, 215). Veräußert jemand ein Grundstück an eine aus ihm, seinen zwei Söhnen und einem anderen Teilhaber bestehende offene Handelsgesellschaft, so ist weder Nr. 5 noch Nr. 4 anwendbar RFH. 10. 7. 25 (17, 40).

5. Die Steuerfreiheit des Einbringens in Familiengesellschaften ergreift sowohl die Fälle, in denen die Vereinigung selbständige juristische Persönlichkeit besitzt, z. B. Aktienge-

sellschaft RFH. 13. 3. 25 (16, 80), Gesellschaft mit beschränkter Haftung RFH. 23. 6. 22 (10, 22), als diejenigen, in denen dies nicht der Fall ist (z. B. offene Handelsgesellschaft). In diesem Falle stehen Adoptivkinder den Abkömmlingen nicht gleich (a. M. Boethke DStBl. 1925, 196). Das Vorhandensein einer Vereinigung der in Nr. 5 Satz 1 bezeichneten Art wird nicht dadurch ausgeschlossen, daß bei ihrer Gründung, insbesondere bei der Gründung einer Aktiengesellschaft, vorgeschobene Personen mitwirken, die nicht zu den Abkömmlingen gehören, sofern von Anfang an die nicht zu den Abkömmlingen gehörenden Personen nur für diese aufgetreten sind, an der Vereinigung aber nicht beteiligt werden sollten RFH. 13. 3. 25 (16, 80).

Unter Einbringen würde nach dem regelmäßigen Sprachgebrauch die Übertragung auf die Vereinigung gegen Gewährung von Mitgliedschaftsrechten zu verstehen sein; da indessen die Ziff. 5 ausdrücklich auch von dem Einbringen in eine allein aus den Abkömmlingen des Veräußerers bestehende Vereinigung spricht, so ist der Begriff des Einbringens hier in einem weiteren Sinn zu verstehen und auch dann gegeben, wenn das einem Elternteil gehörige Grundstück von ihm auf eine Vereinigung übertragen wird, der nur seine Abkömmlinge, nicht er selbst angehört, vgl. Strutz JW. 1915 S. 634, RFH. 15. 4. 21 (5, 189). Wird ein Grundstück von einer offenen Handelsgesellschaft auf eine aus denselben Personen bestehende GmbH. übertragen, so ist Nr. 5 nicht anwendbar, denn es genügt nicht, daß die GmbH. nur aus Veräußerern besteht; vielmehr ist die Vorschrift nur anwendbar, wenn die Gesellschaft aus dem Veräußerer und Abkömmlingen oder aus Abkömmlingen allein besteht. Sind mehrere Veräußerer vorhanden, so müssen sie sämtlich Verwandte aufsteigender Linie der anderen Gesellschafter sein RFH. 24. 1. 22 (8, 115). Nicht Voraussetzung der Anwendung der Befreiungsvorschrift ist, daß das Grundstück dem Einbringenden gehört; auch wer nicht Eigentümer eines Grundstücks ist, kann dieses einbringen; wie er sich in den Stand setzt, seine Einbringungsverflichtung zu erfüllen, ist seine Sache RFH. 23. 6. 22 (10, 22).

Wird nachträglich ein fremder, nicht zu den Abkömmlingen des Veräußerers gehörender Gesellschafter aufgenommen, so entfällt die Steuerfreiheit und die Steuer ist nachzuentrichten.

6. Befreit ist das Einbringen (vgl. A. 5) von zum Nachlaß gehörenden Gegenständen in eine ausschließlich aus Miterben gebildete Vereinigung, gleichviel ob diese Vereinigung juristische Persönlichkeit besitzt oder nicht. Da die Vereinigung aus Miterben gebildet sein muß, darf sie erst nach dem Erbfall entstanden sein. Nicht erforderlich ist, daß alle Miterben der Vereinigung angehören. Wird nachträglich ein Gesellschafter aufgenommen, der nicht zu den Miterben gehört, so entfällt die Befreiung vollständig. Auch hier steht der überlebende Ehegatte, der mit den Miterben des verstorbenen Ehegatten gütergemeinschaftliches Vermögen zu teilen hat (vgl. A. 3), den Miterben gleich.

7. Voraussetzung der Befreiungsvorschrift unter Nr. 7 ist, daß die zum Grundstückserwerb führenden Maßnahmen entweder auf der Anordnung einer Behörde beruhen oder von einer gesetzlich oder durch die oberste Landesfinanzbehörde als zuständig bezeichneten Behörde als zweckdienlich anerkannt sind. Nicht notwendig ist, daß der Austausch auch gegen den Willen der Beteiligten erzwungen werden kann. Ist von der obersten Landesfinanzbehörde oder durch Landesgesetz keine Behörde als zuständig für die Ausstellung der Zweckdienlichkeitsbescheinigung bezeichnet, so kann der Nachweis der Zweckdienlichkeit eines Grundstücksaustausches auch auf andere Weise als durch behördliche Bescheinigung erbracht werden. In Preußen sind die Kulturamtsvorsteher zur Ausstellung der Zweckdienlichkeitsbescheinigung verpflichtet.

Für die Befreiungsvorschrift kommen in Betracht:

a) Grundstücksumtausch zum Zwecke der Zusammenlegung (Flurbereinigung) oder der Ermöglichung besserer landwirtschaftlicher Ausnutzung von Grundstücken in Gemengelage. Die Planüberweisung im altpreußischen Auseinandersetzungsverfahren bedeutet, soweit die überwiesenen und die eingeworfenen Pläne nicht zusammenfallen, einen Eigentumsübergang, der an sich Grunderwerbsteuerpflicht begründet. Die Steuerpflicht ist indessen durch Nr. 7 nicht nur soweit ausgeschlossen, als einem Beteiligten für ein in die Teilungsmasse eingeworfenes Grundstück ein anderes überwiesen wird, sondern auch in dem Falle, daß ein Umtausch in diesem Sinne nicht stattfindet, daß vielmehr ein Grundstück an Stelle eines abgelösten Rechts zugeteilt wird RFH. 13. 6. 24 (14, 8).

b) Grenzregelung, z. B. bei Festsetzung einer Baufluchtlinie (Ges., betr. die Anlegung und Veränderung von Straßen und Plätzen in Städten und ländlichen Ortschaften, vom 2. Juli 1875).

c) Umlegung, z. B. in Preußen auf Grund der Umlegungsordnung v. 21. 9. 20 (GS. 453). Die Befreiungsvorschrift umfaßt nicht nur Tauschgeschäfte, die in einem gesetzlich geregelten Umlegungsverfahren vorgenommen sind, vielmehr auch Eigentumsveränderungen, die von den Beteiligten vereinbart werden, um dem gesetzlichen Zwang zu entgehen, und auch solche, bei denen ein gesetzlicher Zwang überhaupt nicht zulässig sein würde, vorausgesetzt, daß es sich um Veränderungen handelt, die unter den Begriff „Umlegung" fallen RFH. 9. 6. 25 (16, 316). Austausch zur besseren Gestaltung von Bauflächen (Umlegung) kann auch vorliegen, wenn lediglich zwei Teilflächen gegeneinander ausgetauscht werden. Der Beteiligung einer größeren Zahl von Eigentümern bedarf es nicht; ein Austausch zweier Grundstücke genügt. Es genügt ferner, daß nur eines der in Betracht kommenden Grundstücke bebaut werden soll RFH. 9. 6. 25 (16, 316).

d) Ablösung von Rechten an Forsten, nicht auch anderer Reallasten, soweit diese Ablösung durch Landzuweisung erfolgt.

8. Über Austausch von Feldesteilen angrenzender Bergwerke vgl. § 51 des Pr. Allg. Bergges. vom $\frac{24.\ 6.\ 1865}{18.\ 6.\ 1907}$; der Ankauf von Feldesteilen eines benachbarten Bergwerks begründet die Steuerfreiheit nicht. Die Befreiungsvorschrift der Nr. 8 greift nur Platz, wenn Feldesteile, nicht aber, wenn im preußischen Bereiche des vormals kurfürstlich sächsischen Mandats vom 19. 8. 1743 (sogenannter Mandatsbezirk), wo es keine Feldesteile gibt, zwei kohlenhaltige Grundstücke gegeneinander ausgetauscht werden RFH.

4. 4. 25 (16, 91). Ein Austausch von Feldesteilen liegt nicht vor, wenn im Mandatsbezirk ein Vertrag abgeschlossen wird, durch den auf beiden Seiten Grundstücke und Kohlenabbaurechte gegeneinander ausgetauscht werden RFH. 6. 10. 25 DStBl. 772. Über Vereinigung zweier oder mehrerer Bergwerke — Konsolidation — vgl. §§ 41ff. a. a. O. und RFH. 10. 10. 19 AmtlMitt. 376. Die Steuerfreiheit tritt nicht nur ein bei Konsolidation im Sinne des preuß. Berggesetzes, sondern bei allen Vereinigungen, die für die bergbautechnische Ausnutzung nötig oder nützlich sind RFH. 10. 6. 21 (6, 69). In allen Fällen ist die Steuerbefreiung an die Voraussetzung geknüpft, daß die Maßnahme zum Zwecke besserer bergbaulicher Ausnutzung und nicht zum Zwecke der Steuerersparung erfolgt.

9. A. Allgemeines.

Die Steuerbefreiung der Nr. 9 ist vom Ausschuß der Nationalversammlung beschlossen, um das Kleinwohnungs- und Siedlungswesen zu fördern. Die Befreiung betrifft nicht nur den nach §§ 1, 4 steuerpflichtigen dinglichen Eigentumsübergang, sondern auch ein nach § 5 an sich steuerpflichtiges schuldrechtliches Veräußerungsgeschäft RFH. 24. 1. 22 (8, 248). Die Voraussetzung der Befreiung der Personenvereinigung ist durch Art. XIX § 1 der zweiten Steuernotverordnung v. 19. 12. 23 und die V. über Steuerbefreiung von gemeinnützigen und gleichgestellten Personenvereinigungen dahin geändert, daß die Vergünstigung nicht gewährt wird, wenn jährlich mehr als der um 1 verminderte Reichsbankdiskontsatz (z. Zt. 8 %) vom Goldwert, den der eingezahlte Betrag hat, verteilt wird, oder wenn der Goldwert, den der zurückzuzahlende Betrag hat, höher ist als der Goldwert des eingezahlten Betrags; die näheren Bestimmungen über die Berechnung der Goldwerte erläßt der RFM. Die Voraussetzung, daß bei Auflösung der Vermögensrest für gemeinnützige Zwecke bestimmt sein muß, ist nicht erfüllt, wenn satzungsgemäß das Vermögen eines aufgelösten Vereins zunächst an einen anderen Verein Raiffeisenscher Organisation fällt, denn derartige Vereine verfolgen wie alle Erwerbs- und

Wirtschaftsgenossenschaften keine gemeinnützigen Zwecke RFH. 24. 1. 22 (8, 257). Da es sich um eine sachliche Steuerbefreiung handelt, kommt sie sämtlichen Beteiligten zugute, auch wenn die Voraussetzungen der Nr. 9 nur auf den Erwerber oder nur auf den Veräußerer zutreffen (Vfg. d. M. d. J. v. 10. 4. 20 MBl. f. d. i. V. 154). Den privilegierten Personenvereinigungen sind Stiftungen nicht gleichzustellen RFH. 6. 10. 25 (17, 198). Die Befreiungsvorschrift der Nr. 9 ist auch dann anwendbar, wenn nur ein Teil der übertragenen wirtschaftlichen Einheit den dort angegebenen Zwecken dienen soll; das gilt auch für Nr. 10.

B. Siedlungswesen.

Die Ausstattung von Beamtendienstwohnungen mit Garten- und Ackerland zu dem Zwecke, den Beamten eine Erleichterung ihrer Lebenshaltung zu gewähren, stellt keinen Grunderwerb dar, der der Besiedlung des platten Landes oder der Schaffung gesunder Kleinwohnungen für Minderbemittelte zu dienen bestimmt ist RFH. 4. 2. 21 (4, 330). Nach Wortlaut und Zweck betrifft die Befreiungsvorschrift nur den Erwerb und die Veräußerung solcher Grundstücke, die unmittelbar besiedelt werden sollen; ein Erwerb, der diesen Zwecken mittelbar dient, z. B. der Erwerb eines Verwaltungsgebäudes für eine Siedlungsgemeinschaft, der Erwerb eines Grundstücks, das als Lehrgut zur Ausbildung von Siedlern dienen soll, fällt nicht darunter RFH. 21. 10. 21 (7, 133). Voraussetzung der Befreiung beim Erwerb von Land durch Siedlungsgesellschaften ist, daß die Gesellschaft das Land erwirbt, um es zu Siedlungen zu verwenden; daß dieser Zweck nicht sofort verwirklicht werden kann, etwa weil noch ein Pachtvertrag ausgehalten werden muß, oder weil die Siedlung erst nach und nach ausgeführt werden soll, steht der Befreiung nicht entgegen, sofern nur die Verwendung zu Siedlungszwecken der treibende Beweggrund für den Erwerb ist RFH. a. a. O.

§ 29 des Reichssiedlungsgesetzes v. 11. 8. 19, wonach alle Geschäfte und Verhandlungen, die zur Durchführung von Siedlungsverfahren im Sinne dieses Gesetzes dienen, soweit sie nicht im Wege des ordentlichen Rechtsstreits vorgenommen werden, steuerfrei sind, gilt auch gegenüber dem später erlassenen GrErwStG. RFH. 21. 10. 21 (7, 133); 5. 12. 22 (11, 77). Zur Durchführung eines Siedlungsverfahrens im Sinne des Gesetzes dienen solche Geschäfte und Verhandlungen, die entweder bestimmungsgemäß hierzu dienen oder die gesetzliche Grundlage dafür bieten, daß ein Grundstück Siedlungszwecken nutzbar gemacht wird RFH. 12. 10. 23 (13, 17). Bei Auslegung der Befreiungsvorschrift ist zwar davon auszugehen, daß im Interesse des Siedlungswerkes die Befreiung im weitesten Sinn auszulegen ist, es dürfen aber gleichwohl die Worte „Geschäfte und Verhandlungen, die zur Durchführung von Siedlungsverfahren dienen", nur auf solche Rechtsgeschäfte und Verhandlungen bezogen werden, die mit den im Reichssiedlungsgesetz behandelten Aufgaben der Siedlungsgesellschaften, nämlich der Schaffung neuer Ansiedlungen und der Hebung bestehender Kleinbetriebe (§ 1), in unmittelbarem Zusammenhange stehen, und deren Besteuerung in letzter Linie eine steuerliche Belastung der Siedler bedeuten, somit dem Interesse des Siedlungswerks zuwiderlaufen würde; die Befreiung gilt daher nicht für Geschäfte einer Zwischenwirtschaft, mit der sich die Siedlungsgesellschaft an dem allgemeinen Wirtschaftsleben beteiligt RFH. 5. 12. 22 (11, 77). Die Befreiung greift auch dann Platz, wenn die der Siedlung dienenden Verkehrsakte in Form einer Versteigerung erfolgen RFH. a. a. O. Im Falle des § 29 Abs. 2 RSiedlG. ist Steuerfreiheit nicht zuzugestehen, wenn sich ergibt, daß die Versicherung des Siedlungsunternehmens auf einer unrichtigen Rechtsansicht beruht; nur die tatsächlichen Angaben des Siedlungsunternehmens sind für die Steuerbehörde bindend RFH. 7. 7. 22 (10, 285). Die Steuerbehörde ist also nicht an der Nachprüfung gehindert, ob in der Versicherung der Rechtsbegriff des Siedlungsverfahrens verkannt ist; die Versicherung muß deshalb die für diese Prüfung erforderlichen tatsächlichen Angaben enthalten RFH. 13. 10. 22 (10, 289). Der Verkauf des mit den Wohn- und Wirtschaftsgebäuden bestandenen Restguts dient nicht der Durchführung des Verfahrens zur Besiedlung der abgetretenen Parzellen; er wird auch nicht dadurch zum Teil eines Siedlungsverfahrens, daß beim Verkauf ein Wiederkaufsrecht vorbehalten wird, das dem Siedlungsunternehmen keine freie künftige Verfügung über das Restgut verschafft, noch auch dadurch, daß beim Verkauf der Käufer sich seinerseits zur Hergabe von für Siedlungszwecke geeigneten Parzellen verpflichtet RFH. 5. 6. 23 (12, 195).

C. Als Kleinwohnungen für Minderbemittelte sind solche Wohnungen zu verstehen, die nach ihrer Größe und Ausstattung den gegenwärtigen ortsüblichen Bedürfnissen in einfachster Form entsprechen; über ihre Abgrenzung hat der RFM. nähere Bestimmungen erlassen (RFM. 26. 2. 21 RStBl. 153). Diese Bestimmungen binden zwar den Richter nicht, sind aber ein brauchbarer Anhalt für seine Beurteilung, die im Einzelfall unter Rücksichtnahme auf die Verkehrsauffassung festzustellen hat, was unter den Begriff „Kleinwohnung" fällt RFH. 9. 6. 25 (16, 316). Zu beachten ist, daß falls ein Hausanwesen teils größere Wohnungen, teils Wohnungen, die nach diesen Bestimmungen als „Kleinwohnungen für Minderbemittelte" anzusehen sind, enthält, nicht etwa eine teilweise Steuerbefreiung eintritt, sondern die Steuerfreiheit für dieses Grundstück überhaupt entfällt (RFM. a. a. O.). Die Befreiungsvorschrift ist nur anwendbar, wenn der Wille des Unternehmers von vornherein auf die Schaffung gesunder Kleinwohnungen, nicht allgemein von Kleinwohnungen, für Minderbemittelte gerichtet ist. Besteht dieser Wille, so läßt sich damit die Absicht vereinen, mit den Wohnungen auch der Abhilfe der allgemeinen Wohnungsnot zu dienen RFH. 8. 4. 21 (5, 163). Die Befreiung entfällt aber, wenn der Grund für den Erwerb eines Grundstücks durch die Gemeinde die Behebung der Wohnungsnot und nicht die Verbesserung der gesundheitlichen Wohnverhältnisse war RFH. 3. 9. 22 (8, 118). Nach dem Wortlaut des Gesetzes muß zwischen der Grundstücksübertragung und der Schaffung gesunder Kleinwohnungen bzw. der Besiedlung des platten Landes ein ursächlicher Zusammenhang bestehen. Die Übertragung muß den Zweck verfolgen, das Grundstück für gesunde Kleinwohnungen neu herzurichten Die Übertragung muß darauf hinzielen, gesunde Kleinwohnungen, die als solche bisher nicht vorhanden waren, bereitzustellen. Die Befreiung ist also nicht anwendbar, wenn ein Grundstück übertragen wird, das bereits gesunde Kleinwohnungen enthält RFH. 11. 1. 24 (13, 144). Indessen ist durch V. v. 2. 7. 23 (RGBl. 553) auf Grund des § 108 Abs. 2 RAbgO. aus Billigkeitsgründen bestimmt, daß, wenn Körperschaften des öffentlichen Rechts oder Personenvereinigungen der in Nr. 9 bezeichneten Art auf ihren Grundstücken gesunde Kleinwohnungen für Minderbemittelte nachweisbar in der Absicht geschaffen haben, die Grundstücke demnächst an Minderbemittelte als Eigenheime zu übertragen, diese Grundstücksübertragungen von der GrErwSt. nebst Zuschlägen befreit sind. Auch wenn die Voraussetzungen dieser Verordnung nicht vorliegen, ist die Befreiungsvorschrift der Nr. 9 nicht allzu eng auszulegen. Insbesondere hat der RFH. die Befreiungsvorschrift für anwendbar erachtet, wenn der Veräußerer schon vor Abschluß des Vertrags Häuser mit gesunden Kleinwohnungen im Einverständnis und nach den Weisungen der Erwerber errichtet hat RFH. 13. 5. 25 (16, 182). Nicht nötig ist, daß die gesunden Kleinwohnungen erst nach dem Grundstückserwerb errichtet oder baulich hergerichtet werden; es genügt, daß vorhandene Wohnungen, die bisher dem Zwecke, gesunde Kleinwohnungen für Minderbemittelte zu sein, nicht gedient haben, nach dem Erwerb für diesen Zweck bereitgestellt werden sollen. Dabei ist, zumal wenn es sich um ältere Gebäude aus einer Zeit handelt, die auch für einfachere Wohnbedürfnisse geräumiger zu bauen pflegte, die Anwendung der Befreiungsvorschrift nicht ohne weiteres ausgeschlossen, wenn die neu errichteten Wohnungen das Flächenmaß in etwas überschreiten, das man bei neuzeitlichen Wohnungen als das Höchstmaß für Kleinwohnungen anzusehen pflegt RFH. 3. 2. 22 (8, 118). Die Steuerfreiheit ist zu versagen, wenn die Bebauung lediglich der Unterbringung von Angestellten dient; das gilt auch, wenn die Arbeitgeber sich zu einer, wenn auch gemeinnützigen, Personenvereinigung zusammengeschlossen haben. Der Begriff „Schaffung gesunder Kleinwohnungen" ist dem Begriff „Erhaltung solcher Wohnungen" nicht gleichzustellen RFH. 13. 5.

25 (16, 182). Eine Grundstücksübertragung dient nicht der Schaffung gesunder Kleinwohnungen, wenn das auf dem erworbenen Grundstück gewonnene Holz zum Bau von Häusern auf anderen Grundstücken oder zur Herstellung von Möbeln für anderweit errichtete Siedlungen verwendet werden soll. Soll ein Grundstück nur teilweise zur Schaffung gesunder Kleinwohnungen verwendet werden, so muß der Teil bestimmt bezeichnet werden können. Ist der Hauptzweck des Erwerbs die forstwirtschaftliche Nutzung, so kommt nicht in Betracht, daß später einmal ein Teil des Geländes zur Siedlung verwendet werden soll; unter Waldungen sind in Nr. 10 nicht solche zu verstehen, bei denen die forstmäßige Bewirtschaftung im Vordergrunde steht RFH. 28. 2. 22 JW. 1614. Der Begriff „Minderbemittelte" richtet sich nach der jeweiligen Verkehrsauffassung; Beamte des unteren und mittleren Dienstes und Lehrer sind regelmäßig als Minderbemittelte anzusehen RFH. 9. 6. 25 (6, 316).

10. Auch die Steuerbefreiung der Nr. 10 ist vom Ausschuß der Nationalversammlung beschlossen. Sie schließt Steuerfreiheit sowohl für den Erwerber wie für den Veräußerer in sich. Die Zulassung der Nachveranlagung soll die Möglichkeit ausschließen, daß die Gemeinden zunächst zu anderem Zwecke und dieserhalb steuerfrei erworbene Grundstücke späterhin spekulativ verwerten (KommBer. S. 4). Erfolgt eine Nachveranlagung, so kann der Veräußerer nicht haftbar gemacht werden RFH. 26. 5. 22 (9, 339). Die Befreiungsvorschrift findet keine Anwendung, beim Erwerb von Grundstücken für Zwecke öffentlicher Wasserstraßen RFH. 30. 9. 21 (7, 9). Ebenso gehören Friedhöfe nicht zu den in Nr. 10 aufgeführten „Plätzen" RFH. 7. 10. 21 (7, 23). Die Steuerbefreiung des Erwerbs „für Zwecke öffentlicher Straßen und Plätze" greift nur Platz, wenn das Grundstück zur Schaffung (Erweiterung usw.) solcher Anlagen erworben wird, dagegen nicht, wenn das Grundstück nicht unmittelbar der Straßenanlegung dienen soll, z. B. ein zur Anlegung eines Gehöfts für einen bei einer öffentlichen Straße tätigen Straßenmeister erworbenes Grundstück RFH. 28. 11. 22 (11, 50). Die Befreiungsvorschrift findet auf den Er-

werb eines Grundstücks durch eine Ortskrankenkasse zur Errichtung eines Erholungsheims keine Anwendung, denn ein Erholungsheim ist, selbst wenn es der öffentlichen Gesundheitspflege dient, keine Anlage im Sinne dieser Gesetzesvorschrift RFH. 26. 4. 21 (6, 340).

11. Grundstücksübertragungen, die sich bei der vermögensrechtlichen Auseinandersetzung zwischen den Ländern und den landesfürstlichen Häusern infolge der Staatsumwälzung vollziehen oder bereits vollzogen haben, sind von der GrErwSt. nebst Zuschlägen durch die auf Grund des § 108 Abs. 2 RAbgO. erlassene V. d. RFM. v. 25. 10. 21 (RStBl. 393) befreit. Diese Steuerbefreiung soll ganz allgemein für alle Grundbesitzveränderungen gelten, die sich im Rahmen der Auseinandersetzungsverhandlungen vollziehen, also auch dann, wenn etwa in diesem Rahmen der Staat Grundeigentum an das landesfürstliche Haus, an einzelne seiner Mitglieder oder an eine auf Grund der Auseinandersetzung vom früheren landesfürstlichen Hause oder für dieses vom Staate zu errichtende Stiftung überträgt (RStBl. 394).

Der Erwerb von Grundstücken ist von der GrErwSt. nebst Zuschlägen befreit, soweit er der einheitlichen Erfüllung von wasserwirtschaftlichen Aufgaben in bestimmten Gebieten des Reichs durch die hierzu berufenen Körperschaften des öffentlichen Rechts dient (V. v. 22. 8. 22 RGBl. 475). Es sind aber nur solche Grundstücksverkäufe steuerfrei, die unmittelbar dem begünstigten Zwecke dienen; die Errichtung eines Verwaltungsgebäudes für eine Genossenschaft fällt nicht darunter RFH. 14. 10. 24 (14, 272).

Mit Rücksicht auf die im § 23 des RGes. über die Sozialisierung der Elektrizitätswirtschaft v. 31. 12. 19 (RGBl. 1920, 19) vorgesehene Freiheit aller infolge dieses Gesetzes vorgenommenen Rechtsakte von öffentlichen Abgaben sind von der GrErwSt. befreit der Erwerb des Eigentums an den in den §§ 2, 8 des Gesetzes bezeichneten Anlagen und das im § 15 des Gesetzes vorgesehene Enteignungsverfahren RFH. 16. 6. 22 (10, 9).

Die auf Grund des Gesetzes über Enteignungen und Entschädigungen aus Anlaß des Versailler Friedensvertrages erfolgenden oder bereits erfolgten Grundstücksübertragungen sind allgemein von der GrErwSt. nebst Zuschlägen befreit (V. d. RFM. v. 21. 10. 21 RStBl. 393).

Befreit ist ferner der Erwerb von Grundstücken durch einen ausländischen Staat oder durch den heiligen Stuhl für die amtlichen Zwecke ihrer diplomatischen oder konsularischen Vertretungen insoweit, als Gegenseitigkeit verbürgt ist; ob und inwieweit dies der Fall ist, bestimmt der RFM. (V. d. RFM. v. 19. 2. 23 RGBl. 153).

Der RFM. hat die Landesfinanzämter ermächtigt, beim Übergang des Eigentums an inländischen Grundstücken auf Personen, die während des Krieges ihren Wohnsitz in einem der auf Grund des Friedensvertrags abgetretenen Gebiete hatten und infolge des Krieges ihren Grundbesitz verloren haben oder aufgeben mußten, die GrErwSt. auf Antrag aus Billigkeit zu erlassen, falls der gemeine Wert oder der nach § 12 an dessen Stelle tretende Veräußerungspreis des gesamten von einem Erwerber allein oder zusammen mit seinem Ehegatten erstandenen Grundbesitzes 50000 M., nicht übersteigt. Der Erlaß ist nur zu gewähren, wenn nach den persönlichen Verhältnissen des Erwerbers die Erhebung der Steuer als eine besondere Härte erscheinen würde (Erl. d. RFM. v. 15. 1. 20 RStBl. 149).

Eine Ermäßigung der GrErwSt. ist durch das G. über Steuermilderungen zur Erleichterung der Wirtschaftslage v. 31. 3. 26 (RGBl. 185) vorgesehen. Um wirtschaftlich notwendige Betriebszusammenschlüsse zu erleichtern, ist für die Einbringung von Grundstücken bei Verschmelzung von Kapitalgesellschaften und bei bestimmten Sanierungsmaßnahmen (Leistungen an inländische Kapitalgesellschaften, die zur Deckung einer Überschuldung oder eines Verlusts am Grundkapital einer Aktiengesellschaft oder Kommanditgesellschaft auf Aktien oder am Stammkapital einer GmbH. erforderlich sind; Zubußen an eine inländische bergrechtliche Gewerkschaft, die erforderlich sind, um Schäden zu beseitigen, die durch

Unglücksfälle oder Naturereignisse an den von der Gewerkschaft betriebenen Bergwerken hervorgerufen sind, oder um durch den Betrieb des Bergwerks entstandene Schäden zu beseitigen, zu deren Erstattung der Unternehmer des Bergwerks als solcher verpflichtet ist) die GrErwSt. sich auf $1^1/_2$% ermäßigt; Zuschläge (vgl. §§ 32—34 A. 2) dürfen nicht erhoben werden. Diese Vorschriften gelten auch bei Verschmelzungen von Kapitalgesellschaften, bei denen die aufnehmende Gesellschaft ihr Kapital nicht erhöht; ferner wenn bei der Verschmelzung von Genossenschaften im Sinne des § 93a GenG. Grundstücke einer an der Verschmelzung beteiligten Genossenschaft auf die aufnehmende Genossenschaft übergehen. Auf Antrag kann diese Vergünstigung für anwendbar erklärt werden auf die Errichtung einer neuen Kapitalgesellschaft, auf die Erhöhung des Gesellschaftskapitals einer Kapitalgesellschaft und auf die Übernahme eines Betriebs durch eine Kapitalgesellschaft, wenn als Entgelt Gesellschaftsrechte der übernehmenden Gesellschaft gewährt werden, diese Gesellschaft ihr Kapital aber nicht erhöht, schließlich auf die gänzliche oder teilweise Übernahme des Betriebs einer Kapitalgesellschaft von einer Genossenschaft, wenn es sich bei diesen sämtlichen Maßnahmen um die Zusammenfassung von gleichartigen oder wirtschaftlich zusammengehörigen Betrieben mehrerer Unternehmungen handelt. Über den Antrag entscheidet das LFA., in dessen Bezirk sich der Ort der Leitung der aufnehmenden oder neu errichteten Gesellschaft befindet; gegen den Entscheid des LFA. ist Beschwerde an den RFM. gegeben, der endgültig entscheidet. Diese gesamten Erleichterungen der GrErwSt. finden nur auf Rechtsvorgänge Anwendung, für die die Steuerschuld in der Zeit vom 1. 9. 25 bis zum 30. 9. 27 entstanden ist; Erstattungen finden nicht statt, soweit Steuerbeträge bereits Ländern oder Gemeinden (Gemeindeverbänden) zugeflossen sind.

Die **Länder** sind berechtigt, bei der **Erhebung von Zuschlägen** persönliche Befreiungen über den Umfang des § 8 hinaus zuzulassen RFH. 21. 10. 24 (14, 299).

§ 9.

(Gestrichen durch die Zweite Steuernotverordnung vom 19. 12. 23.)

§ 10.

Die Steuer wird auch erhoben, wenn bei inländischen Grundstücken, die

1. auf Grund von Vorschriften, welche nach den Artikeln 57, 58 und 59 des Einführungsgesetzes zum Bürgerlichen Gesetzbuch von dessen Bestimmungen unberührt bleiben, gebunden sind, oder
2. im Eigentume von Personenvereinigungen, Anstalten oder Stiftungen aller Art oder für diese im Eigentume einer natürlichen Person zu treuen Händen stehen,

zwanzig Jahre seit der Bindung (Nr. 1) oder dem Erwerbe (Nr. 2) oder dem letztmaligen Eintritt der Steuerpflicht nach dieser Vorschrift verflossen sind.

Grundstücke, zu deren rechtsgültigen Veräußerung weder eine behördliche Genehmigung noch die Zustimmung von Familienmitgliedern oder Dritten erforderlich ist und deren Veräußerungserlös nach den gesetzlichen, hausverfassungsmäßigen oder stiftungsmäßigen Bestimmungen der freien Verwendung des Veräußerers unterliegt, gelten nicht als gebunden im Sinne des Abs. 1 Nr. 1. Den im Abs. 1 Nr. 1 genannten Grundstücken stehen die Grundstücke von Gesamtgeschlechtern gleich.

1. Der **Besteuerung der toten Hand** unterliegt:

A. der gemäß den nach Art. 57—59 EG. BGB. aufrechterhaltenen landesgesetzlichen Vorschriften gebundene Grundbesitz Art. 57—59 lauten:

Artikel 57.

In Ansehung der Landesherren und der Mitglieder der landesherrlichen Familien sowie der Mitglieder der Fürstlichen Familie Hohenzollern finden die Vorschriften des Bürgerlichen Gesetzbuchs nur insoweit Anwendung, als nicht besondere Vorschriften der Hausverfassungen oder der Landesgesetze abweichende Bestimmungen enthalten.

Das gleiche gilt in Ansehung der Mitglieder des vormaligen Hannoverschen Königshauses, des vormaligen Kurhessischen und des vormaligen Herzoglich Nassauischen Fürstenhauses.

Artikel 58.

In Ansehung der Landesherren und der Mitglieder der landesjenigen Häuser, welche vormals reichsständig gewesen und seit 1806 mittelbar geworden sind oder welche diesen Häusern bezüglich der Familienverhältnisse und der Güter durch Beschluß der vormaligen deutschen Bundesversammlung oder vor dem Inkrafttreten des Bürgerlichen Gesetzbuchs durch Landesgesetz gleichgestellt worden sind, bleiben die Vorschriften der Landesgesetze und nach Maßgabe der Landesgesetze die Vorschriften der Hausverfassungen unberührt.

Das gleiche gilt zugunsten des vormaligen Reichsadels und derjenigen Familien des landsässigen Adels, welche vor dem Inkrafttreten des Bürgerlichen Gesetzbuchs dem vormaligen Reichsadel durch Landesgesetz gleichgestellt worden sind.

Artikel 59.

Unberührt bleiben die landesgesetzlichen Vorschriften über Familienfideikommisse und Lehen, mit Einschluß der allodifizierten Lehen, sowie über Stammgüter.

Es fallen also unter die Besteuerung Hausgüter der früheren Landesherren und Mitglieder der früheren landesherrlichen Familien (einschließlich der fürstlichen Familien Hohenzollern, des vormaligen Hannoverschen Königshauses, des vormaligen Kurhessischen und vormaligen Herzoglich Nassauischen Fürstenhauses), die

Hausgüter der Standesherren (der früheren reichsständischen, seit 1806 mittelbar gewordenen und der ihnen gleichgestellten Häuser), Familienfideikommisse, Lehen und Stammgüter. Stammgüter bestehen in Preußen hauptsächlich in Hannover (Ges. v. 28. 5. 1873 GS. S. 253). Die Gleichstellung der Grundstücke von Gesamtgeschlechtern mit den im Abs. 1 Nr. 1 bezeichneten Grundstücken bezieht sich auf bayerische Verhältnisse (vgl. Art 21 Abs. 2 des bayr. Stempelgesetzes vom 21. 8. 14). Keine Gebundenheit im Sinne des Steuerrechts liegt vor, wenn zwei Voraussetzungen erfüllt sind:

a) Zulässigkeit der Veräußerung ohne landesherrliche oder sonstige in den aufrechterhaltenen landesgesetzlichen Bestimmungen vorgeschriebene Genehmigung und ohne Zustimmung von Familienmitgliedern und Dritten (Agnaten),

b) freies Verfügungsrecht über den Veräußerungserlös.

B. Der Grundbesitz, der im Eigentum von Personenvereinigungen steht, gleichviel ob es sich um Personenvereinigungen mit juristischer Persönlichkeit handelt oder nicht, also auch der Grundbesitz von offenen Handelsgesellschaften und Gesellschaften des bürgerlichen Rechts, ferner der Grundbesitz von Anstalten und Stiftungen. Der Begriff der „Personenvereinigungen" ist der gleiche wie im § 3 (vgl. § 3 A. 1; RFH. 17. 4. 23 (12, 71). Anstalten und Stiftungen sind besondere Formen von juristischen Personen. Über Stiftungen vgl. §§ 80ff. BGB. Selbstverständlich findet die Vorschrift auch Anwendung auf Körperschaften, Stiftungen und Anstalten des öffentlichen Rechts (über Befreiungen vgl. § 21 Abs. 3). Auch wird die Steuerpflicht nicht dadurch ausgeschlossen, daß das Grundstück nicht im Eigentum der Personenvereinigung, Anstalt oder Stiftung selbst, sondern eines Treuhänders steht, also einer Person, der das Eigentum zu dem Zwecke übertragen ist, davon nicht im eigenen Interesse, sondern nur im Interesse der Personenvereinigung, Anstalt oder Stiftung Gebrauch zu machen.

2. Die Steuer wird in Zwischenräumen von 20 Jahren erhoben derart, daß die erste Besteuerung des Besitzes der toten

Hand erfolgt, wenn seit der Bindung (in den Fällen der A. 1 A) oder dem Eigentumserwerb (in den Fällen der A. 1 B) 20 Jahre verflossen sind. Für die Übergangszeit setzt § 28 Abs. 2 den Anfangspunkt der Besteuerung fest. Der Zeitpunkt des Eintritts der Steuerpflicht ist maßgebend für die Berechnung des Wertes des Grundstücks; vgl. § 11.

§ 11.

Die Steuer wird von dem gemeinen Werte des Grundstücks zur Zeit des steuerpflichtigen Rechtsvorganges, im Falle des § 10 zur Zeit des Eintritts der Steuerpflicht, berechnet. Die Berechnung des gemeinen Wertes oder des nach §§ 12 bis 14 an seine Stelle tretenden Betrags erfolgt in Goldmark. Der Reichsminister der Finanzen kann mit Zustimmung des Reichsrats nähere Bestimmungen über die Art der Berechnung, insbesondere auch über die Umrechnung von Papiermarkwerten in Goldmarkwerte erlassen.

Übersicht zu § 11.

1. Begriff des gemeinen Werts.
2. Grundlage der Bewertung.
3. Zeitpunkt der Bewertung.
4. Verfahren bei der Wertermittlung.

1. Maßgebend ist für die Steuerberechnung, wenn nicht ein höherer Veräußerungspreis vereinbart ist (vgl. § 12), der gemeine Wert des Grundstücks oder des einem solchen gleichstehenden Rechts. Unter dem gemeinen Wert ist der Verkaufs- oder Verkehrswert zu verstehen; er wird durch den Preis bestimmt, der im gewöhnlichen Geschäftsverkehr nach der Beschaffenheit des Grundstücks unter Berücksichtigung aller den Preis beeinflussenden Umstände bei der Veräußerung zu erzielen wäre; ungewöhnliche oder lediglich persönliche Verhältnisse sind nicht zu berücksichtigen, RAbgO. § 138 Abs. 1. Als lediglich persönliche Verhältnisse sind auch Verfügungsbeschränkungen anzusehen, denen der Steuerpflich-

tige aus Gründen, die in seiner Person oder der Person seiner Rechtsvorgänger liegen, unterworfen ist, wie letztwillige Anordnungen und dergleichen, RAbgO. § 138 Abs. 2. Hat sich der Verkäufer eines Grundstücks ein durch Vormerkung gesichertes persönliches Widererwerbsrecht vorbehalten, so ist hierauf bei der Feststellung des gemeinen Werts keine Rücksicht zu nehmen, denn die nur zur Sicherung persönlicher Ansprüche dienende Vorbemerkung ändert nichts daran, daß es sich nur um eine persönliche Verhinderung des Eigentümers, den Gegenstand nach Belieben zu verkaufen, handelt. Veräußert dagegen eine Stadtgemeinde ein Grundstück unter Vereinbarung von Verfügungsbeschränkungen des Erwerbers zu ihren Gunsten in der Weise, daß die Eigentumsübertragung nur unter Eintragung entsprechender beschränkter persönlicher Dienstbarkeiten stattfinden darf, so ist es nicht ausgeschlossen, daß dadurch der gemeine Wert des Grundstücks gemindert wird, denn es handelt sich bei dem durch die persönlichen Dienstbarkeiten geschaffenen Rechtszustand um Eigenschaften, die dem Grundstück dauernd anhaften RFH. 24. 3. 25 (16, 56). Der gemeine Wert ergibt sich bei der Betrachtung vom Standpunkt des Güterverkehrs aus; er unterscheidet sich von dem durch Kapitalisierung des Ertrags nach dem landesüblichen Zinsfuß gewonnenen Ertragswert (OVG. Staatsst. 5, 91). Beide Werte werden sich zwar zuweilen decken, regelmäßig ist das aber nicht der Fall; namentlich pflegt bei landwirtschaftlichen Grundstücken der durchschnittliche Verkaufswert den Ertragswert nicht unerheblich zu übersteigen. Die Feststellung des Ertrags bildet nur ein Hilfsmittel zur Feststellung des Verkaufswerts. Selbstverständlich ist der Bruttowert, d. h. der Wert ohne Schuldenabzug, maßgebend. Ein Nutznießungsrecht mit dem das Grundstück belastet ist, ist nicht zu berücksichtigen (Kieber DStBl. Jahrg. 3, 78). Ebenso mindert der Wert eines vom Erwerber übernommenen Leibgedinges nicht den gemeinen Wert des Grundstücks RFH. 26. 5. 25 (16, 264). Die Tatsache, daß der Besitzer aus tatsächlichen Gründen verhindert ist, das Grundstück zu verkaufen, ist unerheblich (OVG. Staatsst. 7, 243). Bei der Feststellung des gemeinen Werts sind nur Verhältnisse zu berücksichtigen, die zu dem in Frage kommenden Zeitpunkt bekannt und geeignet waren, die Preisbildung zu beeinflussen, dagegen nicht z. B. das zu dem fraglichen Zeitpunkt noch unbekannte Vorhandensein von Lehm- und Sandlagern (OVG. 3. 4. 14 AmtlMitt. 1914 S. 188).

Die Fassung des Satzes 3 beruht auf der zweiten Steuernotverordnung v. 19. 12. 23. Auf Grund der darin erteilten Ermächtigung hat der RFM. die Durchführungsbestimmungen vom 27. 2. 24 (RGBl. 156) erlassen. Über die danach für die Feststellung des gemeinen Werts geltenden Grundsätze vgl. A. 3.

2. Grundlage der Bewertung. Jedes eine wirtschaftliche Einheit bildende Grundstück ist ohne Rücksicht auf die Art der Bezeichnung im Grundbuch als Ganzes zu schätzen. Was als wirtschaftliche Einheit zu gelten hat, ist nach den Anschauungen des Verkehrs zu entscheiden; die örtliche Gewohnheit, die tatsächliche Übung sowie die Zweckbestimmung und wirtschaftliche Zugehörigkeit oder Abhängigkeit sind zu berücksichtigen (RAbgO. § 137 Abs. 2). Für die Feststellung der wirtschaftlichen Grundstückseinheit ist namentlich zu prüfen, wie die Bewirtschaftung eines Grundstücks tatsächlich gestaltet ist, ob insbesondere die Grundstücksflächen in einen wirtschaftlichen Zusammenhang gebracht sind in der Weise, daß die Bewirtschaftung von einheitlichen Gesichtspunkten und zu einem einheitlichen Zweck geleitet ist (OVG. 6. 2. 14 AmtlMitt. 1914 S. 153). Der Umstand, daß verschiedene Teile eines Grundstückskomplexes verpachtet sind, kann die Folge haben, daß sie aus dem Wirtschaftsverbande der übrigen Teile ausscheiden (OVG. 71, 72). Die Tatsache, daß eine wirtschaftliche Einheit vorliegt, hindert indessen nicht die Berücksichtigung derjenigen Erhöhung des Gesamtwerts, welche sich ergibt, wenn einzelne Teile nach ihrer objektiven Lage und Beschaffenheit sich zu einem besonderen ihren Wert erhöhenden Gebrauch eignen (OVG. 3. 7. 00 VerwBl. 22, 623). Der gemeine Wert der ideellen Anteile von Miteigentümern ist derart zu berechnen, daß der Wert des Grundstücks im ganzen ermittelt und jedem Beteiligten nach Verhältnis seines Anteils zugerechnet wird (RAbgO. § 140). Wird ein Grund-

stück von mehreren Steuerpflichtigen zur gesamten Hand besessen, so sind die Beteiligten so zu besteuern, als ob sie nach Bruchteilen berechtigt wären. Die Höhe der Bruchteile ist nach den Anteilen zu bestimmen, zu denen die Beteiligten an dem Vermögen zur gesamten Hand berechtigt sind, oder nach Verhältnis dessen, das ihnen bei Auflösung der Gemeinschaft zufallen würde.

Erbbaurecht und Bauwerk bilden eine wirtschaftliche Einheit, deren gemeiner Wert im ganzen festzustellen ist. Der RFH. hat es nicht für rechtsirrig erachtet, wenn im einzelnen Fall mit Rücksicht auf die Höhe des Erbbauzinses das Nutzungsrecht mit Null bewertet und deshalb der Wert des Erbbaurechts dem Werte des Gebäudes gleichgesetzt wird RFH. 30. 1. 25 (15, 188).

Maßgebend ist nur der Wert des Grundstücks selbst, nicht der etwa mitveräußerten beweglichen Sachen. Auch die wesentlichen Bestandteile sind mit in Rechnung zu ziehen, also diejenigen Bestandteile, die nicht von dem Grundstück getrennt werden können, ohne daß sie oder das Grundstück zerstört oder in ihrem Wesen verändert werden (§ 93 BGB.). Dazu gehören insbesondere Gebäude und die zur Herstellung eines Gebäudes eingefügten Sachen sowie die Erzeugnisse des Grundstücks, solange sie mit dem Boden zusammenhängen (§ 94 BGB.). Zu den Bestandteilen gehören solche Sachen nicht, die nur zu einem vorübergehenden Zwecke mit dem Grund und Boden verbunden sind (§ 95 BGB.), z. B. ein von einem Mieter errichtetes Gebäude (OVG. 57, 128). Vorübergehend ist jeder Zweck, dessen Erfüllung von der Fortdauer eines begrenzten Rechtsverhältnisses abhängt (RFH. 18. 9. 25 II A 398/25). Die Bewertung erstreckt sich auf Rechte und Nutzungen, die mit dem Eigentum an einem Grundstück verbunden sind, einschließlich der grundstücksgleichen Berechtigungen, wenn diese mit einem Grundstücke verbunden sind (RAbgO. § 154 Abs. 1). Ein gemäß § 4 des Biersteuergesetzes v. 26. 7. 18 einem Brauereigrundstück zugewiesenes Bierkontingent haftet der Brauerei nicht erkennbar an; bei der Bemessung des gemeinen Grundstückswerts kommt also der Wert des Kontingents nicht in Betracht (Borthke DStBl. Jahrg. 6 Sp. 74). Nicht berücksichtigt werden Maschinen und sonstige Vorrichtung aller Art, die zu einer Betriebsanlage des Grundstücks verwendet sind (§ 154 Abs. 2 RAbgO.), da vermieden werden sollte, der Besteuerung durch die Erstreckung auf gewerbliche Einrichtungsgegenstände den Charakter einer Gewerbesteuer oder einer Belastung der landwirtschaftlichen Produktion zu geben. Voraussetzung der Anwendbarkeit des § 154 Abs. 2 RAbgO. ist, daß Grundstücke als solche bewertet werden müssen; dies trifft nicht zu bei der Besteuerung des Übergangs des Eigentums an einer Bahneinheit, denn die Bahneinheit ist ein von ihren Bestandteilen verschiedenes Recht, ein Gegenstand, der losgelöst ist, von den Gegenständen, die in ihr vereinigt sind. Bei der Bewertung sind also die zur Bahneinheit gehörenden beweglichen Sachen, Fonds, Rechte usw. nicht auszuscheiden RFH. 6. 3. 23 (11, 322). Bei der Übertragung grundstücksgleicher Berechtigungen, z. B. bei der Übertragung einer selbständigen Apothekenberechtigung, ist es für die Besteuerung gleichgültig, ob das etwa zur Apotheke gehörige Grundstück mit übertragen wird oder nicht; geschieht es, so bildet die Übertragung der Berechtigung und des Grundstücks je einen besonderen Steuerfall, RFH. 6. 3. 23 (11, 329). Unter einem „Betrieb" ist eine gewerbliche Tätigkeit im weitesten Sinne des Wortes, also einschließlich der Urerzeugung und des Handels zu verstehen. Fahrstuhl-, Heizungs-, Warmwasserversorgungsanlage sind nicht als Betriebsanlagen anzusehen. Für Wohnhäuser ist also die Frage, ob in diesen eingebaute Maschinen und sonstige Vorrichtungen zum Grundstück zu rechnen sind, nur danach zu beurteilen, ob sie als Bestandteile des Grundstücks angesehen werden können RFH. 18. 2. 21 (5, 44). Der Wert der in Grundstücke eingefügten Dampfheizungsanlagen darf bei der steuerlichen Bewertung selbst dann nicht abgerechnet werden, wenn das Grundstück gewerblichen Zwecken dient es sei denn, daß die Wärmeerzeugungsvorrichtungen — wie die in Dampfbadeanlagen, Trockenanlagen — eine *besondere* Beziehung zu einem Gewerbebetriebe haben RFH. 30. 9. 21 (7, 43). Der Wert von Badeöfen und Badewannen, die in einem mit Badeeinrichtungen versehenen Miethause vorhanden sind, ist bei Bewertung des Grundstücks nach dem gemeinen Wert nicht abzuziehen, wenn das Haus in einer Gegend gelegen ist, in der solche Badeöfen und Badewannen zu stellen, als Sache des Vermieters angesehen wird RFH. 28. 10. 21 (7, 127). Die Vorrichtungen, die zu einer Betriebsanlage eines Grundstücks verwandt sind, setzen nicht voraus, daß sie den Zwecken einer auf dem Grundstück vorhandenen Betriebsanlage dienen, sondern die Vorrichtung kann auch in der Betriebslage selbst bestehen, diese ganz und gar ausmachen (z. B. eine unvermauert auf einem Postament ruhende sogen. Bockwindmühle), vorausgesetzt, daß die Betriebsanlage selbst kein Gebäude ist RFH. 11. 12. 25 (18, 53). Ist in einem Grundstückskaufvertrage vereinbart, daß ein auf dem Grundstücke stehendes Gebäude dem Verkäufer verbleibt und dieser das Gebäude jederzeit abbrechen kann, so ist der Veräußerer im Sinne des § 80 RAbgO. als fortdauernder Eigentümer des Gebäudes zu behandeln, der Eigentumsübergang betrifft also das Grundstück ohne das Gebäude RFH. 25. 3. 21 (5, 63).

Zu berücksichtigen sind die den Grundstückswert erhöhenden Eigenschaften des Grundstücks. Unter Eigenschaften sind nicht nur die natürlichen Eigenschaften des Grundstücks, sondern auch solche tatsächlichen und rechtlichen Verhältnisse zu verstehen, welche nach der Verkehrsanschauung für die Bewertung maßgebend sind. Voraussetzung ist aber stets, daß das tatsächliche oder rechtliche Verhältnis, das Berücksichtigung finden soll, schon zur Zeit des Verkaufs als ein zuständliches, eine gewisse Dauer erwarten lassendes besteht RFH. 23. 7. 19 (1, 134). Für die Bestimmung des gemeinen Werts ist die augenblickliche Benutzungsart des Grundstücks nicht ausschlaggebend. Werden Grundstücke zwar zur Zeit noch landwirtschaftlich oder gärtnerisch benutzt, sind sie aber ihrer Lage und Beschaffenheit nach zur Bebauung geeignet, so ist diejenige Wertsteigerung, die infolge der Möglichkeit künftiger Bebauung schon in der Gegenwart entsteht, mitzuberücksichtigen (OVG. 32, 156; 6. 10. 1899 VerwBl. 21, 301; 27. 4. 00 VerwBl. 21, 600; Bayr. Verwaltungsgerichtshof 3. 5. 15 AmtlMitt. 1915 S. 135). Der gemeine Wert wird bei einem Hause auch durch seine für gewisse Geschäfte besonders geeignete Lage und Herrichtung beeinflußt. Die bloße Möglichkeit der zukünftigen gewinnreichen Ausbeutung von Mineralien berechtigt aber nicht zur höheren Bewertung einer Besitzung; hierzu bedarf es vielmehr einer im Immobiliarverkehr bei Grundstücken mit gleichem Mineralvorkommen bereits zum Ausdruck gelangten entsprechenden Wertsteigerung (OVG. Staatsst. 5, 95).

3. Zeitpunkt der Bewertung. Stichtag für die Feststellung des gemeinen Werts ist im allgemeinen der Tag, an dem die Steuerschuld nach dem GrErwStG. (§ 4) entsteht; in den Fällen des § 5 Abs. 1, 3 und 4 der Tag, an dem das zur Übertragung des Eigentums verpflichtende Veräußerungsgeschäft abgeschlossen wird (§ 3 der Durchführungsbestimmungen zum § 11 GrErwStG. v. 27. 2. 24 RGBl. 156). Der Satz, daß bei Eigentumsübertragungen der Wert maßgebend ist, den das Grundstück beim Eigentumsübergang gehabt hat, ist nicht dahin zu verstehen, daß das Grundstück gerade in dem Zustand zu bewerten ist, in dem es sich zur Zeit des Eigentumsübergangs befunden hat; vielmehr ist das Grundstück für diesen Zeitpunkt in dem Zustand zu bewerten, in dem es die Beteiligten zum Gegenstand des schuldrechtlichen Vertrags gemacht haben. Das geht daraus hervor, daß das Gesetz zwei Steuermaßstäbe aufstellt, den Wert und den Preis, so daß also grundsätzlich der Wert nicht für ein anders beschaffenes Grundstück festgestellt werden kann, als es zur Zeit der Preisfestsetzung gewesen ist RFH. 31. 3. 22 (9, 61). Wird das Kaufgrundstück vor dem dinglichen Eigentumsübergang von dem Käufer bebaut oder wird der Bau zwar vom Verkäufer, aber nicht auf Grund des Kaufvertrags, sondern auf Grund eines selbständigen Werkvertrags für den Käufer ausgeführt, so ist für den Steueransatz der Wert maßgebend, den das Grundstück bei der Übereignung in unbebautem Zustand gehabt haben würde. Entsprechendes muß gelten, wenn das verkaufte Grundstück eine andere werterhöhende Änderung erfährt, wenn z. B. ein in unbestelltem Zustand verkauftes Landgut vom Käufer vor seiner grundbuchmäßigen Eintragung bestellt wird oder wenn das im Frühjahr nach der Bestellung verkaufte und vereinbarungsgemäß übergebene Landgut

erst im Herbst mit der reifen Ernte durch die grundbuchmäßige Eintragung in das Eigentum des Käufers übergeht. Der Zustand eines verkauften Grundstücks kann sich in der Folgezeit bis zur Übereignung auch in der Weise ändern, daß bisherige, mitveräußerte Bestandteile als solche verschwinden, mögen sie dabei als bewegliche Sachen in das Eigentum des Grundstückskäufers übergehen oder nicht; das ist insbesondere der Fall, wenn zwischenzeitlich auf dem verkauften und übergebenen Hausgrundstück das Haus abbrennt oder vom Käufer abgebrochen wird oder wenn auf dem verkauften Landgut zwischenzeitlich die mitverkaufte aufstehende Ernte, durch Überschwemmung, Hagelschlag usw. vernichtet oder von dem Käufer eingebracht ist. Es muß dann derjenige Grundstückswert ermittelt werden, den das Kaufgrundstück zur Zeit der Übereignung haben würde, wenn es sich noch in dem Zustand befände, in dem es vereinbarungsgemäß mit Nutzungen und Lasten sowie der Gefahr des zufälligen Unterganges oder der zufälligen Verschlechterung auf den Käufer übergehen sollte RFH. (Gutachten) 1. 4. 24 (13, 293).

4. Ermittlung des gemeinen Werts. Die Feststellung des gemeinen Werts erfolgt in Reichsmark. Für die Feststellung finden grundsätzlich die Vorschriften der RAbgO. Anwendung. Ist nach dem Inkrafttreten der Durchführungsbestimmungen zum § 11 (22. 12. 23) der Wert des Grundstücks für die Veranlagung zur Vermögensteuer festgestellt worden, so hat diese Wertfeststellung bei der Wertermittlung für die Zwecke der GrErwSt. den Ausgangspunkt zu bilden. Bieten sich, insbesondere bei der Vergleichung von Kaufpreisen wesentlich gleichartiger Grundstücke, einwandfreie Anhaltspunkte für eine erhebliche Abweichung des Vermögensteuerwerts vom gemeinen Wert, so ist dies bei der Feststellung zu berücksichtigen (§ 1 der Durchführungsbestimmungen v. 27. 2. 24 RGBl. 156). Wird bei der Feststellung des gemeinen Werts von Papiermarkkaufpreisen im wesentlichen gleichartiger Grundstücke ausgegangen, so sind diese Grundstückskaufpreise nach dem zur Zeit der Preisvereinbarung geltenden Goldumrechnungssätze für Reichssteuern in Reichsmark umzurechnen (§ 2 a. a. O.).

Bei der Prüfung, ob der Vermögensteuerwert, von dem als Grundlage ausgegangen ist, vom gemeinen Wert erheblich abweicht, findet grundsätzlich § 138 RAbgO. Anwendung. Danach wird der gemeine Wert durch den Preis bestimmt, der im gewöhnlichen Geschäftsverkehr nach der Beschaffenheit des Gegenstandes unter Berücksichtigung aller den Preis beeinflussenden Umstände bei einer Veräußerung zu erzielen ist. Der im gewöhnlichen Geschäftsverkehr erzielte Preis ist nicht ohne weiteres dem gemeinen Wert gleichzusetzen; er ist aber ein besonders wichtiger Anhaltspunkt für die Bemessung des Wertes und es müssen triftige Gründe angeführt werden, wenn ein vom Kaufpreis abweichender Wert angenommen werden soll RFH. 13. 2. 23 (11, 260). Eine öffentliche Versteigerung ist nur dann ein geeigneter und zuverlässiger Wertmesser für ein Grundstück, wenn das Meistgebot als das Ergebnis des freien Wettbewerbs der Steigerungslustigen sich darstellt und nicht in seiner Höhe durch besondere in der Person des Ansteigerers begründete Umstände beeinflußt ist; deshalb kann das Meistgebot eines Hypothekengläubigers bei der Zwangsversteigerung nicht als der Ausdruck des gemeinen Werts angesehen werden RFH. 4. 7. 19 (1, 157). Bei Berechnung des gemeinen Werts eines Erbbaurechts ist zu berücksichtigen, daß Erbbaurecht und Bauwerk eine wirtschaftliche Einheit bilden, deren gemeiner Wert im ganzen festzustellen ist (vgl. oben A. 2). Über die in jedem Lande anzulegenden Verzeichnisse über den Wert der Grundstücke vgl. §§ 155—161 RAbgO.

§ 12.

Ist der Veräußerungspreis höher als der gemeine Wert des Grundstücks, so tritt er an die Stelle des gemeinen Wertes.

Der Veräußerungspreis bestimmt sich nach dem Gesamtbetrage der Gegenleistung, einschließlich der vom Erwerber übernommenen oder ihm sonst infolge der Veräußerung obliegenden Leistungen und der vorbehaltenen oder auf dem Grundstück lastenden Nutzungen und bei Verträgen über

Leistung an Erfüllungs Statt nach dem Werte, zu dem die Gegenstände an Erfüllungs Statt angenommen werden. Die auf einem nicht privatrechtlichen Titel beruhenden Abgaben und Leistungen, die auf dem Grundstück kraft Gesetzes lasten (gemeine Lasten), werden nicht mitgerechnet. Ist einem der Vertragschließenden ein Wahlrecht oder die Befugnis eingeräumt, innerhalb gewisser Grenzen den Umfang der Gegenleistung zu bestimmen, so ist der höchstmögliche Betrag der Gegenleistung maßgebend.

Wenn die Beteiligten zum Zwecke der Steuerersparung einen Teil des Entgelts in die Form einer Vermittlungsgebühr, einer den üblichen Zinssatz erheblich übersteigenden Verzinsung des gestundeten Preises oder einer sonstigen Nebenleistung kleiden, so ist der als Teil des Entgelts anzusetzende Betrag durch Schätzung zu ermitteln.

Übersicht zu § 12.

1. Begriff des Veräußerungspreises.
2. Gesamtpreis.
3. Berechnung des Preises.
   A. Übernommene Leistungen.
   B. Kraft Gesetzes übergehende Leistungen; gemeine Lasten.
   C. Vorbehaltene und auf dem Grundstück lastende Nutzungen.
   D. Leistung an Erfüllungs Statt; Wahlrecht.
4. Preisverschleierung.

1. Neben dem gemeinen Wert des Grundstücks oder der Berechtigung ist für die Steuerberechnung auch der Veräußerungspreis zu berücksichtigen; der gemeine Wert ist nur dann maßgebend, wenn er höher ist als der Veräußerungspreis. Durch diese Wahl zwischen Veräußerungspreis und gemeinem Wert soll einmal die Umgehungsmöglichkeit, die in den Angaben des Steuer-

pflichtigen über den Veräußerungspreis liegt, ausgeschlossen werden, andererseits eine gewisse Kontrolle dafür gegeben werden, daß nicht der gemeine Wert überspannt wird. Unter Veräußerungspreis ist der Gesamtbetrag der Gegenleistung zu verstehen, der für die Übertragung des Grundstückseigentums oder der Berechtigung gewährt wird. Nicht bloß der vertraglich vereinbarte Preis, sondern auch die im Enteignungsverfahren festgesetzte Entschädigung ist als Veräußerungspreis anzusehen (vgl. OVG. 22. 9. 14 AmtlMitt. 1915 S. 6 und 9. 1. 17 AmtlMitt. 1917 S. 57); ebenso die bei Einbringung von Grundstücken in eine Aktiengesellschaft oder Gesellschaft mit beschränkter Haftung gemäß § 186 HGB. und § 5 Abs. 4 Ges., betr. Gesellsch. m. beschr. Haftung festgesetzte Vergütung für die eingebrachten Gegenstände bzw. der Geldwert, für den sie angenommen werden (OVG. 64, 94). Auch eine vom Erwerber an einen Dritten gemachte Leistung ist zum Grundstückspreise zu rechnen, wenn sie im Einverständnisse mit dem Veräußerer bewirkt wird und eine Gegenleistung dafür bildet, daß der Erwerber Eigentümer des Grundstücks geworden ist, dagegen nicht, wenn die Leistung einzig auf der freien Entschließung des Erwerbers oder allein auf einer Abrede des letzteren mit dem Dritten beruht (OVG. 65, 4). Unerheblich ist es, ob die Gegenleistung in einer Geldzahlung oder sonstigen Leistung besteht; auch die Verpflichtung zu einer Unterlassung kann einen Teil des Veräußerungspreises bilden. Ob einer als Entgelt oder Teilentgelt für die Grundstücksübertragung vereinbarten Leistung der ihr in dem Vertrage von dem Vertragschließenden beigelegte Wert in Wahrheit nicht zukommt und ob sich die Vertragschließenden dessen beim Vertragsschluß bewußt waren oder nicht, ist für die steuerliche Bestimmung des Preises bedeutungslos. Werden also z. B. Hypotheken in Zahlung gegeben und genommen, so kommt es nur auf den Betrag an, zu dem sie an Erfüllungs Statt angenommen werden, gleichviel ob sie tatsächlich diesen Wert haben oder nicht (OVG. 6. 1., 18. 4. und 23. 5. 13 JW. 1915 S. 763) Die in der Vertragsurkunde niedergelegte Preisvereinbarung ist nicht unter allen Umständen allein maßgebend; der Beweis, daß mündliche Nebenabreden, deren Formmangel nach § 313 Satz 2 BGB. geheilt ist, über den Preis getroffen wurden, ist nicht ausgeschlossen (OVG. 65, 1).

Die Vorschrift des § 154 Abs. 2 AbgO., wonach bei Bewertung von Grundstücken das bewegliche Inventar nicht zu berücksichtigen und der Wert von Maschinen sowie sonstigen Vorrichtungen aller Art, die zu einer Betriebsanlage des Grundstücks verwendet sind, abzurechnen ist, und zwar auch dann, wenn es sich um wesentliche Bestandteile handelt (vgl. § 11 A. 2) gilt auch, wenn der Bewertung nach § 12 der Preis zugrunde zu legen ist, RFH. 5, 169. Neu ist gegenüber dem früheren Rechtszustand, daß gewisse Gegenstände, selbst wenn sie zu den Bestandteilen des Grundstücks gehören, bei der Wert-(Preis-)Bemessung außer Betracht bleiben RFH. 6. 3. 23 (11, 327).

Ist der nach den §§ 12—14 gegebenenfalls an die Stelle des gemeinen Werts tretende Betrag nicht in Goldmark ausgedrückt, so ist der Papiermarkbetrag nach dem allgemeinen Goldumrechnungssatze für Reichssteuern in Goldmark umzurechnen. Stichtag für die Umrechnung in Goldmark ist der Tag, an dem das zur Übertragung des Eigentums verpflichtende Veräußerungsgeschäft abgeschlossen wird, beim Übergang des Eigentums im Wege der Zwangsversteigerung der Tag, an dem der Zuschlag erteilt wird (§ 4 der Durchf. Best. zum § 11 v. 27. 2. 24 RGBl. 156).

2. Werden zusammen mit einem Grundstück andere Gegenstände für einen Gesamtpreis veräußert, z. B. das Inventar des auf dem Grundstücke betriebenen Geschäfts oder Geschäftsvorräte, so muß eine Trennung des Entgelts für die anderen Gegenstände vom Preise für das Grundstück erfolgen; die Teilung hat verhältnismäßig nach dem gemeinen Werte des Grundstücks und der sonstigen Gegenstände zu erfolgen. Entspricht der vereinbarte Gesamtpreis dem Gesamtwert, was bei einem unter gemeingewöhnlichen Verhältnissen geschlossenen Kauf zutrifft, so sind die gemeinen Werte der einzelnen Gegenstände den auf sie entfallenden Teilen des Kaufpreises gleich (OVG. 67, 7). Zerlegung eines Gesamtpreises in Einzelbeträge für die einzelnen Gegen-

stände ist für die Steuerbehörde nicht bindend, denn sie ist in der Regel nur tatsächlicher, nicht rechtsgeschäftlicher Art. Nur wenn angenommen werden kann, daß die einzelnen Gegenstände gesondert Gegenstand des Vertrags bilden sollten und nur äußerlich in einer Urkunde behandelt worden sind, kann eine wirkliche Vereinbarung von Einzelpreisen angenommen werden RFH. 5. 1. 22 (8, 9). Auch wenn die Vereinbarung der Einzelpreise dem wirklichen Willen der Parteien nicht entspricht, bleibt sie außer Betracht.

Bei der Veräußerung von Grundstücken, auf denen ein Gewerbe betrieben wird, wird es häufig zweifelhaft sein, ob ein Teil des Preises als Entgelt für die Überlassung des Geschäfts oder des Geschäfts nebst Kundschaft anzusehen ist und deshalb für die Besteuerung auszuscheiden hat, oder ob auch dieser Teil des Preises zu dem mit Rücksicht auf eine wertsteigernde Eigenschaft des Grundstücks erhöhten Grundstückspreis gehört. Entscheidend wird dabei sein müssen, ob die Verbindung des Geschäfts mit einem Grundstück eine zufällige und jederzeit lösliche ist, oder ob zwischen beiden ein derartig enger Zusammenhang besteht, daß man den aus dem Gewerbebetrieb sich ergebenden Vorteil als eine objektive Werterhöhung des Grundstücks betrachten kann. Dieser Zusammenhang muß in den sachlichen Eigenschaften des Grundstücks, seiner Gebrauchs- und Ertragsfähigkeit die Grundlage haben, die Zerstörung des Zusammenhangs muß also den Wert des Grundstücks wesentlich vermindern und den Charakter des Geschäfts verändern. Beruht der Zusammenhang nur auf einer zufälligen und willkürlichen Verbindung der Nebensache mit der Hauptsache (dem Grundstück), die leicht lösbar ist, ohne den Wert des Grundstücks zu verändern, so läßt sich die gleichzeitig mit dem Grundstück veräußerte Nebensache nicht als ein Wertteil des Grundstücks selbst ansehen RG. 21. 11. 19 RGZ. 97, 186. Wird ein Grundstück, in dem seit langem eine Apotheke betrieben worden ist, verkauft und neben dem Kaufpreis für das Grundstück ein Preis für den Verzicht des bisherigen Eigentümers auf die Apothekenkonzession ausgeworfen, so ist es Sache der Willensauslegung der Parteien, wieviel von diesem letzteren Preise sie in Wirklichkeit für die in dem bisherigen Apothekenbetrieb liegende werterhöhende Eigenschaft des Grundstücks und damit für dieses selbst bezahlt haben RFH. 22. 10. 19 (1, 220). Hat der Verkäufer eines Grundstücks mit dem Käufer zugleich einen Vertrag geschlossen, nach welchem er sich diesem gegenüber zur Herstellung eines Gebäudes auf dem Grundstück oder zur Fertigstellung eines vorhandenen Rohbaues verpflichtet, so ist es lediglich eine nach dem Willen der Vertragschließenden zu entscheidende Tatfrage, ob ein Kaufvertrag über das Grundstück und ein Werkvertrag über Errichtung oder Fertigstellung eines Gebäudes darauf, oder ob nur ein Kaufvertrag über das Grundstück mit Gebäude vereinbart ist. Dem Kaufvertrage steht nicht entgegen, daß die verkaufte Sache noch nicht vollständig vorhanden ist. Liegen nicht besondere Umstände für das Gegenteil vor, so hat sich die Auslegung an die von den Vertragschließenden selbst gewählte Ausdrucksweise anzuschließen RFH. 10. 6. 22 JW. 831. Namentlich bei Geschäften, die für ihren Betrieb einer Konzession bedürfen, wie Apotheken und Schankwirtschaften, wird ein enger Zusammenhang zwischen dem Grundstück einerseits und dem Geschäft einschließlich der Kundschaft andererseits häufig gegeben sein, vgl. RFH. 22. 10. 19 (1, 220); 22. 12. 20 (4, 158). Wird für den Verzicht des Verkäufers auf eine Konzession ein besonderes Entgelt vereinbart, so fragt es sich, ob der Verzicht als ein selbständiges Rechtsgut erscheint, das einer besonderen Bewertung zugänglich ist. RFH. 22. 12. 20 (4, 158); ist dies der Fall, so bildet das Entgelt keinen Teil des Grundstückspreises (vgl. § 2 A. 1 c). Wenn in einem Kaufvertrag über ein Grundstück, auf dem Schankwirtschaft betrieben wird, für den Verzicht auf die Schankerlaubnis eine besondere Vergütung ausgeworfen ist, so ist im Zweifel anzunehmen, daß die Vergütung einen Teil des für die Steuerberechnung maßgebenden Grundstückskaufpreises bildet RFH. 21. 1. 20 (2, 133). Nur ausnahmsweise wird der Fall vorkommen, daß der Verzicht auf die Betriebserlaubnis einen selbständigen Wert hat und infolgedessen der Vergütung fähig ist

RFH. 28. 2. 22 PrVerwBl. 43, 384. Beim Verkauf einer preußischen Apotheke neueren Rechts, auf die die KabO. vom 5. 10. 46 und der MinErl. v. 21. 10. 46 Anwendung finden, ist sowohl die im Vertrag vereinbarte Vergütung für den Verzicht auf die Apothekenkonzession als auch die Vergütung für die Überweisung der Kundschaft und des Firmenrechts dem für das Grundstück selbst ausgeworfenen Preise zuzurechnen RFH. 5. 1. 22 (8, 9). Wird ein Grundstück ohne das darauf betriebene Geschäft (z. B. Gastwirtschaft, Sanatorium) veräußert, so wird der Erwerber regelmäßig den Veräußerer dafür entschädigen müssen, daß dieser den Betrieb auf dem veräußerten Grundstück aufgeben muß; die Aufgabe des Betriebs ist aber keine selbständige Leistung, sondern nur ein Beweggrund für die Bemessung des Grundstückspreises RFH. 5. 5. 22 (9, 173). Ebenso hat, wenn ein Grundstück veräußert wird, auf dem bisher ein Sanatorium betrieben war, und das Unternehmen infolgedessen eingeht, sein Ruf, wenn der Erwerber ein neues ähnliches einrichten will, nur die Bedeutung einer werterhöhenden Eigenschaft des Grundstücks; von dem Gesamtpreis darf also kein besonderer Betrag für den Ruf abgesetzt werden RFH. 5. 5. 22 (9, 173). Das für die Einwilligung in die Fortführung der Firma durch den Erwerber vereinbarte Entgelt ist nicht als Teil des Kaufpreises für das Grundstück anzusehen.

3. Berechnung des Preises.

A. Einen Teil des Veräußerungspreises bilden die vom Erwerber übernommenen Leistungen. Das Gesetz macht keinen Unterschied, ob diese Leistungen mit dem Grundstück zusammenhängen oder nicht; auch die Übernahme gänzlich grundstücksfremder Leistungen kann einen Teil der Gegenleistung und damit des Preises bilden RFH. 11. 11. 21 JW. 1922, 832. Die vertragliche Bestimmung, daß der Veräußerer eine Hypothek oder Grundschuld nicht löschen zu lassen braucht, bedeutet die Übernahme dieser Hypothek oder Grundschuld durch den Erwerber (OVG. 1. 3. 16 AmtlMitt. 1916 S. 90). Unter solchen Leistungen können aber nur solche verstanden werden, die sich als Teil des Preises für die Grundstücksüberlassung darstellen, nicht bloß aus Anlaß der Grundstücksveräußerung aufgewendet werden. Übernimmt z. B. der Erwerber vertraglich die Zahlung einer Abfindung an den Mieter oder Pächter des Grundstücks als Entschädigung dafür, daß aus Anlaß der Grundstücksveräußerung infolge besonderer Bestimmung im Miet- oder Pachtvertrag dem Mieter oder Pächter vorzeitig gekündigt werden kann und dieses Kündigungsrecht ausgeübt wird, so wird dadurch die Gegenleistung für die Überlassung des Grundstücks nicht beeinflußt (OVG. 26. 1. 15 und 25. 2. 16 AmtlMitt. 1916 S. 110). Auch das Entgelt für die vom Veräußerer versprochene Herstellung einer bestimmten Eigenschaft des Grundstücks, z. B. für die Herstellung eines Bahnanschlusses, bildet keinen Teil des Kaufpreises RFH. 23. 7. 19 (1, 134). Ebenso ist eine vereinbarte Entschädigung dafür, daß der Veräußerer gewerbliche Einrichtungen oder Pflanzungen von dem veräußerten auf ein anderes Grundstück verlegt, als nicht das Grundstück betreffend nicht Teil des Grundstückspreises (OVG. 4. 12. 14 AmtlMitt. 1915 S. 60). Auch dann handelt es sich um eine neben dem Kaufvertrag herlaufende Vereinbarung, durch welche der Kaufpreis nicht erhöht wird, wenn der Käufer eine Gegenleistung dafür verspricht, daß der Verkäufer sich ihm gegenüber verpflichtet, von dem einem Grundstück des Verkäufers zustehenden Wassergebrauchsrecht in Zukunft keinen Gebrauch zu machen, der den jeweiligen Wasserbedarf des verkauften Mühlengrundstücks beeinträchtigt RFH. 14. 1. 20 AZ II A 204/19. Verpflichtet sich der Veräußerer eines Grundstücks zur Räumung des von ihm bewohnten Hauses, so kann die für die sofortige Räumung gewährte Entschädigung nicht vom Erwerbspreis für das Grundstück getrennt werden; hieran ist durch die Wohnungszwangswirtschaft nicht geändert RFH. 26. 5. 22 (9, 268). Hat der Veräußerer eines Grundstücks die Ablösung bestehender Mietverhältnisse übernommen, so ist der dafür im Vertrag ausgeworfene Betrag dann ein Teil des Preises, wenn nach dem Willen der Parteien der Veräußerer den Veräußerungsvertrag nur durch Übergabe eines mietfreien Grundstücks erfüllen kann. Anders liegt die Sache, wenn die Vereinbarung dahin geht, daß das Grundstück so, wie es ist, vom Erwerber zu übernehmen ist und daß der Veräußerer nur kraft besonderen Nebengeschäfts (Dienstvertrags, Werkvertrags) verpflichtet sein soll, die Mietrechte zu beseitigen, ebenso wie ein derartiger Auftrag einem beliebigen anderen erteilt werden könnte; in letzterem Falle bildet die nach dem besonderen Nebengeschäft zu zahlende Vergütung keinen Teil des Preises RFH. 20. 3. 23 (12, 21). Als übernommene Leistung ist es auch anzusehen, wenn der Erwerber eines Gastwirtschaftsgrundstücks eine von dem Veräußerer der Brauerei gegenüber für sich und seine Rechtsnachfolger übernommene Bierbezugsverpflichtung seinerseits übernimmt RFH. 11. 11. 21 (7, 184). Schließt eine Brauerei über ein Gastwirtschaftsgrundstück mit dem Gastwirt neben dem Kaufvertrag gesondert einen Vertrag ab, nach dem der Gastwirt ein Darlehn erhält und auf kürzere Dauer eine Bierbezugsverpflichtung übernimmt, so ist diese Verpflichtung regelmäßig als Gegenleistung für das Grundstück zu behandeln RFH. 10. 7. 23 (12, 264). Ein einheitlicher Kaufpreis ist angenommen, wenn der Verkäufer sich eine höhere Vergütung ausbedingt, weil er infolge der Veräußerung genötigt ist, zwecks Räumung des Grundstücks einen von ihm darauf ausgeübten Gewerbebetrieb aufzugeben oder zu verlegen oder weil die Veräußerung eines Teilgrundstücks für den Restbesitz des Verkäufers Erschwerungen in der Bewirtschaftung zur Folge hat, die dessen Wert herabmindern; derartige natürliche und notwendige Wirkungen der Grundstücksveräußerung können rechtlich nicht zum Gegenstand einer besonderen Vereinbarung gemacht werden, auf Grund welcher der Käufer zur Gewährung einer neben dem Grundstückspreise liegenden Entschädigung an den Verkäufer verpflichtet wäre RFH. 20. 3. 23 (12, 32). Wenn sich der Veräußerer eines Grundstücks beim Verkauf den Gebrauch einer darauf befindlichen Baulichkeit vorbehält, so ist die bürgerlich-rechtliche Betrachtungsweise, wonach die Baulichkeit mit dem Grundstück in das Eigentum des Erwerbers übergegangen ist, nicht maßgebend; Veräußerer und Erwerber betrachten das vorbehaltene Gebäude nach wie vor als dem Veräußerer gehörig. Wenn der Veräußerer jederzeit in der Lage ist, das Gebäude abzubrechen, so übt er die tatsächliche Gewalt darüber aus, er besitzt das Gebäude sonach als ihm gehörig; er ist also im Sinne des § 80 RAbgO. als fortdauernder Eigentümer des Gebäudes zu behandeln, was ausschließt, das Eigentum an dem Gebäude als auf den Erwerber übergegangen anzusehen. Das Gebäude hat daher bei der Berechnung der GrErwSt. außer Betracht zu bleiben RFH. 25. 2. 21 AZ II A. 92/21 S.

Zum Preise können nicht solche Leistungen hinzugerechnet werden, von denen bei Abschluß des Vertrages nicht abzusehen ist, ob jemals und gegebenenfalls in welchem Betrage sie zu bewirken sein werden, also zu der entscheidenden Zeit noch ganz unbestimmbare Leistungen, wie z. B. eine von dem Erwerber übernommene, auf ganz ungewisse künftige Verhältnisse abgestellte Verpflichtung, den Veräußerer bei einem etwaigen späteren Verkauf an einem etwaigen Überschusse teilnehmen zu lassen (OVG. 27. 11. 11 VerwBl. 33 S. 537; OVG. 62, 72). Auch eine für die Gemeinde eingetragene, vom Erwerber übernommene Sicherungshypothek für künftige Anliegerbeiträge (§ 15 d. Baufluchtliniengesetzes) ist nicht zu berücksichtigen, wenn der künftige Ausbau der Straße und damit die Entstehung des Anspruchs der Gemeinde auf Anliegerbeiträge noch ungewiß ist. Steht der Straßenbau fest, so ist eine vom Erwerber übernommene Leistung in dem Verzicht auf sein gesetzliches Recht, Beseitigung der Sicherungshypothek zu verlangen, zu erblicken; der Wert dieser Leistung ist aber nicht gleich dem Betrage der Anliegerbeiträge oder dem Höchstbetrage der Sicherungshypothek (OVG. 62, 39).

B. Zum Preise treten auch diejenigen Leistungen hinzu, die auf den Erwerber kraft des Gesetzes übergehen. Hierunter fallen die kraft der Veräußerung auf den Erwerber übergehenden Reallasten, Rentenbankrenten, Ansiedlungsrenten und eingetragenen Altenteile. Dagegen sind nach ausdrücklicher Gesetzesvorschrift nicht mitzurechnen die auf dem Grundstück ruhenden gemeinen Lasten; dies sind die auf einem nicht privatrechtlichen Titel beruhenden Abgaben und Leistungen, die auf dem Grundstück kraft Gesetzes lasten, also das Grundstück mit dinglicher Wirkung gegen jeden Eigentümer belasten. Hierzu gehören Straßenanliegerbeiträge, Kanalisations- und Anschlußgebühren, Grund und Gebäudesteuern, Patronatslasten, Abgaben an Schulen und Beiträge, die mit der Wegeunterhaltung, Flußräumung, Deichpflicht usw. zusammenhängen. Keine gemeine Last bildet eine zwar öffentlich-rechtliche, aber den veräußernden Grundeigentümer nur persönlich belastende Verpflichtung RFH. 19. 5. 22 JW. 1615. Die gemeinen Lasten sind von der Hinzurechnung zum Preise ausgenommen sowohl wegen ihres rechtlichen Charakters als in der Mitzugehörigkeit zu einer Gemeinschaft begründete Leistungen als auch wegen der Schwierigkeit, ihren Wert festzustellen. Auch dann, wenn der Erwerber die gesetzlichen Straßenkostenbeiträge im Vertrag ausdrücklich übernimmt, sind diese Leistungen dem Kaufpreise nicht hinzuzurechnen; verspricht er im Vertrage die Straßenkostenbeiträge in festbestimmter Höhe zu zahlen, so kann darin eine Mehrleistung gegenüber der gesetzlichen Verpflichtung liegen, die als Gegenleistung für das Grundstück anzusehen wäre; regelmäßig ist dies aber nicht anzunehmen, vielmehr davon auszugehen, daß die Beteiligten bestrebt gewesen sind, die Beträge möglichst so festzusetzen, wie es ihrer voraussichtlichen gesetzlichen Höhe entsprach RFH. 20. 2. 23 (11, 314). Die Kosten der Beurkundung des Kaufes, der Auflassung und Eintragung treffen nach § 449 BGB. den Käufer. Diese Kosten gehören nicht zum Veräußerungspreise und unterliegen also an sich nicht der GrErwSt., selbst dann nicht, wenn der Käufer sie im Kaufvertrag ausdrücklich übernommen hat RFH. 6. 7. 21 (6, 171). Zu den im § 449 aufgeführten den Käufer treffenden Kosten gehören auch die aus der Mitwirkung öffentlicher Behörden bei der Beurkundung, Auflassung und Eintragung erwachsenden öffentlich-rechtlichen Gebühren und Auslagen RFH. a. a. O. Die GrErwSt. ist beiden Vertragsbeteiligten als Gesamtschuldnern auferlegt; nach dem auch für steuerrechtliche Gesamtschuldverhältnisse geltenden § 426 BGB. sind aber die Gesamtschuldner im Verhältnis zueinander zu gleichen Teilen verpflichtet; übernimmt nun der Käufer die GrErwSt. ganz, so betrifft zur Hälfte die Übernahme der

Steuer eine Verbindlichkeit, die den Verkäufer im Verhältnisse zum Käufer aus einem außerhalb des Kaufvertrags liegenden Grunde trifft. Insoweit unterliegt die Übernahme der GrErwSt. durch den Käufer zusammen mit dem Kaufpreis der GrErwSt. Die Steuer wird von einem Betrage berechnet, der sich aus der Formel ergibt $x = \frac{100\,K}{100 - \frac{p}{2}}$, wobei x den Kaufpreis + halbe übernommene Steuer, K den Kaufpreis und p den Prozentsatz der Abgabe bedeutet RFH. 8. 7. 21 (6, 121); 30. 6. 22 (10, 160). Wenn nämlich S die halbe Steuer bedeutet, ist $S = \frac{\frac{p}{2} \cdot K}{100 - \frac{p}{2}}$ und

$$x = K + S = K + \frac{\frac{p}{2} \cdot K}{100 - \frac{p}{2}} = \frac{100\,K - \frac{p}{2}K + \frac{p}{2}K}{100 - \frac{p}{2}}$$

$$= \frac{100\,K}{100 - \frac{p}{2}}$$

(a. M. Hagelberg JW. 1922, 1615). Im Falle der Übernahme der ganzen GrErwSt. durch den Verkäufer, vermindert sich der steuerpflichtige Kaufpreis um die Hälfte der Steuer RFH. 5. 10. 23 (13, 13). Beim Erwerb eines Grundstücks in der Zwangsversteigerung findet keine Hinzurechnung der halben GrErwSt. zum Preise statt RFH. 13. 3. 23 (11, 332), denn im Zwangsversteigerungsverfahren ist für die GrErwSt. nur ein Steuerschuldner, nämlich der Erwerber, vorhanden. Auch die Übernahme der Reichszuwachssteuer durch den Erwerber ist eine Gegenleistung für die Übereignung und als Teil des Preises zu berücksichtigen (OVG. 66, 153), weil diese Steuer wirtschaftlich und nach der Auffassung des Verkehrs den Veräußerer treffen will.

C. Nutzungen sind die Früchte einer Sache oder eines Rechts sowie die Vorteile, welche der Gebrauch der Sache oder des Rechts gewährt (§ 100 BGB.). Unter Früchten sind die Erzeugnisse der Sache und die sonstige Ausbeute, welche aus der Sache ihrer Bestimmung gemäß gewonnen wird, zu verstehen; Früchte eines Rechts sind die Erträge, welche das Recht bestimmungsgemäß gewährt, insbesondere bei einem Recht auf Gewinnung von Bodenbestandteilen die gewonnenen Bestandteile; schließlich kommen als sogenannte Zivilfrüchte auch die Erträge, welche eine Sache oder ein Recht vermöge eines Rechtsverhältnisses gewährt, in Betracht (§ 99 BGB.). Vorbehalten sind solche Nutzungen, wenn sie durch besondere Vereinbarung dem Veräußerer oder einem Dritten über den Zeitpunkt hinaus gesichert werden, zu dem sie kraft Gesetzes dem Erwerber zustehen würden. Auf dem Grundstück lastende Nutzungen sind Vorteile ähnlicher Art, durch welche bereits vor der Veräußerung das Grundstück zugunsten eines Dritten oder des Veräußerers selbst belastet war und die auch nach der Veräußerung bestehen bleiben.

Zinsen sind rechtlich lediglich die Erträgnisse — Früchte — einer Geldforderung; die Frage der Verzinsung oder Nichtverzinsung betrifft ausschließlich die Regelung der Erfüllungsweise, die sogenannten Zahlungsbedingungen, die für die Preisbestimmung selbst rechtlich stets auszuscheiden haben; so wenig wie regelmäßig die Ausbedingung von Zinsen zu einer Erhöhung des Veräußerungspreises führen kann, ebensowenig kann die Nichtausbedingung von Zinsen zu einer Kürzung dieses Preises führen; die Unverzinslichkeit bildet höchstens einen rechtlich gleichgültigen Beweggrund für höhere Bemessung des Grundstückspreises (OVG. 68, 169). Nur wenn die Beteiligten zum Zwecke der Steuerersparung einen Teil des Entgelts in die Form einer den üblichen Zinsfuß erheblich übersteigenden Verzinsung des gesamten Preises kleiden, ist ein entsprechender durch Schätzung zu ermittelnder Betrag als Teil des Entgelts anzusetzen (Abs. 3, vgl. A. 4).

D. Leistung an Erfüllungs Statt; Wahlrecht. Nimmt der Veräußerer für den geschuldeten Preis eine andere Leistung als Erfüllung an, insbesondere also an Stelle der geschuldeten Geldzahlung eine Sachleistung, so ist nicht der objektive Wert dieser Leistung, sondern der Betrag maßgebend, zu dem sie nach der Vereinbarung der Parteien als Erfüllung angenommen wird, es sei denn, daß die Parteivereinbarung nur zur Verdeckung des wahren Willens getroffen ist (vgl. oben A. 1).

Der Veräußerungspreis kann auch in der Weise bestimmt werden, daß nur die eine oder die andere Leistung zu bewirken ist, wobei die Wahl dem Veräußerer oder dem Erwerber zustehen kann. Wird die Wahl durch Erklärung gegenüber dem anderen Teil vollzogen, so gilt die gewählte Leistung als die von Anfang an allein geschuldete (§ 263 BGB.). Solange aber das Wahlrecht noch nicht ausgeübt ist, ist für die Veranlagung der Höchstbetrag der zur Wahl gestellten Gegenleistungen maßgebend.

E. Für die Berechnung des Wertes wiederkehrender Leistungen und Nutzungen sind folgende Vorschriften der RAbgO. maßgebend: „§ 144. Der Gesamtwert von Nutzungen oder Leistungen, die auf bestimmte Zeit beschränkt sind, ist durch Zusammenzählen der einzelnen Jahreswerte unter Abrechnen der Zwischenzinsen zu berechnen. Der Gesamtwert darf den zum gesetzlichen Zinssatz kapitalisierten Jahreswert nicht übersteigen. Ist die Dauer des Rechtes außerdem durch das Leben einer oder mehrerer Personen bedingt, so darf der nach § 145 zu berechnende Kapitalwert nicht überschritten werden.

Immerwährende Nutzungen oder Leistungen sind mit dem fünfundzwanzigfachen des Jahreswerts, Nutzungen oder Leistungen von unbestimmter Dauer vorbehaltlich des § 145 mit dem zwölfundeinhalbfachen des Jahreswerts zu veranschlagen.

Ist der gemeine Wert des Gesamtbezugs der Nutzungen oder Leistungen nachweislich geringer oder höher, so ist der gemeine Wert zugrunde zu legen.

§ 145.

Der Wert von Renten oder anderen auf die Lebenszeit einer Person beschränkten Nutzungen und Leistungen bestimmt sich nach dem Lebensalter dieser Person.

Als Wert wird angenommen bei einem Alter

1.			bis zu	15	Jahren das	18	fache,
2.	von mehr als	15	„ „	25	„ „	17	„
3.	„ „ „	25	„ „	35	„ „	16	„
4.	„ „ „	35	„ „	45	„ „	14	„
5.	„ „ „	45	„ „	55	„ „	12	„
6.	„ „ „	55	„ „	65	„ „	$8\frac{1}{2}$	„
7.	„ „ „	65	„ „	75	„ „	5	„
8.	„ „ „	75	„ „	80	„ „	3	„
9.	„ „ „	80	Jahren das			2	„

des Wertes der einjährigen Nutzung.

Hat jedoch eine nach Abs. 2 bewertete Nutzung oder Leistung im Falle der

Nr. 1	nicht mehr als	9	Jahre,
„ 2, 3	„ „ „	8	„
„ 4	„ „ „	7	„
„ 5	„ „ „	6	„
„ 6	„ „ „	4	„
„ 7 bis 9	„ „ „	2	„

bestanden, so ist die Veranlagung auf Antrag nach der wirklichen Dauer der Nutzung oder Leistung zu berichtigen. Handelt es sich um den Wegfall einer Last, so ist in gleicher Weise eine Nachveranlagung vorzunehmen.

Hängt die Dauer der Nutzung oder Leistung von der Lebenszeit mehrerer ab, so entscheidet, je nachdem das Recht mit dem Tode des zuerst oder des zuletzt Sterbenden erlischt, das Lebensalter des Ältesten oder Jüngsten.

§ 146

Der einjährige Betrag der Nutzung einer Geldsumme ist, wenn kein anderer Wert feststeht, zu vier vom Hundert anzunehmen.

Bei Nutzungen oder Leistungen, die ihrem Betrage nach ungewiß sind oder schwanken, ist als Jahreswert der Betrag zugrunde zu legen, der voraussichtlich für die Zukunft durchschnittlich erzielt werden wird.

4. Preisverschleierung. Die Bestimmung im Abs. 3 soll den Versuchen entgegentreten, zum Zweck der Steuerersparnis den Preis dadurch zu verkleinern, daß ein Teil des Preises in die Form einer Nebenleistung gekleidet wird. Als eine solche kommt namentlich in Betracht eine Vermittlungsgebühr — z. B. wenn bei den Zwischengeschäften des § 5 der Erwerber dem Zwischenveräußerer für die Abtretung der Rechte aus dem Veräußerungsgeschäfte eine Maklerprovision zahlt — und eine übermäßig hohe Verzinsung des gestundeten Preises. Voraussetzung der Anwendung des Abs. 3 ist, daß eine Vereinbarung zwischen Veräußerer und Erwerber getroffen ist (OVG. 67, 37).

§ 13.

Bei dem Übergange im Wege der Zwangsversteigerung tritt an die Stelle des Veräußerungspreises (§ 12) der Betrag des Meistgebots, zu dem der Zuschlag erteilt wird, unter Hinzurechnung der vom Ersteher übernommenen Leistungen. Dabei tritt im Falle der Abtretung der Rechte aus dem Meistgebote und der Erklärung des Meistbietenden, daß er für einen anderen geboten habe, an die Stelle des Meistgebots der Wert der Gegenleistung, wenn sie höher ist als das Meistgebot.

1. Unter Zwangsversteigerung ist die gerichtliche Zwangsversteigerung zu verstehen, mag sie zum Zwecke der Zwangsvollstreckung oder auf Antrag des Konkursverwalters (§§ 172ff. ZVG.), auf Antrag des Erben (§§ 175ff. a. a. O.) oder zur Aufhebung einer Gemeinschaft (§§ 180ff. a. a. O.) erfolgen; dagegen nicht die freiwillige Versteigerung. Im Falle der Zwangsversteigerung vertritt das Meistgebot den Veräußerungspreis, so daß also das Meistgebot maßgebend ist für die Steuerberechnung, falls es höher ist als der gemeine Wert; der gemeine Wert geht aber vor, wenn er höher ist als das Meistgebot. Das Meistgebot besteht aus zwei Teilen: dem bar zu zahlenden Betrage und den bestehenbleibenden Rechten. Die letzteren sind als vom Ersteher

übernommene Leistungen dem bar zu zahlenden Betrage hinzuzurechnen; außerdem aber auch solche Leistungen, die der Ersteher infolge Abänderung der gesetzlichen Versteigerungsbedingungen übernommen hat, z. B. eine nicht ins geringste Gebot fallende, infolge Abänderung der Versteigerungsbedingungen bestehenbleibende Belastung des Grundstücks (OVG. 62, 12; 64, 42). Dagegen sind außerhalb des Versteigerungsverfahrens zwischen dem Ersteher und den Hypothekengläubigern getroffene Vereinbarungen nicht zu berücksichtigen, z. B. ein Abkommen zwischen Bieter und Hypothekengläubiger, wonach dieser auf die Ausbietung seiner Hypothek verzichtet, der Bieter sich aber verpflichtet, die ausgefallene Hypothek nach der Zuschlagserteilung wieder eintragen zu lassen. Sind mit dem Grundstück bewegliche Sachen als Zubehör versteigert worden, so ist der auf diese nach dem Verhältnis der Werte entfallende Teil des Meistgebots außer Betracht zu lassen. Dem Umstande, daß etwa die Pflichten aus dem Meistgebote nicht erfüllt werden, kommt für die Steuerpflicht keine Bedeutung zu.

2. Falls der Meistbietende seine Rechte aus dem Meistgebot an einen anderen abgetreten oder die Erklärung abgegeben hat, daß er für einen anderen geboten habe (vgl. § 5 Abs. 4 Nr. 4), so ist für die Steuerberechnung an Stelle des Meistgebots der Wert der von dem anderen zu bewirkenden Gegenleistung maßgebend, wenn sie höher ist als das Meistgebot. Darunter ist auch die außerhalb des Zwangsversteigerungsverfahrens vereinbarte Gegenleistung zu verstehen (OVG. 65, 6), und zwar nicht etwa die bloße an den Meistbietenden zu zahlende Zessionsvaluta, sondern die Gesamtheit der Leistungen, die er für den Erwerb des Grundstücks zu machen hat, also die Zessionsvaluta zuzüglich der sich aus Übernahme der Verpflichtungen aus dem Meistgebot ergebenden Leistungen.

§ 14.

Ist das Grundstück in der Zwangsversteigerung von einem Hypotheken-, Grundschuld-, Rentenschuld- oder Reallastgläubiger erworben worden, so hat die Oberbehörde auf Antrag des Steuerschuldners zu bestimmen, daß die Steuer nur von dem Teile des gemeinen Wertes des Grundstücks oder des Meistgebots erhoben wird, welcher den Gesamtbetrag der Hypotheken-, Grundschuld-, Rentenschuld- oder Reallastforderung des Erwerbers und der dieser vorgehenden gleichartigen Forderungen übersteigt, sofern

1. sich aus den Umständen ergibt, daß der Erwerb des Grundstücks erfolgte, um die Hypothek, Grundschuld, Rentenschuld oder Reallast zu retten und kein Anhalt besteht, daß der Erwerber sich die Hypothek, Grundschuld, Rentenschuld oder Reallast zur Ersparung von Abgaben bei dem beabsichtigten Erwerbe des Grundstücks habe bestellen oder abtreten lassen, und
2. die Hypothek, Grundschuld, Rentenschuld oder Reallast dem Erwerber bereits seit einem Jahre vor der ersten Beschlagnahme des Grundstücks zustand. Dabei ist die Zeit, in der die Hypothek, Grundschuld, Rentenschuld oder Reallast einem Erblasser des Erwerbers oder seines Ehegatten zustand, diesem anzurechnen; und ferner
3. entweder das Meistgebot oder der Gesamtbetrag in vorstehendem Sinne mindestens achtzig vom Hundert des gemeinen Wertes des Grundstücks beträgt.

Entsprechendes gilt beim Erwerbe durch einen Bürgen für eines der im Abs. 1 genannten Schuldverhältnisse.

Der Reichsminister der Finanzen kann die Entschließung über Anträge nach Abs. 1 und 2 auf Behörden übertragen, die den Oberbehörden untergeordnet sind.

1. Der Paragraph enthält eine wichtige Begünstigung von Hypotheken-, Grundschuld-, Rentenschuld- und Reallastgläubigern, die in der Zwangsversteigerung Grundstücke erwerben, um ihre

Forderungen zu retten. Der Begriff der Zwangsversteigerung ist der gleiche wie im § 13 (vgl. A. 1 zu § 13). Die Begünstigung, die beim Vorliegen der gesetzlichen Voraussetzungen von der Oberbehörde (Landesfinanzamt) oder der auf Grund der Anordnung des Reichsfinanzministers an ihre Stelle tretenden nachgeordneten Behörde zugebilligt werden muß, besteht darin, daß die Steuer nur von dem Betrage des gemeinen Werts oder des Meistgebots erhoben wird, der den Gesamtbetrag der Forderung des Erstehers und der ihr vorgehenden gleichartigen Forderungen übersteigt. Als gleichartig können nur vorgehende Hypotheken-, Grundschuld-, Rentenschulden- und Reallastforderungen gelten, dagegen nicht sonstige dem Rechte des Erwerbers vorgehende Rechte, z. B. ein Nießbrauchsrecht, Altenteilsrechte usw.; diese bleiben also bei der anzustellenden Rechnung außer Betracht (a. M. Stillschweig JW. 1920, 91). Wenn der gemeine Wert oder das Meistgebot, falls letzteres höher ist als der gemeine Wert, nicht einmal die Forderung des Erstehers oder nur gerade noch diese Forderung deckt, wird also überhaupt keine Steuer erhoben; übersteigt der gemeine Wert oder das Meistgebot diesen Betrag, so ist die Steuer nur von dem Mehrbetrage zu zahlen.

2. Voraussetzungen der Begünstigung sind:

a) Der Ersteher muß Hypotheken-, Grund-, Rentenschuld- oder Reallastgläubiger im Sinne des bürgerlichen Rechts sein. Auch die Sicherungshypothek ist Hypothek im Sinne dieser Bestimmung (OVG. 64, 157). Dagegen genügt es nicht, daß der Ersteher nur einen Anspruch auf Einräumung einer Hypothek hat, mag dieser auch durch Eintragung einer Vormerkung dinglich gesichert sein (OVG. 7. 11. 02 VerwBl. 25, 369). Gläubigereigenschaft besitzt derjenige nicht, dem die Hypothek nur verpfändet ist. Auch durch nur fiduziarische, aber rechtsförmliche Abtretung einer Hypothek oder Grundschuld erlischt für den Abtretenden die Gläubigereigenschaft. Die Vergünstigung greift nicht Platz, wenn eine Hypothek den sämtlichen einzelnen Gesellschaftern einer offenen Handelsgesellschaft zusteht und die Gesellschaft als solche das Grundstück ersteht, denn das Vermögen der Gesellschaft deckt sich nicht mit dem der Gesellschafter. Nicht erforderlich ist, daß der Hypotheken- oder Grundschuldgläubiger auch als solcher im Grundbuch eingetragen ist, sofern er ohne solche Eintragung die Hypothek oder Grundschuld nach den Grundsätzen des bürgerlichen Rechts, z. B. bei Briefhypotheken und Briefgrundschulden durch schriftliche Abtretungserklärung und Übergabe des Briefes, erworben hat. Zur Anwendung der Vorschrift genügt es auch, daß der Ersteher der Bürge für eine auf dem Grundstücke lastende Hypothek, Grund-, Rentenschuld oder Reallast ist.

b) Die Hypothek, Grund-, Rentenschuld oder Reallast muß dem Ersteher bereits seit mindestens einem Jahr vor der ersten Beschlagnahme des Grundstücks als Gläubiger zugestanden haben; die Zeit, in der die Hypothek, Grund-, Rentenschuld oder Reallast dem Erblasser des Erstehers oder seines Ehegatten zustand, ist ihm zuzurechnen. Demgemäß genügt es auch, wenn die Hypothek usw. dem Ehegatten des Erwerbers oder den Ehegatten gemeinschaftlich zustand. Die Beschlagnahme eines Grundstücks wird mit dem Zeitpunkte wirksam, in dem der Zwangsversteigerungsbeschluß dem Schuldner zugestellt wird oder dem Grundbuchamte zugeht (§§ 20, 22 ZVG.). Ging der Zwangsversteigerung eine Zwangsverwaltung voraus, so ist die in dieser erfolgte Beschlagnahme maßgebend. Ist der Bürge der Ersteher, so muß die Bürgschaft bereits seit einem Jahre vor der ersten Beschlagnahme des Grundstücks bestanden haben. Daß dem Gläubiger der verbürgten Hypothek usw. sein Recht ebenfalls bereits seit einem Jahre zustand, ist nicht erforderlich.

c) Der Erwerb muß erfolgt sein, um die Hypothek, Grund-, Rentenschuld oder Reallast zu retten, und es darf kein Anhalt bestehen, daß sich der Erwerber sein Recht zur Ersparung von Abgaben bei dem beabsichtigten Erwerbe des Grundstücks habe bestellen oder abtreten lassen, oder daß der Bürge die Bürgschaft zu diesem Zwecke übernommen habe. Die Tatsache, daß der Ersteher über den zur Deckung seiner eigenen Hypothek, Grundschuld, Rentenschuld oder Reallast erforderlichen Betrag hinaus geboten hat, schließt die Absicht der Rettung dieser Forderungen nicht schlechthin aus, namentlich dann nicht, wenn das Übergebot erfolgt ist, weil sich im Versteigerungstermin der zur Deckung erforderliche Betrag noch nicht genau übersehen ließ.

d) Das Meistgebot oder der Gesamtbetrag der Forderung des Erwerbers und der ihr vorgehenden gleichartigen Forderungen muß mindestens 80 % des gemeinen Wertes des Grundstücks betragen.

3. Das Verfahren hat sich so zu gestalten, daß sich beim Eintritt des Steuerfalls der Steuerpflichtige zunächst durch Vermittlung der Steuerstelle an die Oberbehörde oder die zuständige nachgeordnete Behörde mit einem Antrag wendet. Gibt die Behörde dem Antrage statt, so berechnet sie nicht ihrerseits die Steuer, sondern bestimmt lediglich, daß sie in der angegebenen Art zu berechnen sei. Die Berechnung nimmt sodann die Steuerstelle vor, und gegen deren Bescheid stehen wegen der Durchführung der Berechnung im einzelnen die ordentlichen Rechtsmittel zu. Gegen einen ablehnenden Bescheid der Oberbehörde oder der an ihre Stelle getretenen Behörde hat der Steuerpflichtige nur die Aufsichtsbehörde an die übergeordnete Finanzbehörde. RFH. 14. 1. 21 (4, 219).

§ 15.

Geht ein Grundstück, das mehreren zur gesamten Hand gehört, an einen oder mehrere Mitberechtigte über, so wird die Steuer so berechnet, als ob die Beteiligten nach Bruchteilen berechtigt wären; der Bruchteil der Erwerber bleibt unberücksichtigt. Die Höhe der Bruchteile ist nach den Anteilen zu bestimmen, zu denen die Beteiligten an dem Vermögen zur gesamten Hand berechtigt sind, oder nach Verhältnis dessen, was ihnen bei Auflösung der Gemeinschaft zufallen würde.

Abs. 1 gilt insoweit nicht, als die Anteilsberechtigung des Erwerbers, oder wenn die Erben eines Mitberechtigten oder Gesellschafters Erwerber sind, die Anteilsberechtigung des

Erblassers nach dem Inkrafttreten[...]es Gesetzes durch den Erwerb von Anteilen anderer M[...]erechtigter oder Gesellschafter mittels Rechtsgeschäfte [...]ur Lebenden begründet worden ist.

Die Vorschrift des Abs. 1 gilt [...]gemäß, wenn eine Gemeinschaft zur gesamten Hand e[...] Grundstück von einem Mitberechtigten erwirbt. Der n[...] Abs. 1 zu ermittelnde Anteil des Veräußerers bleibt un[...]ücksichtigt.

1. § 15 hat seine jetzige Fassun[...]urch § 460 RAbgO. erhalten.

Wenn ein als Gesamthandeigentu[...] (vgl. § 1 A. 1 A) mehreren gemeinschaftlich gehöriges Gru[...]ück an einen oder mehrere Mitberechtigte oder Gesellschafter übe[...]gen wird, so bleiben für die Steuerberechnung die Anteile de[...]rwerber außer Betracht. Bei einer Berechtigung zur gesamten [...]and stehen dem einzelnen Berechtigten bestimmte Anteile an d[...]zum Gesamthandeigentum gehörigen Grundstücken nicht zu. Es [...]d deshalb für die Veranlagung fingiert, daß ihm ein seiner [...]eiligung an der Gemeinschaft entsprechender Anteil zugestand[...] habe, oder, wenn der Anteil, zu dem der Beteiligte am Gesam[...]dvermögen berechtigt ist, nicht zu ermitteln ist, ein Anteil, der [...]n entspricht, was ihm bei der Auflösung der Gesellschaft zufal[...] würde. Hiernach wird, wenn ein im Eigentum einer offenen [...]ndelsgesellschaft stehendes Grundstück bei Auflösung der Gesellsch[...] sämtlichen Gesellschaftern, welche gleichmäßig am Gesellschaftsv[...]ögen beteiligt waren, zu Miteigentum zu gleichen Bruchteilen [...]tragen wird, keine Steuer erhoben, RFH. 7. 6. 21 (6, 113).

Eine entsprechende Berechnung h[...] stattzufinden, wenn eine Gemeinschaft zur gesamten Hand vo[...]n einem Mitberechtigten ein Grundstück erwirbt. Es bleibt also [...]nn der dem Anteil des Veräußerers am Gesamthandvermöge[...]ntsprechende Grundstücksanteil oder derjenige Grundstücksteil, [...]cher dem, was dem Veräußerer bei Auflösung der Gesamtha[...]n[...]ufallen würde, entspricht, außer Betracht. Übertragen zwei P[...]onen, die je zur Hälfte

Eigentümer eines Grunds sind, dieses Grundstück auf die aus ihnen bestehende offene ıdelsgesellschaft, so tritt nicht Steuerfreiheit ein. Die Überrng jedes Bruchteils auf die offene Handelsgesellschaft ist fü) zu betrachten, jede Übertragung also als besonderer Steuerfal behandeln. Faßt man jeden Bruchteil für sich ins Auge,)at jeder der Gesellschafter selbständig und unabhängig von denderen seine Hälfte an die Gesellschaft veräußert. Nach § 15 23 bleibt der Anteil an jeder Grundstückshälfte unberücksichtder dem Anteil des betreffenden Gesellschafters an der Gesaındgemeinschaft entspricht. Wenn beide Gesellschafter an der Gchaft zur Hälfte beteiligt sind, bleibt also bei jedem Bruchtei: Hälfte des Wertes außer Betracht, während von der andere Steuer zu erheben ist RFH. 10. 7. 25 (17, 40).

Der RFH. hat den 5 auch dann für anwendbar erachtet, wenn eine Gesamthandvıigung ein Grundstück an eine andere zum Teil aus anderen Pnen bestehende Gesamthandvereinigung veräußert, und deshalb:schieden, daß, wenn eine aus drei gleichbeteiligten Erbstän bestehende Erbengemeinschaft ein Grundstück in eine aus lichen Erben und einer weiteren Person bestehende Kommanbellschaft einbringt, an der jeder Erbstamm und die weitere Pı zu je $^1/_4$ beteiligt ist, die GrErwSt. nur von einem Viertel Grundstückswerts zu erheben sei RFH. 17. 11. 22 (10, 311). ı ist beizutreten, da nach dem Zweck und der wirtschaftlichen :utung des § 15 für solche Fälle das Gesamthandeigentum beıruchteilseigentum gleichgestellt werden sollte.

Im Falle des § 3 fi § 15 keine Anwendung; wenn z. B. alle Anteile einer Grunke besitzenden GmbH. in einer Hand vereinigt werden, so ist Steuer nicht nur nach dem Verhältnis der zuletzt erworbenen ile, sondern von dem ganzen Werte der Grundstücke zu entrn RFH. 28. 10. 21 (7, 145); 6. 2. 23 (11, 231). Ebenso eıt die Anwendbarkeit des § 15, wenn ein im Eigentum einer ıuristischer Persönlichkeit ausgestatteten Gesellschaft z. B. einer:iengesellschaft, einer Gesellschaft mit beschränkter Haftung, stehendes Grundstück an einen Gesellschafter überlassen wird; in solchem Falle ist der Steuer der Wert des ganzen Grundstücks zugrunde zu legen. § 15 Abs. 3 findet also auf Gewerkschaften keine Anwendung, da diese nicht zu den Gesamthandgemeinschaften gehören RFH. 16. 6. 22 (9, 337). Will eine Gewerkschaft mit einer Einzelperson durch deren Beteiligung an einem ihr gehörigen Bergwerk eine neue Gewerkschaft gründen, so ist das nur derart durchzuführen, daß das Bergwerk an die neue — erst mit der Eigentumsübertragung entstehende — Gewerkschaft aufgelassen wird. Durch die Umschreibung von der alten auf die neue Gewerkschaft wird volle Grunderwerbsteuerpflicht ausgelöst, obwohl die alte Gewerkschaft an der neuen Gewerkschaft beteiligt ist RFH. a. a. O.

2. Die Bestimmung des Abs. 3 soll Umgehungen der Steuer vorbeugen. Sie schließt die Begünstigung, daß der Anteil des Erwerbers bei der Steuerberechnung außer Betracht bleibt, für den Fall aus, daß die Anteilsberechtigung des Erwerbers oder seines Erblassers nach dem Inkrafttreten des Gesetzes (1. 10. 19) begründet ist durch Erwerb eines Anteils mittels Rechtsgeschäfts unter Lebenden. Ebenso bleibt die Vergünstigung ausgeschlossen im Falle des Erwerbers durch eine Gesamthandgemeinschaft von einem Berechtigten, wenn der Veräußerer oder sein Erblasser die Anteilsberechtigung an der Gemeinschaft erst nach dem Inkrafttreten des Gesetzes durch Rechtsgeschäft unter Lebenden begründet hat.

§ 16.

Beim Tausche von Grundstücken ist die Steuer für jedes Grundstück gesondert zu berechnen.

1. Der Tausch von Grundstücken hat einen doppelten Eigentumsübergang zur Folge. Entsprechend wird auch das obligatorische Tauschgeschäft in zwei selbständige Veräußerungsgeschäfte zerlegt und die Steuer für jedes Grundstück besonders berechnet. Die Abgrenzung zwischen Tausch und doppeltem Kaufvertrag, die zu vielen Zweifeln Anlaß gegeben hat, hat damit ihre Bedeutung

verloren. Maßgebend für die Steuerberechnung ist bei jedem der beiden Veräußerungsgeschäfte der gemeine Wert des veräußerten Grundstücks oder, wenn er höher ist, der Betrag der vereinbarten Gegenleistung, das ist für jeden Vertragsteil das vom Vertragsgegner in Tausch gegebene Grundstück sowie der etwa zum Ausgleich zu seinen Gunsten vereinbarte Barbetrag; der Betrag der in dem empfangenen Grundstück bestehenden Gegenleistung verkörpert sich in dessen gemeinem Wert. Übersteigt der gemeine Wert des empfangenen Grundstücks den gemeinen Wert des veräußerten Grundstücks und den Wert der baren Zuzahlung, so ist der erstbezeichnete Wert verhältnismäßig auf beide Gegenwerte zu verteilen. Ist z. B. das empfangene Grundstück 100000 M. wert und ist dafür ein Grundstück im Werte von 70000 M. und ein Barbetrag von 10000 M. in Tausch gegeben, so entfallen von den als Veräußerungspreis anzusehenden 100000 M. auf das veräußerte Grundstück 87500 M. (Verhältnis von 7 : 1). Die Einigung der Tauschenden über einen „Tauschwert" oder Wert der Tauschgegenstände ist nicht maßgebend, da solche Angaben nicht die Bedeutung einer Preisvereinigung haben, vielmehr lediglich die Feststellung eines etwaigen durch andere Leistungen auszugleichenden Wertunterschiedes der Tauschgegenstände bezwecken (OVG. 66, 25 und Strutz JW. 1915 S. 764).

§ 17.

Die Steuer beträgt drei vom Hundert, in den Fällen des § 10 zwei vom Hundert des gemeinen Wertes des Grundstücks oder des nach §§ 12 bis 14 an seine Stelle tretenden Betrags.

1. Die Höhe der Steuer ist verschieden bei der Besteuerung des Eigentumswechsels und bei der Besteuerung des Besitzes der toten Hand. Im ersteren Fall beträgt sie nach dem G. v. 10. 8. 25 (RGBl. 241) 3 %. Den Ländern und Gemeinden steht es frei, Zuschläge zu erheben (vgl. §§ 32—34 A. 2). Der Besitz der toten Hand wird nur mit 2 % besteuert.

2. Pauschbesteuerung. Bei den durch das G. v. 31. 3. 26 (RGBl. 185) begünstigten, wirtschaftlich notwendigen Betriebszusammenschlüssen (vgl. § 8 A. 11) ist die Möglichkeit einer Pauschbesteuerung vorgesehen. Da nämlich die Ermittlung des gemeinen Werts namentlich bei sonst selten zum Verkauf stehenden Gesamtkomplexen zu ganz besonderen Schwierigkeiten führen kann, die sich insbesondere aus der Beteiligung mehrerer Länder oder Gemeinden an der GrErwSt. ergeben können, kann auf Antrag bestimmt werden, daß eine Pauschbesteuerung eintritt. Über den Antrag entscheidet das LFA., in dessen Bezirk sich der Ort der Leitung der aufnehmenden oder neu errichteten Kapitalgesellschaft befindet. Gegen den Bescheid des LFA. ist Beschwerde an den RFM. gegeben, der endgültig entscheidet.

§ 18.

Die Steuer wird nicht erhoben, wenn der gemeine Wert des Grundstücks oder der nach den §§ 12 bis 14 an seine Stelle tretende Betrag fünfzig Goldmark nicht überschreitet.

§ 19.

Die Steuer erhöht sich um zwei vom Hundert, wenn ein Teil eines Grundstücks, das eine wirtschaftliche Einheit bildet, innerhalb dreier Jahre, von dem Zeitpunkt der in den §§ 4, 5 und 6 bezeichneten Rechtsvorgänge an gerechnet, auf Grund planmäßigen Vorgehens, das gewerbsmäßig auf völlige oder teilweise Zerschlagung der wirtschaftlichen Einheit gerichtet ist, weiterveräußert wird; der erste Erwerber des weiterveräußerten Teiles erhält auf seinen Antrag den Unterschied zwischen der erhöhten Steuer und dem Steuersatze nach § 17 vergütet, wenn er das Teilgrundstück zur Begründung oder Abrundung einer selbständigen Ackernahrung oder zur Kleinsiedlung verwendet. Der Antrag ist innerhalb dreier Jahre nach dem Erwerbe bei der Oberbehörde zu stellen; gegen den ablehnenden Bescheid ist nur die Verwaltungsbeschwerde gegeben.

1. Die Erhöhung der Steuer bei Parzellierungen soll den Güterschlächtern auf dem Lande und der Spekulation der städtischen Terraingesellschaften entgegenwirken. Zu diesem Zweck ist vorgeschrieben, daß die Weiterveräußerung von Grundstücksteilen (vgl. Boethke DStBl. 1922, 450) unter den nachfolgenden Voraussetzungen mit einer erhöhten Steuer von 5 % belegt wird.

a) Der Erwerb oder das Veräußerungsgeschäft muß einen Teil eines eine wirtschaftliche Einheit bildenden Grundstücks zum Gegenstande haben. Bei der Entscheidung der Frage, ob eine wirtschaftliche Einheit gegeben ist, ist auf die Verkehrsanschauung Rücksicht zu nehmen; die örtliche Gewohnheit, die tatsächliche Übung sowie die Zweckbestimmung und wirtschaftliche Zusammengehörigkeit oder Abhängigkeit der einzelnen Grundstücke sind zu berücksichtigen. Es ist nicht erforderlich, daß die Grundstücke räumlich zusammenhängen oder gleichzeitig erworben sind. Auch ein größeres nicht bebautes und nicht bewirtschaftetes Baugelände kann eine wirtschaftliche Einheit bilden.

b) Die Veräußerung dieses Teiles muß auf Grund planmäßigen Vorgehens, das gewerbsmäßig auf völlige oder teilweise Parzellierung dieser wirtschaftlichen Einheit gerichtet ist, erfolgt sein. Die einmalige Veräußerung eines Trennstücks genügt also nicht, wenn eine plan- und gewerbsmäßige Parzellierung nicht beabsichtigt ist. Das planmäßige Vorgehen muß auf Zerteilung des eine wirtschaftliche Einheit bildenden Grundbesitzes in der Weise gerichtet sein, daß entweder der ganze Grundbesitz in einzelnen Teilen in andere Hände übergeht, oder daß dem früheren Eigentümer nur ein Rest verbleibt, der nicht mehr denselben wirtschaftlichen Charakter trägt wie der frühere Gesamtbesitz. Gewerbsmäßigkeit setzt die Absicht voraus, aus der fortgesetzten Parzellierung von Grundstücken eine dauernde Einnahmequelle zu machen.

c) Innerhalb der letzten 3 Jahre vor der Teilveräußerung muß das eine wirtschaftliche Einheit bildende Grundstück Gegenstand eines gemäß §§ 4, 5 oder 6 steuerpflichtigen Rechtsvorgangs gewesen sein. Es genügt, daß der Rechtsvorgang an sich zu den nach §§ 4—6 steuerpflichtigen gehört; ob der einzelne Fall aus besonderen Gründen, z. B. nach § 8 Nr. 4, steuerfrei bleibt, ist unerheblich. Die übrigen Voraussetzungen der Steuerpflicht bleiben unverändert.

2. Eine Erstattung des Unterschieds zwischen der erhöhten Steuer und dem allgemeinen Steuersatze ist zugunsten des ersten Erwerbers des weiterveräußerten Grundstücksteils vorgesehen, wenn dieser das erworbene Grundstück zur Begründung oder Abrundung einer selbständigen Ackernahrung oder zur Kleinsiedlung verwendet. Dadurch soll ein solcher Erwerber von der durch die erhöhte Steuer bewirkten Verteuerung des Kaufpreises wieder entlastet werden. Unter einer selbständigen Ackernahrung ist ein landwirtschaftlich genutztes Grundstück zu verstehen, das vom Eigentümer bewohnt und bewirtschaftet wird, und zwar im wesentlichen ohne Heranziehung fremder Arbeitskräfte, und dessen Ertrag die Bedürfnisse des Eigentümers deckt, ohne sie wesentlich zu übersteigen (vgl. Boethke DStBl. 1921, 319).

§ 20.

Zur Entrichtung der Steuer sind der Erwerber und der Veräußerer gesamtschuldnerisch verpflichtet. Beim Erwerb im Zwangsversteigerungs- oder im Enteignungsverfahren kann die Steuer von demjenigen, gegen den sich das Verfahren richtete, nicht gefordert werden.

Im Falle des § 10 Nr. 1 ist die Steuer von dem Inhaber des gebundenen Grundstücks, im Falle des § 10 Nr. 2 von dem Eigentümer des Grundstücks zu entrichten.

Der Inhaber des gebundenen Grundbesitzes ist mit Genehmigung der Aufsichtsbehörde befugt, den Betrag der Abgabe aus dem gebundenen Vermögen zu entnehmen und zu diesem Zwecke über die zu dem Vermögen gehörenden Gegenstände zu verfügen. Hierdurch wird die Befugnis des Inhabers nicht berührt, auf Grund solcher gesetzlicher, hausgesetzlicher oder stiftungsmäßiger Vorschriften, welche die Verfügung unter anderen Voraussetzungen zulassen, über das gebundene Vermögen zu verfügen. Fehlt eine Aufsichtsbehörde oder ist es ungewiß, welche Behörde zur Aufsicht berufen ist, so gilt als Aufsichtsbehörde im Sinne dieser Vorschrift das Oberlandesgericht, in dessen Bezirk das gebundene Vermögen sich seinem Hauptbestande nach befindet. Ist die Genehmigung von einem Oberlandesgericht erteilt, so kann nicht geltend gemacht werden, daß das Oberlandesgericht für die Genehmigung nicht zuständig gewesen sei. Die Landeszentralbehörde kann bestimmen, daß an Stelle des Oberlandesgerichts eine andere Behörde tritt.

Subjektive Steuerpflicht.

1. Schuldner der Grunderwerbsteuer gegenüber dem Fiskus sind grundsätzlich Erwerber und Veräußerer als Gesamtschuldner; die Steuerbehörde kann also nach Belieben den einen oder den anderen in Anspruch nehmen, und bis zur Bewirkung der ganzen Leistung bleiben sämtliche Schuldner verpflichtet (§ 421 BGB.). Die Erfüllung durch einen Gesamtschuldner wirkt auch für die übrigen Schuldner (§ 422 BGB.), die dadurch befreit werden; dieser Grundsatz gilt auch bei teilweiser Leistung durch einen Gesamtschuldner, soweit ihr Umfang reicht, so daß, wenn einer der Gesamtschuldner vor der Heranziehung des anderen Zahlungen auf die Steuerschuld geleistet hat, der andere Gesamtschuldner nur noch wegen des Restes in Anspruch genommen werden kann (OVG. 73, 144). An dieser Gesamthaftung des Veräußerers und des Erwerbers ändern Vertragsabmachungen der Beteiligten, wonach einer von ihnen die ganze Steuer übernimmt, nichts; sie wirken nur unter den Beteiligten. In den Fällen des § 5 ist als Veräußerer derjenige, der sich schuldrechtlich zur Übertragung des Eigentums verpflichtet hat, anzusehen, als Erwerber derjenige, dem gegenüber diese Verpflichtung eingegangen ist (vgl. § 5

A. 1 A). Sind auf der Seite des Veräußerers oder der des Erwerbers mehrere Personen in der Weise beteiligt, daß sie als Miteigentümer nach Bruchteilen ihre Miteigentumsanteile veräußern oder erwerben, so haftet jeder nur für den auf seinen Miteigentumsanteil entfallenden Steuerbetrag, denn nur insoweit ist jeder Veräußerer oder Erwerber (OVG. 6. 7. 00 und 8. 4. 02 VerwBl. 24, 777 Nr. 66; 10. 10. 05 VerwBl. 28, 686 Nr. 181; RFH. 7. 3. 22 (8, 282). Sind dagegen mehrere als Miteigentümer zur gesamten Hand (vgl. § 1 A. 1 A) beteiligt, so haften sie für den vollen Steuerbetrag als Gesamtschuldner.

Handelt der Veräußerer oder Erwerber als gesetzlicher Vertreter einer juristischen Person oder einer geschäftsunfähigen oder in der Geschäftsfähigkeit beschränkten Person oder als Verwalter fremden Vermögens, z. B. als Testamentsvollstrecker oder Konkursverwalter, so beschränkt sich seine Verpflichtung darauf, dafür zu sorgen, daß die Steuerschuld aus den Mitteln des eigentlichen Schuldners, die seiner Verfügung unterliegen, berichtigt wird (§§ 84, 85 RAbgO.). Diese Beschränkung der Haftung ist im Steuerbescheid zum Ausdruck zu bringen RFH. 24. 3. 21 (5, 160). Sind zwei oder mehr Testamentsvollstrecker vorhanden, so kann die Steuerbehörde ohne Rücksicht auf § 2224 BGB. den einen oder den anderen der Testamentsvollstrecker in Anspruch nehmen RFH. 17. 12. 24 (15, 146). Eine persönliche Haftung der gesetzlichen Vertreter und Vermögensverwalter tritt erst beim Hinzutritt weiterer Umstände ein, nämlich wenn durch schuldhafte Verletzung der den Vertretern oder Verwaltern auferlegten Pflichten Steueransprüche verkürzt oder Erstattungen oder Vergütungen zu Unrecht gewährt worden sind (§ 90 Abs. 1 RAbgO.). Handelt es sich um die Veräußerung eines Grundstücks, das zum eingebrachten Gut einer im gesetzlichen Güterrecht des BGB. lebenden Ehefrau gehört, so haftet nur die Ehefrau, nicht auch der Ehemann für die Steuer, da die Grunderwerbsteuer zu den außerordentlichen Lasten zu rechnen ist, die als auf den Stammwert des eingebrachten Gutes gelegt anzusehen sind (§§ 1385 Nr. 1, 1388 BGB.). Bei der Zwangsversteigerung ist der Subhastat, bei der Enteignung der Expropriierte nicht steuerpflichtig, vielmehr bei der Zwangsversteigerung, soweit es sich um die durch den Zuschlag begründete Steuerpflicht handelt, nur der Ersteher, bei der Enteignung der Erwerber des enteigneten Grundstücks.

Ist nach Entstehung der Steuerschuld über das Vermögen eines Steuerschuldners Konkurs eröffnet worden, so kann der Steuergläubiger, wenn er sich am Konkursverfahren beteiligen will, seine Steuerforderung als Konkursforderung anmelden mit dem Vorrecht des § 61 Nr. 2 KO. In dieser Anmeldung liegt, falls nicht vorher schon ein Steuerbescheid erlassen ist, eine Steueranforderung im Sinne des § 220 Abs. 1 RAbgO. Die den Steuerbescheid enthaltende Anmeldung kann im Anfechtungsverfahren (§§ 217, 219 RAbgO.) von dem Konkursverwalter angefochten werden. Soweit es sich um Grund und Betrag handelt, entscheiden die Steuerbehörden über den Steueranspruch. Eine Inanspruchnahme des Konkursverwalters, aus der hervorgeht, daß der Steuergläubiger aus der Konkursmasse Zahlung verlangt, ist unzulässig RFH. 22. 6. 25 (16, 322), 23. 9. 25 (17, 185), 2. 12. 25 (18, 85).

2. Für die Ausgleichung unter den Beteiligten sind in erster Linie die zwischen ihnen getroffenen Vereinbarungen maßgebend. Aus § 449 BGB., wonach der Käufer die Kosten der Eintragung und Auflassung zu tragen hat, ist nicht etwa zu folgern, daß in Ermangelung ausdrücklicher Vereinbarung der Erwerber im Verhältnis der Beteiligten zueinander die Steuer zu tragen habe, denn die Grunderwerbsteuer ist nicht zu den Kosten der Auflassung und Eintragung zu rechnen (RGZ. 75, 208). Ist nichts vereinbart und auch aus dem zwischen den Beteiligten bestehenden Rechtsverhältnis, z. B. einem Auftragsverhältnis, nichts anderes zu entnehmen, so sind die Gesamtschuldner im Verhältnis zueinander zu gleichen Teilen verpflichtet (§ 426 BGB.; OVG. 73, 14). Diese Verpflichtung bezieht sich nicht bloß auf die nach Zahlung der Steuer nötige Ausgleichung, sondern hat die Bedeutung, daß jeder Gesamtschuldner dem anderen gegenüber verpflichtet ist, seinem Anteil entsprechend zur Befriedigung

des Fiskus mitzuwirken (RGZ. 79, 290). Die Verfolgung der Ausgleichungsansprüche unter den Beteiligten geschieht im ordentlichen Rechtswege.

3. Steuerschuldner bei Besteuerung der toten Hand. Bei Fideikommissen und sonstigen gebundenen Grundstücken ist der Inhaber Steuerschuldner. Der Fideikommißinhaber kann die Steuer aus dem gebundenen Vermögen entnehmen und zwecks Flüssigmachung der Steuer über das gebundene Vermögen verfügen; er bedarf jedoch hierzu der Genehmigung der Aufsichtsbehörde, sofern er nicht nach gesetzlicher, hausgesetzlicher oder stiftungsmäßiger Bestimmung auch ohne solche über das gebundene Vermögen verfügen darf.

Bei Personenvereinigungen, Anstalten und Stiftungen ist der Grundstückseigentümer Steuerschuldner.

§ 21.

Kriegsbeschädigte und Hinterbliebene von Kriegsteilnehmern, die bei Abfindung ihrer militärischen Bezüge auf Grund des Kapitalabfindungsgesetzes Grundstücke erwerben, sind nach näherer Bestimmung des Reichsrats von der Steuer befreit. Bei der Beteiligung dieser Personen ermäßigen sich die in den §§ 17 und 19 genannten Steuersätze im Verhältnis ihrer Beteiligung.

Die Steuer wird nicht erhoben bei dem Übergange von Eigentum gelegentlich der Übernahme einer Körperschaft des öffentlichen Rechtes durch eine andere oder der Grenzveränderungen unter solchen Körperschaften sowie gelegentlich der Auseinandersetzung zwischen Ländern und Kirchen.

Von der Steuer des § 10 sind befreit:

1. das Reich, die Länder, die Gemeinden und Gemeideverbände;
2. deutsche Kirchen und andere mit Rechtspersönlichkeit ausgestattete, in einem Lande öffentlich zugelassene

Religionsgesellschaften sowie Anstalten, Stiftungen und Personenvereinigungen, die ausschließlich kirchlichen, Unterrichts-, gemeinnützigen oder milden Zwecken dienen. Das gleiche gilt für Anstalten, Einrichtungen und Vermögensmassen der freien Wohlfahrtspflege, die der Erfüllung von Aufgaben der öffentlichen Wohlfahrtspflege dienen; ferner für Träger der Reichsversicherung und an ihre Stelle tretende Ersatzkassen, Krankenkassen der selbständigen Handwerker sowie Vereinigungen von Trägern der Reichsversicherung bei der Erfüllung ihrer gesetzlichen oder satzungsmäßigen Aufgaben.

Im Falle der Nr. 2 beschränkt sich die Befreiung auf diejenigen Grundstücke, die unmittelbar zu den daselbst bezeichneten Zwecken bestimmt sind; bei den Personenvereinigungen setzt die Befreiung außerdem voraus, daß der Reingewinn satzungsgemäß auf eine Verzinsung von höchstens fünf vom Hundert der Kapitaleinlagen beschränkt, bei Auslosungen, Ausscheiden eines Mitglieds oder für den Fall der Auflösung der Personenvereinigung nicht mehr als der Nennwert zugesichert und bei der Auflösung der etwaige Rest des Vermögens für Zwecke der genannten Art bestimmt ist.

1. Befreit von der Grunderwerbsteuer sind **Kriegsbeschädigte und Hinterbliebene von Kriegsteilnehmern**, wenn auf Grund des Kapitalabfindungsgesetzes eine Kapitalabfindung gewählt und für diese ein Grundstück erworben wird. Der Reichsrat hat folgende, mit Wirkung vom 1. 10. 19 in Kraft getretene Bestimmungen über die Befreiung Kriegsbeschädigter und Hinterbliebener von Kriegsbeschädigten die Zustimmung erteilt (RFM. v. 29. 6. 23 RMBl. 644): „§ 1. Wenn Kriegsbeschädigte oder Hinterbliebene von Kriegsteilnehmern mit Hilfe bewilligter Kapitalabfindung Grundstücke erwerben, wird die GrErwSt. nur insoweit erhoben, als der gemeine Wert oder der nach § 12 GrErwStG.

an seine Stelle tretende Veräußerungspreis des erworbenen Grundstücks den fünfzehnfachen Betrag der Kapitalabfindung übersteigt. § 2. Sind neben den nach § 1 begünstigten Personen noch andere Personen als Miterwerber beteiligt, so ermäßigen sich die in den §§ 17 und 19 GrErwStG. genannten Steuersätze im Verhältnis der Beteiligung der begünstigten Personen.

Der Kriegsbeschädigte und seine miterwerbende Ehefrau gelten im Sinne der Befreiungsvorschrift des § 21 Abs. 1 als ein Erwerber.

§ 3. Die Steuerbefreiung ist eine sachliche. Sie tritt auch dann ein, wenn die Kapitalabfindung nachträglich zur Abtragung des Kaufpreises für ein bereits erworbenes Grundstück gewährt und verwendet wird. War die Steuer bereits entrichtet, so ist sie auf Antrag zu erstatten."

Da die Steuerbefreiung für eine sachliche erklärt ist, hat nicht etwa der Veräußerer die Hälfte der Steuer zu entrichten, sondern bleibt steuerfrei.

2. Grundsätzlich sind auch Reich, Länder und Gemeinden sowie sonstige öffentliche Verbände beim Eigentumswechsel steuerpflichtig; nur wenn bei der Übernahme einer Körperschaft des öffentlichen Rechts durch eine andere (z. B. bei Eingemeindungen), bei Grenzveränderungen unter solchen Körperschaften oder gelegentlich der Auseinandersetzung zwischen Ländern und Kirchen Eigentum übergeht, wird keine Steuer erhoben. Die Steuer wird auch dann nicht erhoben, wenn aus einer Kirchengemeinde eine Tochtergemeinde ausgegrenzt und dieser hierbei Grundeigentum von der Muttergemeinde übertragen wird; denn der Grundgedanke des Gesetzes ist der, daß bei fortdauernder Zweckbestimmung des einem bestimmten öffentlichen Zwecke dienenden Grundstücks der formale Wechsel in der Person des Trägers der Zweckbestimmung keine Steuerpflicht auslösen soll RFH. 7. 3. 22 (8, 265). Unter den Begriff „Auseinandersetzung zwischen Ländern und Kirchen" fallen auch Auseinandersetzungen, bei denen nicht das Land selbst beteiligt ist, sondern öffentlich-rechtliche Unterverbände

des Landes, sofern sie, wie die Schulverbände, Aufgaben des Landes wahrnehmen RFH. 27. 1. 26 (18, 154).

3. Für die **Besteuerung der toten Hand** gelten besondere Befreiungen.

A. Schlechthin befreit sind Reich, Länder, Gemeinden und Gemeindeverbände wegen aller ihnen gehöriger Grundstücke.

B. I. Hinsichtlich bestimmter Grundstücke sind befreit:

a) Die deutschen Kirchen. Deutsche Kirchen sind die nach dem Rechte der einzelnen Länder mit Rechtspersönlichkeit ausgestatteten Landeskirchen. In Preußen sind dies die katholische Kirche einschließlich der altkatholischen Kirchengemeinden, die unierte evangelische Landeskirche der älteren Provinzen und die evangelische Landeskirche der im Jahre 1866 erworbenen Provinzen. Unter Kirchen sind nicht nur die örtlichen Kirchengemeinden, sondern auch die Verbände solcher Gemeinden, z. B. die Kreissynodalverbände, und ferner diejenigen Organe und Einrichtungen zu begreifen, die notwendige Bestandteile der Kirche und zugleich selbständige Träger rein kirchlichen, d. h. lediglich kirchlichen Zwecken gewidmeten, Vermögens sind, z. B. die bischöflichen und erzbischöflichen Stühle (vgl. RGZ. 38, 324), ein zur Unterhaltung einer dem öffentlichen Gebrauch gewidmeten Kapelle bestimmter Kapellenfonds; dagegen fallen nicht darunter die geistlichen Orden, da diese nicht notwendige Bestandteile der Kirche sind. Auf geistliche Orden findet die Befreiungsvorschrift nur dann Anwendung, wenn sie Korporationsrechte haben und ausschließlich einem kirchlichen, Unterrichts- oder milden Zwecke dienen. Die Bischöfe genießen für ihre Person keine Steuerfreiheit.

b) Mit Rechtspersönlichkeit ausgestattete, in einem Land öffentlich zugelassene Religionsgesellschaften. Religionsgesellschaften sind erlaubte Vereinigungen zu gemeinsamer häuslicher oder öffentlicher Religionsübung. In Preußen kommen als mit Rechtspersönlichkeit ausgestattete öffentlich zugelassene Religionsgesellschaften in Betracht: die von der Gemeinschaft der evangelischen Landeskirche sich getrennt haltenden Lutheraner (Generalkonzession vom 23. Juli 1845 GS. S. 516) und die reformierte niederländische Konfession (Generalkonzession vom 24. 11. 1849 MBl. 1854 S. 7), die Herrenhuter und böhmischen Brüder (Generalkonzession vom 7. 5. 1746 und 18. 7. 1763).

c) Anstalten und Stiftungen, die ausschließlich einem kirchlichen, Unterrichts-, gemeinnützigen oder milden Zwecke dienen, sowie Personenvereinigungen, die gleichfalls einem solchen Zwecke dienen und den Reingewinn satzungsgemäß auf höchstens den um 1 verminderten Reichsbankdiskontsatz vom Goldwert, den der eingezahlte Betrag hat, beschränken, ausscheidenden Mitgliedern und den Mitgliedern im Falle der Auflösung nicht mehr als den Goldwert des eingezahlten Betrags zusichern und den Vermögensrest für die oben bezeichneten Zwecke bestimmten (Art. XIX § 1 der zweiten Steuernotverordnung v. 19. 12. 23 und V. über Steuerbefreiungen von gemeinnützigen und gleichgestellten Personenvereinigungen).

Der Begriff des kirchlichen Zwecks ist im Sinne von gottesdienstlichem Zweck gebraucht, so daß die Befreiung auch kleineren Religionsgemeinschaften zugute kommt, die weder öffentlich zugelassen, noch juristische Personen sind (KommBer. S. 9).

Der Begriff der Gemeinnützigkeit ist von dem Regierungsvertreter im Ausschuß der Nationalversammlung wie folgt erläutert worden (KommBer. S. 9): „Gemeinnützig sei, was dem Wohle der Allgemeinheit diene. Es komme also einmal darauf an, daß die Leistungen der betreffenden Gesellschaft der Allgemeinheit zugute kommen. Allgemeinheit sei die ganze Bevölkerung oder ein größerer irgendwie umgrenzter Teil von ihr, z. B. die Angehörigen einer bestimmten Volksklasse. Dann müsse es sich um die Pflege des Wohles dieser Allgemeinheit handeln, dabei komme nur ein Bedürfnis in Betracht, dessen Befriedigung nach verständiger Würdigung als allgemein nützlich anzusehen sei, ohne daß es sich gerade nur um des Lebens Notdurft zu handeln brauche. Endlich müßten die Leistungen der Gesellschaft den Bedachten, wenn auch nicht notwendig unentgeltlich, so doch für einen Preis, der keinen vollen Ausgleich des gebotenen Nutzens darstelle, zugute kommen."

Unter milden Zwecken sind solche zu verstehen, welche darauf gerichtet sind, hilfsbedürftigen Personen durch unentgeltliche Zuwendungen Unterstützungen zu gewähren, also der Not zu steuern.

d) Durch G. v. 10. 8. 25 (RGBl. 241) ist die Befreiung ausgedehnt auf Anstalten, Einrichtungen und Vermögensmassen der freien Wohlfahrtspflege, sofern sie der Erfüllung von Aufgaben der öffentlichen Wohlfahrtspflege dienen; ferner auf Träger der Reichsversicherung und an ihre Stelle tretende Ersatzkassen, Krankenkassen der selbständigen Handwerker sowie Vereinigungen von Trägern der Reichsversicherung, soweit es sich um Erfüllung ihrer gesetzlichen oder satzungsmäßigen Aufgaben handelt.

II. Die Befreiung beschränkt sich auf die zu einem kirchlichen, Unterrichts-, gemeinnützigen oder milden Zwecke unmittelbar bestimmten Grundstücke. Die Bestimmung muß bereits in der tatsächlichen Benutzung des Grundstücks ihren Ausdruck finden; es genügt nicht, daß die Benutzung des Grundstücks für einen der bezeichneten Zwecke erst in Aussicht genommen ist. Bei der Frage, ob eine unmittelbare Bestimmung zu den erwähnten Zwecken vorliegt, ist die Hauptbestimmung entscheidend; eine etwa noch nebenbei stattfindende anderweitige Benutzung ist unerheblich (OVG. 3, 24; 38, 163). Als zu einem kirchlichen oder Unterrichtszwecke bestimmt sind insbesondere anzusehen: die Kirchengebäude, Friedhöfe, pfarramtliche Dienstgebäude, Unterrichtsanstalten; dagegen fallen nicht darunter die Dienstwohnungen der Beamten, Pfarräcker, Universitätsgüter und ähnliche wirtschaftlich genutzte Grundstücke. Hinsichtlich der Bestimmung zu einem gemeinnützigen oder milden Zwecke vgl. die Erläuterungen zu I c. Soweit nur ein Teil eines Grundstücks einem die Steuerfreiheit begründenden Zwecke dient, kann für diesen Teil Befreiung von der Steuer verlangt werden (KommBer. S. 9).

§ 22.

Die Oberbehörde soll die Steuer auf Antrag bei Grundstückserwerbungen durch milde Stiftungen erlassen, wenn das zu erwerbende Grundstück den Stiftungszwecken unmittelbar dient und die Vermögensverhältnisse der Stiftung den Erlaß rechtfertigen.

1. Die Bestimmung ist vom Ausschuß der Nationalversammlung beschlossen (KommBer. S. 5). Unter milden Stiftungen werden in Preußen nach ständiger Rechtsprechung und Verwaltungsübung solche verstanden, bei welchen der Hauptzweck darauf gerichtet ist, hilfsbedürftigen Personen durch unentgeltliche Zuwendungen Unterstützungen zu gewähren, also der Not zu steuern (vgl. RG. 4. 10. 12 JMBl. 1913 S. 153). Auf Grundstücksveräußerungen durch milde Stiftungen ist diese Bestimmung nicht auszudehnen. Sie ist aber nicht zu beschränken auf eigentliche Stiftungen; auch sonstige privatrechtliche juristische Personen, z. B. Vereine, fallen darunter, sofern sie die Merkmale der milden Stiftung zeigen.

§ 23.

Die Steuerstelle hat die Steuer auf Antrag zu erlassen oder zu erstatten

a) im Falle der Steuerpflicht nach § 1:

1. bei Nichtigkeit der Auflassung oder des sonstigen den Eigentumserwerb begründenden Rechtsvorganges,
2. bei Rückerwerb des Eigentums infolge Nichterfüllung der Vertragsbedingungen des Veräußerungsgeschäfts,
3. bei Rückerwerb des Eigentums innerhalb zweier Jahre seit der Veräußerung,
4. bei Preisminderung nach den §§ 459, 460 des Bürgerlichen Gesetzbuchs, soweit sie eine Ermäßigung der Steuer zur Folgen haben würde;

b) im Falle der Steuerpflicht nach § 5:

1. bei Nichtigkeit des Rechtsgeschäfts,
2. bei Aufhebung des Rechtsgeschäfts durch Vereinbarung oder infolge Ausübung eines vorbehaltenen Rücktrittsrechts,

3. wenn die Veräußerung infolge Nichterfüllung der Vertragsbedingungen rückgängig gemacht wird,
4. wenn der Antrag zur Schließung eines Veräußerungsgeschäfts sowie der nur den Veräußerer bindende Vertrag über Schließung eines Veräußerungsgeschäfts (§ 5 Abs. 4 Ziffer 2) fortgefallen ist, ohne daß das Veräußerungsgeschäft zustande gekommen ist,
5. bei Preisminderung nach den §§ 459, 460 des Bürgerlichen Gesetzbuchs, soweit sie eine Ermäßigung der Steuer zur Folge haben würde.

Der Antrag muß innerhalb eines Jahres vom Tage der Entrichtung oder Beitreibung der Steuer ab gestellt werden. Wird er auf Tatsachen gestützt, die erst nach der Entrichtung oder Beitreibung eingetreten sind, so beginnt die Frist seit dem Tage, an dem der Antragsteller von diesen Tatsachen Kenntnis erhalten hat.

Steuererlaß und -erstattung.

1. Allgemeines. Der Paragraph regelt die Fälle, in denen der Steuerpflichtige von der Zahlung einer noch nicht erhobenen Abgabe befreit (Erlaß) oder ein bereits erhobener Abgabebetrag zurückerstattet werden muß (Erstattung). Nach seinem Wortlaut hat er nur die §§ 1 und 5 im Sinne; unzweifelhaft fällt aber auch § 2 unter ihn. Man wird auch anzunehmen haben, daß auf die Fälle des § 3 die Vergünstigung des § 23 anwendbar ist, da kein Grund ersichtlich ist, diese Fälle steuerlich ungünstiger zu behandeln RFH. 10. 10. 22 (10, 264). Selbstverständlich genügt Rückübertragung eines Teiles der veräußerten Geschäftsanteile nicht zur Anwendung des § 23a, da solche Rückübertragung nicht zur Folge hat, daß ein Teil des Grundbesitzes der Gesellschaft als zurückübertragen gilt, vielmehr müssen die veräußerten Geschäftsanteile in vollem Umfange zurückerworben werden, sei es gleichzeitig, sei es in Teilbeträgen RFH. a. a. O. Ebenso ist Erlaß oder

Erstattung der Steuer auch in den Fällen der §§ 6—7 möglich RFH. 6. 6. 22 (9, 278).

Stets ist Voraussetzung ein Antrag, der an das FA. zu richten ist. Der Antrag kann auch im Rechtsmittelverfahren gestellt werden und ist dann in diesem zu erledigen, soweit es die Verfahrensvorschriften nicht ausschließen RFH. 25 11. 21 (7, 270). Antragsberechtigt ist der Steuerpflichtige bzw. derjenige, der die Steuer bezahlt hat, sowie sein Erbe. Der Antrag auf Erstattung ist nur innerhalb eines Jahres seit der Entrichtung oder Beitreibung oder, wenn er auf später eingetretene Tatsachen sich stützt, seit Erlangung der Kenntnis dieser Tatsachen zulässig. Gegen die gänzliche oder teilweise Ablehnung eines Erstattungsantrags finden die gleichen Rechtsmittel statt wie gegen den Steuerbescheid (vgl. § 29).

Über sonstige Anträge auf Erstattung zu Unrecht gezahlter Grunderwerbsteuer entscheidet das Finanzamt; soweit nicht die Steuer infolge eines offenbaren Versehens zu Unrecht gezahlt ist, bedarf es zur Erstattung der Zustimmung des Landesfinanzamts. Eine Erstattung der Grunderwerbsteuer hat auch von Amts wegen zu erfolgen, wenn die Steuer infolge eines offenbaren Versehens zu Unrecht gezahlt ist und die Überhebung mindestens 5 M. beträgt (AB. § 17).

Über das Verfahren des Finanzamts bei Erlaß oder Erstattung vgl. AB. § 18.

2. Fälle des Erlasses und der Erstattung:

I. Bei Eintritt der Steuerpflicht infolge dinglichen Rechtserwerbs gemäß § 1.

a) Wenn die Auflassung oder der sonstige den Eigentumserwerb begründende Rechtsvorgang (vgl. § 3 A. 1) nichtig ist, mag die Nichtigkeit kraft Gesetzes oder infolge einer Anfechtung gemäß § 142 BGB. eingetreten sein, so liegt ein steuerpflichtiger Rechtsvorgang überhaupt nicht vor; die trotzdem erhobene Steuer ist also zu Unrecht erhoben. Die Nichtigkeit des obligatorischen Veräußerungsgeschäfts hat nicht ohne weiteres die Nichtigkeit der

Auflassung zur Folge, vielmehr begründet sie nur einen Anspruch des Veräußerers auf Rückübertragung des Eigentums.

b) Rückerwerb. Den Vorschriften in § 23a Nr. 2 und 3 liegt der Gedanke zugrunde, daß, wenn unter den näher angegebenen Voraussetzungen die früheren Rechtsverhältnisse wiederhergestellt werden, auch vom steuerrechtlichen Standpunkt aus die Sachlage so beurteilt werden soll als wäre eine Rechtsänderung niemals eingetreten. Im Falle des Rückerwerbes des Eigentums soll also sowohl der erste Eigentumswechsel, für den die Steuer bereits bezahlt ist, wie auch der zweite, durch den der frühere Eigentümer wieder Eigentümer wird, steuerfrei sein (Begr. S. 25; RFH. 10. 1. 22 (8, 90).

Ein Rückerwerb des Eigentums liegt vor, wenn der Veräußerer oder sein Erbe (RFH. 24. 4. 23 — 12, 85) das Eigentum wiedererwirbt. Bei einer Mehrheit von Erben müssen sämtliche Erben am Rückerwerb beteiligt sein, denn die Persönlichkeit des Erblassers kann nur in der Gesamtheit der Erben fortgesetzt werden. Steuerfreiheit ist nur dann zu gewähren, wenn das Eigentum von dem ersten Erwerber oder seinem allgemeinen Rechtsnachfolger (Erben) unmittelbar auf den ursprünglichen Eigentümer zurückgeht RFH. 28. 9. 23 (12, 325). Indessen ist die Vorschrift nach ihrem Zweck und ihrer wirtschaftlichen Bedeutung auch dann anwendbar, wenn der Erwerber nicht an den ursprünglichen Eigentümer, sondern in dessen Auftrag an einen Dritten rückaufläßt; in einem solchen Fall ist lediglich der Eigentumsübergang vom ursprünglichen Grundstückseigentümer auf den Dritten steuerpflichtig, der rückgängig gemachte Eigentumserwerb des ersten Käufers nach dem Willen des Gesetzgebers aber steuerfrei RFH. 12. 12. 22 (11, 73). Ein Rückerwerb des Eigentums im Sinne des § 23 liegt nicht vor, wenn der ursprüngliche Grundstückseigentümer alle Geschäftsanteile einer Gesellschaft, der er das Grundstück übereignet hat, in seiner Hand vereinigt und dadurch in die Lage versetzt ist, wirtschaftlich über das Grundstück zu verfügen RFH. 10. 1. 22 (8, 89). Ob der Rückerwerb durch rechtsgeschäftliche Rückübertragung oder durch Zuschlag im Zwangsversteigerungsverfahren erfolgt, ist unerheblich. Ebenso steht der Umstand, daß das Grundstück zwischen der Veräußerung und dem Wiedererwerb bebaut worden ist, der Anwendung der Bestimmung nicht entgegen. Auch die Rückübertragung eines Grundstücksteiles begründet Steuerfreiheit zu einem entsprechenden Teile (vgl. OVG. 8. 1. 15 AmtlMitt. 394 bezüglich der Zuwachssteuer).

Ist die Ursache des Rückerwerbs Nichterfüllung der Vertragsbestimmungen des Veräußerungsgeschäfts, so ist es unerheblich, welcher Zeitraum seit der Veräußerung verstrichen ist. Als Rückerwerb infolge Nichterfüllung der Vertragsbestimmungen ist auch der Rückerwerb anzusehen, der erfolgt wegen Eintritts einer auflösenden Bedingung des der Auflassung zugrunde liegenden obligatorischen Veräußerungsgeschäfts oder eines bei seiner Eingehung vereinbarten Endtermins. Voraussetzung ist, daß der Rückerwerb des Eigentums auf einem dem Veräußerer wegen Nichterfüllung von Vertragsbestimmungen des Veräußerungsgeschäfts gesetzlich oder vertragsmäßig zustehenden Rechte beruht; es genügt also nicht, daß der Erwerber die Vertragsbestimmungen (z. B. die Zahlung der Hypothekenzinsen) tatsächlich nicht erfüllt und die Betragparteien den Rückerwerb sodann vereinbaren, um die Einleitung des Zwangsversteigerungsverfahrens und den dann mit Sicherheit vorauszusehenden Zuschlag an den Veräußerer zu vermeiden RFH. (Gutachten) 15. 2. 24 (13, 180).

Liegen andere Ursachen des Rückerwerbs vor, so begründet nur ein Rückerwerb innerhalb zweier Jahre seit der Veräußerung den Anspruch auf die Vergünstigung des Paragraphen. Maßgebend für den Beginn dieser Frist ist der Übergang des Eigentums.

c) Eine Preisminderung kann nach §§ 459, 460 BGB. verlangt werden wegen Mängel des Grundstücks, die seinen Wert oder die Tauglichkeit zu dem gewöhnlichen oder dem nach dem Vertrage vorausgesetzten Gebrauch aufheben oder mindern, oder wegen Fehlens der zugesicherten Eigenschaften. Erlaß oder Erstattung desjenigen Steuerbetrags kann verlangt werden, der der Minderung entspricht.

II. Bei Besteuerung des obligatorischen Veräußerungsgeschäfts gemäß § 5.

a) Hinsichtlich der Nichtigkeit des Rechtsgeschäfts gilt das zu Ia Bemerkte entsprechend.

Zur Begründung der Steuerpflicht genügt es, daß ein öffentlich beurkundeter Grundstücksveräußerungsvertrag vorliegt; dem Steuerpflichtigen bleibt es überlassen, Erlaß oder Erstattung der Steuer nachzusuchen, weil der Vertrag von vornherein oder infolge Anfechtung nichtig sei. Ist aber der Grundstücksveräußerungsvertrag nicht öffentlich beurkundet, so tritt, solange nicht Heilung der sich aus der Beurkundung selbst ergebenden Nichtigkeit gemäß § 313 BGB. erfolgt ist, keine Steuerpflicht ein (vgl. § 5 A. 1 A).

b) Aufhebung des Rechtsgeschäfts durch freiwillige Parteivereinbarung oder durch Ausübung der einer Partei vorbehaltenen Rücktrittsrechts begründet den Anspruch auf die Vergünstigung ebenso wie die Rückgängigmachung des Rechtsgeschäfts infolge Nichterfüllung der Vertragsbestimmungen, insbesondere infolge der Wandlung gemäß §§ 462, 467 BGB. Nicht erwähnt im Gesetz ist die Aufhebung eines Veräußerungsgeschäfts infolge Eintritts einer auflösenden Bedingung oder eines bei seiner Eingehung vereinbarten Endtermins; man wird diesen Fall der Aufhebung des Rechtsgeschäfts durch Vereinbarung gleichzustellen haben. Die Vorschrift findet keine Anwendung, wenn eine nach § 5 Abs. 4 Nr. 5 stempelpflichtige Vollmacht widerrufen wird, nachdem die Vollmacht durch Vornahme des Geschäfts bereits erledigt ist RFH. 2. 12. 21 (7, 248).

c) Im Falle der Versteuerung der Übertragung von Rechten aus Anträgen zur Schließung eines Veräußerungsgeschäfts sowie aus den nur den Veräußerer zur Schließung eines Veräußerungsgeschäfts verpflichtenden Verträgen nach § 5 soll die Steuerpflicht des Zwischengeschäfts wegfallen, wenn ein Veräußerungsgeschäft überhaupt nicht zustande gekommen ist, weil der Antrag sich durch Ablehnung oder Zeitablauf erledigt hat oder der Verpflichtungsvertrag, gleichviel aus welchen Gründen, fortgefallen ist RFH. 20. 3. 22 (9, 19).

d) Bezüglich der Preisminderung gilt das zu I c Bemerkte.

3. Über Niederschlagung der Steuer wegen Uneinbringlichkeit trifft die Beitreibungsordnung v. 23. 6. 23 (RMBl. 595) in §§ 26ff. nähere Bestimmungen.

§ 24.

Die Eintragung des Erwerbers in das Grundbuch darf erst stattfinden, wenn dem Grundbuchamt eine Bescheinigung der Steuerstelle beigebracht ist, daß die Steuer für den Eigentumsübergang gestundet oder ein der voraussichtlichen Höhe der Steuer entsprechender Betrag nach dem Goldwert geleistet oder eine Steuer nicht zu erheben ist. Die näheren Bestimmungen erläßt der Reichsminister der Finanzen.

1. Die durch die zweite Steuernotverordnung vom 19. 12. 23 geänderte Bestimmung soll der Gefahr vorbeugen, daß der Steuerpflichtige zwischen dem Abschluß des Veräußerungsgeschäfts und dem Abschluß des Veranlagungsverfahrens zahlungsunfähig wird und dadurch die Steuer verloren geht. Die Steuer muß, sofern sie nicht gestundet ist, in ihrer voraussichtlichen Höhe geleistet werden, sobald das Veräußerungsgeschäft durch Eintragung im Grundbuche zum Abschluß gebracht werden soll. Die Bestimmung findet aber auch Anwendung, wenn die Eigentumsveränderung bereits vor der Eintragung ins Grundbuch eingetreten ist, z. B. durch Zuschlag in der Zwangsversteigerung. In solchem Falle ist das Grundbuchamt berechtigt, das Ersuchen des Vollstreckungsgerichts um Eintragung des Erstehers als Eigentümers wegen Fehlens der Bescheinigung der Steuerstelle mit Zwischenverfügung gemäß § 18 GBO. zu beanstanden. Eine der Vorschrift zuwider erfolgte Eintragung ist nicht nichtig, begründet aber die Haftung des Grundbuchbeamten für den entstehenden Schaden. Aus der dem Grundbuchamt beizubringenden Steuerbescheinigung muß sich nur ergeben, daß die Steuer für den durch die Eintragung ins

Grundbuch zu verlautbarenden Eigentumsübergang in ihrer voraussichtlichen Höhe bezahlt oder gestundet ist oder nicht zu erheben ist; dagegen kann nicht verlangt werden, daß die Bescheinigung sich über die Steuerpflichtigkeit bestimmter hierbei in Betracht kommender Rechtsvorgänge, z. B. einer Vollmachtserteilung im Hinblick auf § 6 ausspricht KG. 22. 4. 20 JMBl. 1920, 577.

Zur Durchführung des § 24 sind folgende Bestimmungen getroffen (Durchf. Best. v. 17. 1. 24 RGBl. 33):

„§ 1. Für die Festsetzung und die Anforderung der Zahlungen, die nach § 24 GrErwStG. in der voraussichtlichen Höhe der GrErwSt. mit Zuschlägen zu leisten sind, gelten nach Maßgabe der §§ 2—5 die Vorschriften entsprechend, die für die Veranlagung der GrErwSt. nebst Zuschlägen gegeben sind. Die Vorschrift des § 212 Abs. 2 RAbgO. findet jedoch keine Anwendung

§ 2. Gegen den Bescheid der Steuerstelle, durch den die Erteilung der im § 24 GrErwStG. vorgesehenen Bescheinigung von der Zahlung eines bestimmten Steuerbetrags abhängig gemacht wird, ist das Berufungsverfahren gegeben, wenn der Steuerpflichtige geltend macht, daß eine Steuer nicht zu erheben sei.

Im übrigen ist gegen die Bescheide der Steuerstelle auf Grund des § 24 GrErwStG. nur die Beschwerde nach §§ 224, 281 RAbgO. zulässig.

§ 3. Die Zahlung ist in der Regel nach dem vereinbarten Veräußerungspreise zu berechnen.

Besteht Anlaß zu der Annahme, daß der gemeine Wert des Grundstücks wesentlich höher ist als der Kaufpreis, so ist der gemeine Wert des Grundstücks nach vorläufiger Schätzung zugrunde zu legen, ohne daß vorher in besondere Wertermittlungsverhandlungen eingetreten wird.

Die Beteiligten sind anläßlich der Zahlung ausdrücklich darauf hinzuweisen, daß die endgültige Erhebung der GrErwSt. nebst Zuschlägen nach dem gemeinen Wert des Grundstücks zur Zeit des steuerpflichtigen Rechtsvorgangs — in der Regel also zur Zeit der Eintragung der Rechtsänderung in das Grundbuch — vorbehalten bleibt, sofern dieser gemeine Wert des Grundstücks höher als der Veräußerungspreis ist.

Die Ausstellung der Bescheinigung nach § 24 GrErwStG ist nach Möglichkeit zu beschleunigen.

§ 4. Die Zahlungen in der voraussichtlichen Höhe der GrErwSt. sind an die Steuerstellen oder deren Hilfsstellen zu leisten und als Aufkommen an GrErwSt. bzw. Zuschlägen zu behandeln.

§ 5. Ein nach § 4 geleisteter Betrag wird nach dem Goldwert, den der Betrag am Tage der Zahlung gehabt hat, auf den endgültigen Steuerbetrag angerechnet.

Deckt sich der endgültige Steuerbetrag mit der nach § 4 geleisteten Zahlung, so genügt eine Mitteilung hierüber (§ 29 Abs. 2 GrErwStG.). Diese Mitteilung hat außer dem Betrage der endgültigen Steuer eine dem § 211 Abs. 2 Nr. 1 RAbgO. entsprechende Rechtsmittelbelehrung zu enthalten.

§ 6. Diese Durchführungsbestimmungen treten mit Wirkung vom 22. 12. 23 ab in Kraft."

Das Berufungsverfahren gemäß § 2 der Durchführungsbestimmungen ist gegen die Bescheide der Steuerstelle nur dann gegeben, wenn die Steuerpflicht, d. h. das Vorliegen des Steuertatbestandes, verneint, nicht aber bereits dann, wenn nur die Unzulässigkeit der Beitreibung (z. B. weil ein Erlaß der Steuer erfolgt sei) eingewendet wird RFH. 5. 10. 25 (17, 200). Der Bescheid muß eine dem § 2 Abs. 1 der DurchfBest. entsprechende Rechtsmittelbelehrung enthalten, damit die Einspruchsfrist nach § 231 Abs. 3 RAbgO. in Lauf gesetzt wird RFH. 2. 10. 25 DStBl. 1926, 85. Die Steuerstellen sind angewiesen, die Steuer ohne Sicherheitsleistung vorläufig bis nach der Eintragung des Erwerbers in das Grundbuch zu stunden, falls entweder

1. der beurkundende Notar bescheinigt, daß ein für Steuer und Zuschlag hinreichender Betrag sichergestellt ist oder daß eine Steuer nach der von dem Notar zu bezeichnenden gesetzlichen Vorschrift nicht geschuldet sein wird, oder

2. falls der Steuerstelle die Zahlungsfähigkeit wenigstens eines der als Erwerber oder Veräußerer Beteiligten bekannt ist (Erl. d. RFM. v. 26. 5. 20 FMBl. 1920, 266). Ferner sollen die Steuerstellen die Steuer in allen Fällen zinslos und ohne Sicherheitsleistung bis nach der Veranlagung (d. h. bis zum Ablauf der in § 30 Abs. 1 vorgesehenen Frist) stunden und die Bescheinigung alsbald abgeben, in denen das Reich, ein Land, eine Gemeinde oder ein Gemeindeverband bei einem steuerpflichtigen Rechtsvorgang als Erwerber beteiligt ist (RFM. v. 28. 2. 21 RStBl. 154).

§ 25.

Den Steuerstellen haben nach näherer Bestimmung des Reichsrats Mitteilung zu machen:

1. die Grundbuchämter
   von den Eintragungen des Eigentumsüberganges von Grundstücken in das Grundbuch;
2. die Registergerichte und -behörden
   von Eintragungen in das Handels- und Genossenschaftsregister und von Einreichungen zum Handelsregister, soweit sie im Verfolg eines steuerpflichtigen Rechtsvorganges vorgenommen werden;
3. allgemein die Behörden und Beamten des Reichs, des Landes und der Gemeinden sowie die Notare
   von allen von ihnen beurkundeten Rechtsvorgängen, die den Übergang des Eigentums an inländischen Grundstücken zum Gegenstande haben oder zu den im § 5 bezeichneten Rechtsgeschäften gehören.

Die Landesregierungen sind ermächtigt, im Einverständnisse mit dem Reichsminister der Finanzen die Mitteilungspflicht anderen als den in Nr. 1 und 2 genannten Stellen zu übertragen.

1. Die durch § 25 vorgeschriebene **Mitteilungspflicht** gewisser Behörden und Beamten entspricht der im § 38 des Zuwachssteuergesetzes vom 14. 2. 11 (RGBl. S. 33) vorgesehenen Mitteilungspflicht. Sie erstreckt sich auch auf die steuerfreien Rechtsvorgänge. Ihre Verletzung kann im Aufsichtswege geahndet und gemäß der RAbgO. mit Ordnungsstrafe belegt werden. Die Mitteilungspflicht der nachstehend unter a und b bezeichneten Stellen kann durch die Landesregierung anderen Stellen übertragen werden. Der Reichsfinanzminister kann die Mitteilungspflicht für solche Fälle beseitigen, in denen die Mitteilungen bereits wegen der Wertzuwachssteuer erfolgt sind (§ 27); vgl. AB. §§ 2 Abs. 3, 4 Abs. 4.

a) Die Mitteilungspflicht der Grundbuchämter bezieht sich auf alle Eintragungen ins Grundbuch, die einen Übergang des Eigentums an einem Grundstück oder den Übergang einer Berechtigung betreffen. Bloße Grundbuchberichtigungen unterliegen nicht der Mitteilungspflicht, da ein Eigentumsübergang nicht in Frage kommt. Über die Form der Übereignungsanzeigen und die über die Absendung der Übereignungsanzeigen zu führende Mitteilungsliste vgl. AB. § 2.

b) Die Mitteilungspflicht der mit der Führung des Handels- und Genossenschaftsregisters betrauten Behörden beschränkt sich auf die zu ihrer Kenntnis gelangenden Fälle, in denen die Voraussetzungen des § 3 vorliegen, und auf diejenigen einzelnen Rechtsvorgänge, wegen deren das Finanzamt um Mitteilung ersucht (AB. § 3).

c) Die allgemeine Mitteilungspflicht sämtlicher Behörden und Beamten des Reichs, Staats und der Gemeinden sowie der Notare ist durch die AB. näher umgrenzt. Sie haben dem Finanzamt Mitteilung zu machen von allen durch sie beurkundeten Rechtsvorgängen, die Fälle des Eigentumsübergangs an inländischen Grundstücken (§§ 1, 4) oder den Übergang einer Berechtigung (§ 2) zum Gegenstande haben oder zu den in §§ 5, 6 bezeichneten Rechtsgeschäften gehören, ferner von der Beurkundung der Übertragung eines Anteils einer Personenvereinigung (§ 3), gleichviel ob diese Übertragung die Vereinigung aller Anteile in einer Hand und damit den Eintritt der Steuerpflicht nach § 3 zur Folge hat oder nicht (AB. § 1). Um die Beurkundung eines Rechtsvorgangs, der den Eigentumsübergang an einem inländischen Grundstück zum Gegenstand hat, handelt es sich auch bei der Zuschlagserteilung im Zwangsversteigerungsverfahren; hiervon hat also das Versteigerungsgericht Mitteilung zu machen. Die Mitteilungspflicht erstreckt sich auch auf solche beurkundeten Rechtsvorgänge, deren Wirksamkeit noch von der Genehmigung eines Dritten oder einer Behörde, z. B. des Vormundschaftsgerichts, abhängt. Über die Form der Veräußerungsanzeigen vgl. § 4 AB.

Soweit durch § 25 eine Mitteilungspflicht gerichtlicher Behörden begründet ist, liegen in Preußen die erforderlichen Benachrichtigungen dem Gerichtsschreiber ob (A. Vfg. v. 11. 11. 19 — JMBl. 553 —, 7. 1., 6. 2. und 18. 4. 22 — JMBl. 12, 39, 127 —, 21. 7. und 5. 11. 23 — JMBl. 564 und 712. Die Mitteilungspflicht ist auch nach Übertragung der Verwaltung der GrErwSt. auf die preußischen Stadt- und Landkreise (vgl. § 29 A. 1) bestehen geblieben (A. Vfg. v. 15. 1. 24 JMBl. 24).
Über die Prüfung des Eingangs der Mitteilungen und Anzeigen durch die Finanzämter vgl. § 6 AB.

§ 26.

Wer an einem steuerpflichtigen Rechtsvorgange beteiligt ist, hat innerhalb eines Monats der Steuerstelle Anzeige zu erstatten, es sei denn, daß der Steuerstelle bereits nach § 25 von dem Rechtsvorgange Mitteilung zu machen ist.

1. Durch die vom Ausschuß der Nationalversammlung beschlossene Bestimmung wird eine subsidiäre Anzeigepflicht des Veräußerers und des Erwerbers sowie der sonstigen Beteiligten, insbesondere der gesetzlichen Vertreter, begründet, falls nicht Mitteilungen nach § 25 zu erfolgen haben (vgl. § 1 AB.). Die Anzeigepflicht greift nur bei Rechtsvorgängen Platz, bei denen weder eine Eintragung ins Grundbuch oder ins Handels- oder

Genossenschaftsregister noch eine gerichtliche oder notarielle Beurkundung erforderlich ist; sie kann namentlich bei den nach § 5 Abs. 4 steuerpflichtigen Rechtsgeschäften und den Rechtsvorgängen des § 6 in Betracht kommen. Die Anzeige hat innerhalb eines Monats zu erfolgen, nachdem der Steuerpflichtige von dem anzeigepflichtigen Rechtsvorgange Kenntnis erhalten hat. Die Anzeigepflicht entfällt, soweit innerhalb der Anzeigefrist die Anzeige seitens eines von mehreren Pflichtigen bewirkt ist (§ 5 AB.). Über die Form der Anzeige vgl. AB. § 5 Abs. 4.

Der RFM. kann die Anzeigepflicht für solche Fälle beseitigen, in denen die Anzeigen bereits aus anderem Anlaß, insbesondere wegen der Wertzuwachssteuer, erfolgt sind (§ 27). Verletzungen der Anzeigepflicht werden, wenn keine Steuerhinterziehung gemäß § 31 vorliegt, nach der RAbgO. mit Ordnungsstrafen belegt.

§ 27.

Der Reichsminister der Finanzen kann anordnen, daß es der in den §§ 25 und 26 vorgesehenen Anzeigen und Mitteilungen nicht bedarf, wenn die Anzeigen und Mitteilungen bereits aus anderem Anlaß, insbesondere wegen der Wertzuwachssteuer erfolgt sind.

1. Vgl. AB. §§ 2 Abs. 3, 4 Abs. 4.

§ 28.

In dem Falle des § 10 haben die Inhaber der gebundenen Grundstücke und die gesetzlichen Vertreter der dort genannten Vereinigungen, Anstalten und Stiftungen mindestens zwei Monate vor Ablauf des zwanzigjährigen Zeitraums der Steuerbehörde Anzeige zu erstatten.

Die Steuerpflicht nach § 10 tritt zum ersten Male mit dem 1. Januar 1929 oder an dem späteren nach dem Inkrafttreten des Gesetzes liegenden Tage ein, an dem ein zehnjähriger Zeitraum seit der Bindung (§ 10 Abs. 1 Nr. 1) oder dem Erwerbe (§ 10 Abs. 1 Nr. 2) abläuft. Die Steuer wird das erstemal nur in Höhe von eins vom Hundert erhoben.

1. Bei der Besteuerung der toten Hand trifft die Anmeldepflicht die Inhaber der gebundenen Grundstücke und die gesetzlichen Vertreter der steuerpflichtigen Vereinigungen, Anstalten und Stiftungen. Die Anmeldung muß zum ersten Male spätestens 2 Monate vor dem erstmaligen Eintritt der Steuerpflicht gemäß Abs. 2, demnächst immer mindestens 2 Monate vor dem Wiedereintritt der Steuerpflicht durch Ablauf des zwanzigjährigen Zeitraums erfolgen. Verletzungen der Anzeigepflicht sind nach der RAbgO. mit Ordnungsstrafe bedroht.

2. Um die Besteuerung nicht zu weit hinauszuschieben, soll die Steuerpflicht der toten Hand zum ersten Mal nicht erst nach Ablauf des im § 10 vorgesehenen zwanzigjährigen Zeitraums, sondern schon dann eintreten, wenn 10 Jahre seit dem Erwerb oder der Bindung des Grundstücks abgelaufen sind. Diese Bestimmung betrifft sowohl Grundstücke, bei denen schon zur Zeit des Inkrafttretens des Gesetzes die Voraussetzungen des § 10 vorliegen, als auch solche, bei denen diese Voraussetzungen erst nach dem Inkrafttreten eingetreten sind. Jedoch tritt bei den erstbezeichneten Grundstücken die Steuerpflicht schon am 1. 1. 1929 ein, wenn an diesem Tage schon 10 Jahre seit dem Erwerb oder der Bindung verflossen waren. Zum ersten Male wird die Steuer nur in halber Höhe erhoben.

§ 29.

Die Steuerstelle setzt die Steuer fest und erteilt dem Steuerpflichtigen einen Bescheid.

Deckt sich die Steuer mit der nach § 24 geleisteten Zahlung, so genügt eine Mitteilung hierüber.

1. Verwaltung der Grunderwerbsteuer. Die Grunderwerbsteuer wird ebenso wie die übrigen Reichssteuern von den Reichsbehörden verwaltet. Die oberste Leitung steht den RFM.

zu; unter ihm stehen Landesfinanzämter als Oberbehörden und unter diesen Finanzämter mit ihren Hilfsstellen (§ 8 RAbgO.). Auf Antrag einer Landesregierung hat der RFM. die Geschäfte der Finanzämter bei der Verwaltung der GrErwSt. den von der Landesregierung bezeichneten Behörden zu übertragen. Ein Anspruch auf Entschädigung gegen das Reich wird hierdurch nicht begründet; jedoch findet der sonst (vgl. §§ 32—34 A. 1) zugunsten des Reichs erfolgende Abzug von 4% des Steueraufkommens nicht statt (§ 37 d. Finanzausgleichsges. v. 23. 6. 23 RGBl. 414). Für Preußen ist durch Erl. d. RFM. v. 26. 10. 23 (MBl. S. 1174) die Verwaltung der GrErwSt. den Stadt- und Landkreisen übertragen.

Zuständig ist das FA., in dessen Bezirk das Grundstück liegt; liegt es in den Bezirken mehrerer Finanzämter, so ist das FA. zuständig, in dessen Bezirk das Verzeichnis der Steuerwerte der Grundstücke (§ 155 RAbgO.) geführt wird (§ 54 RAbgO.). Örtliche Unzuständigkeit eines FA. hat nicht die Unwirksamkeit seiner Handlungen zur Folge. Sie kann aber im Rechtsmittelwege geltend gemacht werden, jedoch nur bis zum Ablauf der Einspruchs-, Anfechtungs- oder Beschwerdefrist (§ 61 RAbgO.).

2. Ermittlungsverfahren. Das Finanzamt hat die zur Berechnung der Steuer erforderlichen Unterlagen von Amts wegen festzustellen. Das Ermittlungsverfahren regelt die RAbgO. (§§ 204 ff.); vgl. ferner hierzu AB. §§ 7—11.

3. Der Grunderwerbsteuerbescheid stellt die Steuer ihrer Höhe nach fest. Über seine Form vgl. AB. § 12. Er wird nach Ablauf der für Einlegung eines Rechtsmittels vorgesehenen Frist für den Steuerschuldner unanfechtbar. Nach § 76 Abs. 1 Nr. 2 RAbgO. kann die Grunderwerbsteuerstelle einen von ihr erlassenen und bereits zugestellten Steuerbescheid innerhalb der Rechtsmittelfrist auch ohne vorherigen Einspruch des Steuerpflichtigen zurücknehmen oder ändern, und zwar zum Vorteil oder auch zum Nachteil des Steuerpflichtigen, wenn er zustimmt. Ist aber der Steuerbescheid bereits unanfechtbar geworden, so darf er nur noch zum Nachteil des Steuerpflichtigen zurückgenommen oder geändert wer-

den. Enthält der Steuerbescheid Schreibfehler, Rechenfehler oder ähnliche offenbare Unrichtigkeiten, so kann er jederzeit, auch nach eingetretener Rechtskraft und auch ohne Zustimmung des Steuerpflichtigen berichtigt werden (§ 74 Abs. 3 RAbgO.).

4. Rechtsmittelverfahren. Der Steuerbescheid kann nur deshalb angefochten werden, weil sich der Steuerpflichtige durch die Höhe der Steuer beschwert fühlt, oder weil die Steuerpflicht verneint oder eine zu geringe Steuerfrist gesetzt ist (§ 221 RAbgO.). Auch gegenüber einer seinem Antrag entsprechenden Vorentscheidung kann der Rechtsmittelführer, indem er seinen Rechtsstandpunkt ändert, ein anderes Entscheidungsergebnis verlangen RFH. 27. 2. 24 (13, 227).

Ein Rechtsmittel kann nur der einlegen, gegen den der Bescheid oder die Verfügung ergangen ist; stirbt jemand, der berechtigt ist, ein Rechtsmittel einzulegen, während eine Rechtsmittelfrist läuft, bevor er das Rechtsmittel eingelegt hat, so kann jeder Erbe das Rechtsmittel einlegen (§ 225 RAbgO.). Der für die Steuer mithaftende Veräußerer ist nicht befugt, ein Rechtsmittel einzulegen. Wer berechtigt ist, ein Rechtsmittel einzulegen, kann sich, wenn von anderer Seite ein Rechtsmittel eingelegt ist, diesem anschließen, dies selbst dann, wenn für ihn die Rechtsmittelfrist verstrichen ist. Das Rechtsmittel kann auf die Reichssteuer beschränkt werden; dann darf sich die Entscheidung nicht auf die Zuschläge (vgl. §§ 32 bis 34 A. 2) erstrecken RFH. 15. 1. 26 RStBl. 125.

Die Frist für die Einlegung eines Rechtsmittels beträgt einen Monat (§ 230 RAbgO.). Sie beginnt mit Ablauf des Tages, an dem der Bescheid dem Berechtigten zugestellt oder, wenn keine Zustellung erfolgt, bekannt geworden ist oder als bekannt gemacht gilt. Ein Rechtsmittel kann eingelegt werden, sobald der Bescheid vorliegt, also schon vor Beginn der Frist. Fehlt in einem Bescheid die gesetzlich vorgeschriebene Rechtsmittelbelehrung, so wird die Rechtsmittelfrist nicht in Lauf gesetzt (§ 231 RAbgO.).

Die Rechtsmittel können schriftlich eingereicht oder zu Protokoll erklärt werden; Einlegung durch Telegramm ist zulässig. Es genügt, wenn aus dem Schriftstück hervorgeht, wer das Rechtsmittel eingelegt hat. Die Rechtsmittel sind bei der Geschäftsstelle der Behörde anzubringen, deren Bescheid angefochten wird; es genügt aber auch die Anbringung bei der Rechtsmittelbehörde oder einer Vorinstanz; sogar die schriftliche Anbringung bei einer anderen Behörde ist unschädlich, wenn das Rechtsmittel rechtzeitig der zur Entscheidung berufenen Stelle oder einer Vorinstanz übermittelt wird. Unrichtige Bezeichnung des Rechtsmittels schadet nicht. Ein Rechtsmittel gilt bereits als eingelegt, wenn aus dem Schriftstück oder aus der Erklärung hervorgeht, daß sich der Erklärende durch die Entscheidung beschwert fühlt und Nachprüfung begehrt (§ 234 RAbgO.). Durch Einlegung eines Rechtsmittels wird die Wirksamkeit des angefochtenen Bescheids nicht gehemmt, insbesondere die Erhebung der Steuer nicht aufgehalten; jedoch kann die Behörde, die den Bescheid erlassen hat, die Vollziehung aussetzen, geeignetenfalls gegen Sicherheitsleistung (§ 235 RAbgO.).

Soweit die Rechtsmittelbehörden zur Nachprüfung tatsächlicher Verhältnisse berufen sind, haben sie den Sachverhalt von Amts wegen zu ermitteln. Sie sind an die Anträge dessen, der das Rechtsmittel eingelegt hat, nicht gebunden und können, mit Ausnahme des RFH., den Bescheid auch zu seinem Nachteil ändern, wenn und soweit neue Tatsachen und Beweismittel bekannt geworden sind, die eine solche Änderung rechtfertigen, oder wenn diese Änderung sich auf eine abweichende rechtliche Beurteilung gründet (§ 228 RAbgO.). Eine abweichende rechtliche Beurteilung in diesem Sinne liegt, falls die Rechtsmittelbehörde bei der Festsetzung der Steuer einen anderen Grundstückswert zugrunde legt als die Vorentscheidung, nur dann vor, wenn die Vorentscheidung bei der Bewertung von rechtsirrigen Gesichtspunkten ausgegangen ist oder bei einem Streit über den Wert ihre Schätzung so unzureichend begründet hat, daß nicht nachgeprüft werden kann, ob ihr ein Rechtsirrtum zugrunde liegt RFH. 18. 9. 25 (17, 138). Hinsichtlich der Begründung ihrer Entscheidung ist die Rechtsmittelbehörde keinerlei Beschränkung unterworfen. Sie kann deshalb den angefochtenen Bescheid auch mit einer Begründung aufrecht erhalten, die zwar die Rügen des Beschwerdeführers als gerechtfertigt anerkennt, dagegen in anderen Punkten von einer ihm ungünstigeren tatsächlichen oder rechtlichen Auffassung ausgeht RFH. 2. 2. 24 (13, 186).

Rechtsmittel können bis zur Unterzeichnung der Rechtsmittelentscheidung und, falls mündlich verhandelt wird, bis zum Schlusse der mündlichen Verhandlung, auf Grund deren entschieden wird, zurückgenommen werden. Die Zurücknahme erfolgt schriftlich oder durch Erklärung zu Protokoll. Sie hat den Verlust des Rechtsmittels zur Folge.

Gegen einen Steuerbescheid (ebenso gegen Bescheide über Erstattungsansprüche, die aus Rechtsgründen zugelassen sind — z. B. § 23 — und gegen Bescheide, durch die erstattete Beträge zurückgefordert werden) ist das Berufungsverfahren gegeben. Im Berufungsverfahren findet gegen Entscheidungen des FA. der Einspruch statt, über den das FA. entscheidet; gegen die Einspruchsentscheidung des FA. (ebenso gegen Bescheide des LFA. über Erstattungsansprüche, die aus Rechtsgründen zugelassen sind, und über die Rückforderung erstatteter Beträge): die Berufung, über die das Finanzgericht entscheidet; gegen Urteile des Finanzgerichts (ebenso gegen Feststellungsbescheide des LFA., die für die Bemessung künftiger Steueransprüche bindend sind): die Rechtsbeschwerde, über die der RFH. entscheidet (§§ 218, 220 RAbgO.).

Im Berufungsverfahren dürfen neue Tatsachen und Beweise vorgebracht werden (§ 250 RAbgO.). Die Rechtsmittelbehörde hat den Sachverhalt von Amts wegen zu ermitteln; sie ist an die Anträge dessen, der das Rechtsmittel eingelegt hat, nicht gebunden und kann den Bescheid auch zu seinem Nachteil ändern (vgl. oben). Der Vorsitzende des Gerichts kann auf Grund der schriftlichen Begutachtung eines ehrenamtlichen Mitglieds ohne Zuziehung der Mitglieder über die Berufung vorläufig entscheiden. Der vorläufige Bescheid wirkt wie ein Urteil des Gerichts, sofern nicht ein Beteiligter binnen zwei Wochen nach der Zustellung des Urteils die Entscheidung des Gerichts beantragt (§ 251 RAbgO.). Das Gericht kann mündliche Verhandlung anordnen; ein Antrag auf Anberaumung der mündlichen Verhandlung kann nur durch einstimmigen Gerichtsbeschluß zurückgewiesen werden (§ 252 RAbgO.). Die mündliche Verhandlung ist öffentlich; jedoch ist die Öffentlichkeit auszuschließen, wenn es das Gericht aus Gründen des öffentlichen Wohls oder der Sittlichkeit für angemessen erachtet oder wenn es der Steuerpflichtige beantragt (§ 254 RAbgO.). Das Urteil wird den Beteiligten von Amts wegen zugestellt.

Die Rechtsbeschwerde kann nur darauf gestützt werden 1. daß die Entscheidung auf Nichtanwendung oder unrichtiger Anwendung des bestehenden Rechts oder einem Verstoße wider den klaren Inhalt der Akten beruhe, 2. daß das Verfahren an wesentlichen Mängeln leide (§ 267 RAbgO.). Neue Tatsachen und Beweismittel können nicht berücksichtigt werden. Die Rechtsbeschwerde soll beim Finanzgericht schriftlich oder zu Protokoll begründet werden; die Begründung kann auch zu Protokoll einer Vorinstanz geschehen; ist die Rechtsbeschwerde beim RFH. angebracht, so kann sie auch bei diesem begründet werden. Die Frist für die Begründung beträgt einen Monat; sie beginnt mit dem Ablauf der Beschwerdefrist und kann auf Antrag vom Vorsitzenden, dessen Entscheidung angefochten wird, falls sie beim RFH. angebracht ist, auch vom Senatsvorsitzenden verlängert werden (§ 268 RAbgO.). Über die Rechtsbeschwerde wird mündlich verhandelt, wenn es ein Beteiligter beantragt oder wenn es der Senatsvorsitzende oder der Senat für angemessen hält. Auch wenn mündliche Verhandlung beantragt ist, kann vorerst ohne solche entschieden werden; der Bescheid gilt als Urteil, wenn ein Beteiligter nicht innerhalb zwei Wochen seit Zustellung die Anberaumung einer mündlichen Verhandlung beantragt (§ 273 RAbgO.). Soweit die Rechtsbeschwerde darauf gestützt wird, daß das Verfahren an wesentlichen Mängeln leide, unterliegen nur die geltend gemachten Gründe der Prüfung des Senats; im übrigen ist der Senat an die geltend gemachten Gründe nicht gebunden. Ist das Urteil aufzuheben, so kann der Senat selbst entscheiden oder die Sache an das Finanzgericht oder das FA. zurückverweisen (§ 275 RAbgO.).

Gegen sonstige Verfügungen der Finanzbehörden findet das Beschwerdeverfahren statt. Zur Einlegung der Beschwerde ist befugt, wer durch die Verfügung beeinträchtigt ist (§ 281 RAbgO.). Die Stelle, deren Verfügung angefochten ist, kann der Beschwerde abhelfen; will sie ihr nicht abhelfen, so hat sie die Beschwerde der nächstoberen Behörde (LFA., RFM.) zur Entscheidung vorzulegen. Wird die Änderung einer Verfügung verlangt, die eine von einem Finanzgericht oder dem RFH. um Erledigung einer Beweisaufnahme ersuchte oder beauftragte Stelle oder die Geschäftsstelle eines Finanzgerichts oder des RFH. erlassen hat, so entscheidet, falls der Beschwerde nicht abgeholfen wird, das Finanzgericht oder der RFH. Gegen Beschwerdeentscheidungen der Landesfinanzämter und gegen Verfügungen der Finanzgerichte ist eine Beschwerde nicht zulässig; jedoch findet gegen Beschwerdeentscheidungen der Landesfinanzämter und Finanzgerichte über Erzwingung von Anordnungen der Finanzbehörden die Rechtsbeschwerde an den RFH. statt (§ 283 RAbgO.).

5. Neuveranlagung. Eine Neuveranlagung ist nach § 212 Abs. 2, 3 RAbgO. nur zulässig, wenn eine höhere Veranlagung gerechtfertigt wird entweder durch das Bekanntwerden neuer Tatsachen oder Beweismittel oder durch die Berichtigung eines bei einer Nachprüfung durch die Aufsichtsbehörde entdeckten Fehlers. Kommt das FA. später zu der Ansicht, daß die der Veranlagung zugrunde gelegte Schätzung des Grundstückswerts zu niedrig gewesen ist, so ist damit noch keine neue Tatsache bekannt geworden, vielmehr wird die Neuveranlagung durch eine höhere Schätzung des Grundstückswerts nur dann gerechtfertigt, wenn bei der ersten Schätzung von besonderen tatsächlichen Grundlagen ausgegangen ist und diese sich nachträglich als wesentlich unrichtig herausgestellt haben RFH. 10. 10. 22 (11, 58). Zum Begriff der Neuveranlagung gehört, daß der ganze Steuerfall, auch der bei der früheren Veranlagung bekannt gewesene Sachverhalt, neu gewürdigt wird RFH. 27. 11. 24 (15, 156).

§ 30.

Die Steuer ist binnen einer Woche nach der Bekanntgabe des Steuerbescheids nach dem Goldwert zu leisten, soweit sie die nach § 24 geleistete Zahlung übersteigt.

1. Die Fälligkeit der Abgabe tritt mit Ablauf einer Woche seit der Zustellung des Steuerbescheids ein, falls nicht das Finanzamt Stundung bewilligt. Stundung oder Teilzahlungen können auf Antrag bewilligt werden, wenn die sofortige Einziehung der Steuer mit erheblichen Härten für den Steuerpflichtigen verbunden sein würde und der Anspruch durch die Stundung nicht gefährdet wird. Stundung oder Bewilligung von Teilzahlungen erfolgen nach Maßgabe der Stundungsordnung vom 29. 1. 23 (RGBl. 75) und den dazu erlassenen abändernden Bestimmungen. Die Aufschubzinsen und Stundungszinsen richten sich nach der Steuerzinsverordnung v. 6. 3. 24 (RGBl. 170), welche durch die V. vom 16. 1. 26 (RGBl. 91) in bezug auf die Höhe der Zinsen Änderungen erfahren hat.

2. Die Verpflichtung zur Verzinsung des geschuldeten Steuerbetrags richtet sich nach der Steuerzinsverordnung v. 6. 3. 24 (RGBl. 170). Der Zinsfuß für Verzugszinsen beträgt nach der V. v. 16. 1. 26 (RGBl. 91) bis auf weiteres 10 % jährlich.

§ 31.

Die Hinterziehung der Grunderwerbsteuer wird mit einer Geldstrafe bis zum zwanzigfachen Betrage der hinterzogenen Steuer bestraft.

1. § 31 ist materiell ersetzt durch § 359 RAbgO. in der Fassung des § 56 der dritten Steuernotverordnung v. 14. 2. 24, welcher bestimmt: „Wer zum eigenen Vorteil oder zum Vorteil eines anderen nicht gerechtfertigte Steuervorteile erschleicht oder vorsätzlich bewirkt, daß Steuereinnahmen verkürzt werden, wird wegen Steuerhinterziehung mit Geldstrafe bestraft. Der Höchstbetrag der Geldstrafe ist unbeschränkt."

Daneben findet das übrige Strafrecht der RAbgO. Anwendung; auch die Anwendung der §§ 363, 378 RAbgO. unterliegt keinen Bedenken. Der Steuerhinterziehung macht sich auch schuldig, wer Sachen, für die ihm Steuerbefreiung oder Steuervorteile gewährt sind, zu einem Zwecke verwendet, der der Steuerbefreiung oder dem Steuervorteile, die er erlangt hat, nicht entspricht, und es zum eigenen Vorteil oder zum Vorteil eines anderen vorsätzlich unterläßt, dies dem FA. vorher rechtzeitig anzuzeigen (§ 359 RAbgO.). Es genügt, daß infolge der Tat ein geringerer Steuerbetrag festgesetzt oder ein Steuervorteil zu Unrecht gewährt oder belassen ist; ob der Betrag, der sonst festzusetzen war, aus anderen Gründen hätte ermäßigt werden müssen oder der Vorteil aus anderen Gründen hätte beansprucht werden können, ist für die Bestrafung ohne Bedeutung. § 360 RAbgO., wonach der Versuch der Steuerhinterziehung strafbar ist, ist auch auf den Versuch der Hinterziehung der GrErwSt anzuwenden.

Wegen Steuergefährdung wird bestraft, wer fahrlässig als Steuerpflichtiger oder als Vertreter oder bei Wahrnehmung der Angelegenheiten eines Steuerpflichtigen bewirkt, daß Steuereinnahmen verkürzt oder Steuervorteile zu Unrecht gewährt oder belassen werden (§ 367 RAbgO.).

Soweit nicht andere Strafbestimmungen Platz greifen, sind Zuwiderhandlungen gegen die Vorschriften des Gesetzes oder der Ausführungsbestimmungen durch die RAbgO. mit Ordnungsstrafen bedroht.

§§ 32—34.

Die Vorschriften der §§ 32—34 sind durch die Vorschriften der §§ 37—40 des Landessteuergesetzes vom 30. 3. 20 (RGBl. 402) und des § 36 Abs. 4 des Finanzausgleichsgesetzes v. 23. 6. 23 (RGBl. 494) ersetzt.

1. **Verteilung der Steuer auf Reich, Länder und Gemeinden.** Nach § 37 des Landessteuergesetzes erhielten die Länder zunächst von dem Steueraufkommen auf Grund des GrErwStG. 50%, mit Ausnahme der auf Grund des § 10 erhobenen Steuern, an denen die Länder mit 25% beteiligt waren. Demnächst ist durch § 34 des Finanzausgleichsges. das Aufkommen an GrErwSt. in voller Höhe den Ländern überwiesen abzüglich 4% für die Verwaltung der Steuer durch das Reich. Die Länder sind verpflichtet, von ihrem Anteil an die Gemeinden (Gemeindeverbände) mindestens die Hälfte zu überweisen. Die Unterverteilung auf

Gemeinden und Gemeindeverbände bestimmt die Landesgesetzgebung. Die Länder und Gemeinden (Gemeindeverbände) erhalten die Steuer von den Grundstücken, die innerhalb ihres Gebiets belegen sind. Erstreckt sich ein Grundstück über das Gebiet mehrerer Länder oder Gemeinden (Gemeindeverbände), so wird die Steuer nach dem Verhältnis der Werte der Grundstücksteile verteilt, die in den einzelnen Ländern oder Gemeinden (Gemeindeverbänden) liegen. In Preußen erhalten das nach den §§ 34 und 35 des Finanzausgleichsgesetzes dem Lande zustehende Aufkommen an GrErwSt. die Stadt- und Landkreise in voller Höhe (AG. z. FinanzausglG. v. 30. 10. 23 GS. 487 § 2).

2. Zuschläge. Die Länder sowie mit deren Genehmigung die Gemeinden und Gemeindeverbände können Zuschläge zur GrErwSt. für ihre Rechnung erheben. Dabei sind sie befugt, die Zuschläge nach sachlichen Merkmalen der Grundstücke abzustufen, insbesondere unbebaute Grundstücke vorauszubelasten. Die Zuschläge dürfen zusammen für Land, Gemeinde und Gemeindeverband nicht mehr als 2% und, wenn eine Wertzuwachssteuer nicht erhoben wird, nicht mehr als 4% des steuerpflichtigen Wertes betragen, wovon höchstens die Hälfte auf das Land entfallen darf. Diese Vorschrift ist dahin auszulegen, daß die Höhe der Zuschläge davon abhängt, ob in der Gemeinde eine Zuwachssteuerordnung überhaupt besteht, nicht aber davon, ob im Einzelfalle Zuwachssteuer erhoben wird. Hat eine Gemeinde eine Zuwachssteuer für die Fälle eingeführt, in denen der Veräußerer das Grundstück nach einem bestimmten Kalendertag erworben hat, so ist eine GrErwSt. von 4% zwar dann unzulässig, wenn der Erwerbsfall nach diesem Zeitpunkt liegt, nicht aber, wenn das Grundstück schon vor diesem Kalendertag erworben war RFH. 24. 11. 25 (18, 1). Vom 1. 4. 27 ab dürfen die Zuschläge stets nur noch 2% betragen (G. v. 10. 8. 25 RGBl. 254 § 13 Ziff. 8, § 19 Ziff. 6). Diese Sätze dürfen auch in den Fällen der Abstufung und Vorausbelastung einzelner Arten von Grundstücken nicht überschritten werden. Die im GrErwStG. vorgesehenen Ermäßigungen sind auch auf die Zuschläge anzuwenden. Die Zuschläge dürfen nicht erhoben werden,

wenn bei der Errichtung einer inländischen Kapitalgesellschaft der im § 3 des KapVerkStG. bezeichneten Art oder bei der Erhöhung ihres Gesellschaftskapitals Grundstücke in die Gesellschaft gegen Gewährung von Gesellschaftsrechten eingebracht werden. Das Zuschlagsrecht der Länder, Gemeinden und Gemeindeverbände bleibt aber unberührt, wenn die Grundstücksübertragung der Gesellschaftssteuer nicht unterliegt, (G. zur Änderung d. Verkehrsteuer und des Verfahrens vom 10. 8. 25 RGBl. 241 Art. II § 2). Für die Verwaltung der Zuschläge und das Rechtsmittelverfahren gelten dieselben Vorschriften wie für die Reichssteuer. Die Länder sind aber berechtigt, insoweit das Rechtsmittel auf einen lediglich für die Zuschläge geltendem Grund gestützt wird, das Rechtsmittelverfahren abweichend von den Vorschriften der RAbgO. zu regeln (§ 36 FinAusglG.). Die Länder sind auch berechtigt, bei der Erhebung von Zuschlägen persönliche Befreiungen über den Umfang des § 8 hinaus zuzulassen (RFH. 21. 10. 24 — 14, 299).

In Preußen hat der Staat zugunsten der Stadt- und Landkreise auf das Recht, Zuschläge für seine Rechnung zu erheben, verzichtet (§ 2 d. pr. AG. zum Finanzausgleichsges. v. 30. 10. 23 GS. 487).

§ 35.

Die Entscheidung über Anträge auf Erlaß der Steuer aus Billigkeitsgründen hat die Zuschläge nach § 34 zu umfassen. Bei der Entscheidung solcher Anträge sollen insbesondere diejenigen Fälle berücksichtigt werden, in denen der Erwerb von Grundstücken durch einen Hypotheken-, Grundschuld-, Rentenschuld- oder Reallastgläubiger zur Rettung seiner Hypothek, Grundschuld, Rentenschuld oder Reallast erfolgt.

Der Reichsrat ist ermächtigt, allgemein Rechtsvorgänge für steuerpflichtig zu erklären, die es einem andern ermöglichen, über das Grundstück wie ein Eigentümer zu verfügen. Diese Erklärungen sind dem Reichstag, wenn er versammelt ist, sofort, andernfalls bei seinem nächsten Zusammentreten vorzulegen. Sie sind mit Wirkung von ihrem Inkrafttreten an außer Kraft zu setzen, soweit der Reichstag es verlangt.

1. Erlaß der Steuer. Die allgemeine Befugnis des Reichsfinanzministers gemäß § 108 RAbgO. fällige Reichsabgaben aus Billigkeitsgründen im einzelnen Fall zu erlassen, ist auch auf die Zuschläge ausgedehnt. Bei der Vorschrift des Abs. 1 Satz 2, die nur eine Anweisung bezüglich der Ausübung der Befugnis zum Erlaß aus Billigkeitsgründen darstellt, ist namentlich an den freihändigen Erwerb von Grundstücken durch Hypotheken-, Grundschuld-, Rentenschuld-, Reallastgläubiger zur Rettung ihres dinglichen Rechts gedacht (vgl. § 14).

2. Umgehung der Steuer. Die durch Abs. 2 dem Reichsrat erteilte Ermächtigung entspricht dem § 66 Abs. 2 des Zuwachssteuergesetzes. Durch die Ermächtigung soll den namentlich auf dem Gebiete des gewerbsmäßigen Grundstückshandels in immer neuen Formen auftretenden Versuchen, die Grunderwerbsteuer zu umgehen, vorgebeugt werden. Die vom Reichsrat erlassenen Vorschriften haben in gleicher Weise bindende Kraft, als wenn sie Bestandteile des Gesetzes selbst wären. Seitens der Gerichte und Verwaltungsgerichte ist die Frage, ob sich der Reichsrat beim Erlaß einer Verordnung innerhalb der Grenzen der ihm erteilten Ermächtigung gehalten hat, nicht zu prüfen. Rückwirkende Kraft wohnt den Vorschriften nicht bei, da es sich nicht um authentische Interpretation des Gesetzes handelt; sie gelten erst von dem bei der Verkündung bezeichneten Zeitpunkt ab. Auf Verlangen des Reichstags sind sie mit rückwirkender Kraft ganz oder teilweise außer Kraft zu setzen.

§ 36.

Die Ausführungsbestimmungen zu diesem Gesetz erläßt der Reichsminister der Finanzen mit Zustimmung des Reichsrats.

Die vom RFM. erlassenen AB. sind abgedruckt unter B.

§ 37.

Das Gesetz tritt am 1. Oktober 1919 in Kraft.

Die Vorschriften des Reichsstempelgesetzes, der Landesgesetze und der Satzungen der Gemeinden (Gemeindeverbände), welche die Erhebung einer Abgabe von Grundstücksübertragungen oder der im § 10 genannten Art betreffen, treten mit Wirkung vom 1. Oktober 1919 außer Kraft, unbeschadet der Durchführung des Erhebungsverfahrens für die bis zum 30. September 1919 steuerpflichtig gewordenen Rechtsvorgänge. Dies betrifft auch Abgaben, welche die Steuerpflicht nicht an den Eigentumserwerb, sondern an den Abschluß des Veräußerungsgeschäfts anknüpfen oder welche die Fälle des § 10 in der Form einer jährlichen Abgabe besteuern, nicht dagegen Abgaben auf die Bindung eines Grundstücks.

Neue Abgaben der im Abs. 2 genannten Art dürfen von den Ländern, Gemeinden und Gemeindeverbänden nicht eingeführt werden.

Ist ein Rechtsvorgang nach dem Grunderwerbsteuergesetze zu besteuern, der bereits nach den durch die vorstehende Vorschrift aufgehobenen Rechtssätzen zur Erhebung einer Abgabe Anlaß gegeben hat, so ist diese Abgabe auf die Grunderwerbsteuer anzurechnen, und zwar zunächst auf den Anteil desjenigen am Aufkommen an der Grunderwerbsteuer beteiligten Verbandes (§ 32), zu dessen Gunsten die frühere Abgabe erhoben wurde.

Liegt einer nach diesem Gesetze steuerpflichtigen Eintragung einer Rechtsänderung in das Grundbuch (§ 4) ein vor dem 1. Juni 1919 abgeschlossenes Veräußerungsgeschäft zugrunde, das nach den durch die vorstehende Vorschrift aufgehobenen Rechtssätzen abgabepflichtig sein würde, oder ist im Falle des § 5 das Veräußerungsgeschäft vor dem 1. Januar

1919 beurkundet, dann bleiben die bisherigen Gesetze maßgebend. Diese Vorschrift tritt mit dem 1. Januar 1920 außer Kraft.

1. Inkrafttreten. Das Gesetz ist am 1. 10. 1919 in Kraft getreten und grundsätzlich auf alle nach diesem Zeitpunkt liegende steuerpflichtige Rechtsvorgänge anwendbar; in den Fällen des § 5 auch dann, wenn das Veräußerungsgeschäft vor seinem Inkrafttreten abgeschlossen ist. Hiervon galten jedoch bis zum 1. 1. 1920 die in Abs. 5 bezeichneten zwei Ausnahmen. Mit dem 1. 1. 1920 sind diese Einschränkungen der Anwendbarkeit des Gesetzes fortgefallen.

2. Aufhebung bestehender Vorschriften. Durch Abs. 2 wurden im wesentlichen die Bestimmungen des RStG. und des pr. LStG., soweit sie sich auf Grundstücke oder ihnen gleichgeachtete Rechte bezogen, aufgehoben; ebenso alle kommunalen Umsatzsteuerordnungen, gleichviel ob die Abgabepflicht an den Eigentumserwerb oder an den Abschluß des obligatorischen Veräußerungsgeschäfts geknüpft war. Neue Abgaben dieser Art dürfen von Ländern, Gemeinden und Gemeindeverbänden nicht wieder eingeführt werden. Demgemäß sind von der Versteuerung nach Tarifstelle 6 LStG.: „Erbrezesse (Erbteilungsverträge), durch welche die Verteilung einer Erbschaft beurkundet wird" ausgenommen die unter das GrErwStG. fallenden Gegenstände; und nach Tarifstelle 7 werden versteuert Kauf- und Tauschverträge und andere lästige Veräußerungsgeschäfte enthaltende Verträge einschließlich der gerichtlichen Zwangsversteigerungen, insoweit nicht besondere Tarifstellen zur Anwendung kommen oder die Rechtsvorgänge nach dem GrErwStG. oder KapVerkStG. einer Reichssteuer unterliegen. Auch die an sich unter das GrErwStG. fallenden Rechtsvorgänge, die nach den Bestimmungen dieses Gesetzes steuerfrei sind, werden von dem Landesstempel nicht erfaßt. Kreissteuerordnungen, in denen das Grundstückszubehör bei Veräußerung eines Grundstücks besteuert wird, enthalten keinen Eingriff in das dem Reich vorbehaltene Steuergebiet; sie sind rechtsgültig OVG. 4. 7. 25 VerwBl. 47, 58.

3. Anrechnung. Wenn nach den aufgehobenen Vorschriften ein Rechtsvorgang bereits besteuert ist, der auch der Besteuerung

durch das Grunderwerbsteuergesetz unterliegt, so wird die bereits erhobene Abgabe auf die Grunderwerbsteuer in Anrechnung gebracht. Dies trifft insbesondere zu, wenn für die dem Eigentumsübergang zugrunde liegende Veräußerungsurkunde bereits vor dem Inkrafttreten des Gesetzes ein Reichs- oder Landesstempel entrichtet ist (vgl. § 4 A. 1). Die nach § 1 AB. mitteilungspflichtigen Stellen haben in den Anzeigen zu vermerken, inwieweit aus Anlaß eines steuerpflichtigen Vorgangs bereits Abgaben nach den bisherigen Vorschriften erhoben sind und wie sich diese auf die am Steueraufkommen beteiligten Verbände verteilen (§ 19 AB.).

B.

Ausführungsbestimmungen zum Grunderwerbsteuergesetze.

Vom 14. Oktober 1919.

(RGBl. S. 1177ff.)

I. Anmeldungsverfahren.

Mitteilungs- und Anzeigepflicht.

§ 1.

Das Finanzamt erhält nach Maßgabe der Bestimmungen der §§ 2 bis 6 Kenntnis

A. durch die Mitteilungen der Grundbuchämter oder, soweit das Grundbuch noch nicht angelegt ist, der von der Landeszentralbehörde zu bestimmenden Behörden

von den Eintragungen in das Grundbuch, die eine Eigentumsveränderung oder den Übergang einer Berechtigung (§ 2 des Gesetzes) betreffen, oder von der Umschreibung in öffentlichen Büchern;

B. durch die Mitteilungen der Registergerichte und -behörden von allen Eintragungen in das Handels- und Genossenschaftsregister und von Einreichungen zum Handelsregister, soweit sie im Verfolg eines steuerpflichtigen Rechtsvorganges vorgenommen werden;

C. durch die Mitteilungen der Behörden und Beamten des Reichs, der Länder und der Gemeinden sowie der Notare[1])

1. von allen von ihnen beurkundeten Rechtsvorgängen, die Fälle des Eigentumsüberganges an inländischen Grundstücken

[1]) Vgl. hierzu AVfg. d. Pr. JM. v. 24. 7. 25 (JMBl. 267) die dem Notare obliegenden Mitteilungen an die Steuerbehörden.

(§§ 1, 4 des Gesetzes) oder des Überganges einer Berechtigung (§ 2 des Gesetzes) zum Gegenstande haben oder zu den in den §§ 5, 6 des Gesetzes bezeichneten Rechtsvorgängen gehören;

2. von allen von ihnen beurkundeten Übertragungen von Anteilen einer Personenvereinigung (§ 3 des Gesetzes);

D. durch die Anzeigen des Veräußerers, des Erwerbers, der sonstigen Beteiligten oder der gesetzlichen Vertreter

von den steuerpflichtigen Rechtsvorgängen, sofern nicht Mitteilungen nach A bis C zu erfolgen haben (§ 26 des Gesetzes);

E. durch die Anzeigen der im § 28 des Gesetzes benannten Personen

von den Grundstücken, die nach § 10 des Gesetzes der Steuer unterliegen.

Mitteilungen der Grundbuchämter (Übereignungsanzeige).

§ 2.

(1) Die Mitteilungen der Grundbuchämter (§ 1 zu A) erfolgen durch Übereignungsanzeigen, die innerhalb einer Frist von 14 Tagen nach Eintragung der Rechtsänderung — für jede Eintragung besonders — dem zuständigen Finanzamt einzusenden sind. Die Absendung der Übereignungsanzeigen ist in den Akten zu vermerken.

(2) Die Übereignungsanzeigen sind nach Anleitung des Musters 1 einzurichten[1]).

(3) Soweit die Finanzämter anderweit amtliche Mitteilungen erhalten, die sich auf die in der Übereignungsanzeige enthaltenen Angaben beziehen, kann nach näherer Bestimmung des Landesfinanzamts die Aufstellung besonderer Übereignungsanzeigen unterbleiben oder auf diejenigen Mitteilungen beschränkt werden, die den Finanzämtern nicht schon ohnehin zugehen.

(4) Über die Absendung der Übereignungsanzeigen ist eine Liste zu führen, die das Aktenzeichen, den Tag der Eintragung des Rechtsvorganges, die Namen der beteiligten Personen und

[1]) Über die Vereinigung der Veräußerungs- und Übereignungsanzeigen für die GrErwSt. und die Zuwachssteuer und Einführung einer „vereinfachten Übereignungsanzeige" vgl. Erl. d. RFM. v. 12. 11. 21 (RStBl. 412) und AVfg. d. Pr. JM. v. 6. 2. 22 (JMBl. 39)

den Tag der Absendung der Anzeige enthält (Mitteilungsliste). Die Liste ist monatlich abzuschließen. Beim Abschluß hat der Grundbuchführer zu bescheinigen, daß alle auf Grund des Gesetzes mitzuteilenden Fälle in die Liste aufgenommen und sämtliche Anzeigen an das zuständige Finanzamt abgesandt sind.

Mitteilungen der Registergerichte und -behörden.

§ 3.

Die Registergerichte und -behörden (§ 1 zu B) haben dem für die steuerliche Behandlung zuständigen Finanzamt binnen 14 Tagen die zu ihrer Kenntnis gelangenden Fälle mitzuteilen, in denen die Voraussetzungen des § 3 des Gesetzes vorliegen, und die Absendung der Mitteilungen in den Akten zu vermerken. Im übrigen beschränkt sich die Mitteilungspflicht der Registergerichte und -behörden auf diejenigen einzelnen Rechtsvorgänge, wegen deren das Finanzamt um Mitteilung ersucht.

Mitteilungen der beurkundenden Behörden, Beamten und Notare (Veräußerungsanzeige).

§ 4.

(1) Die Mitteilungen der Behörden, Beamten und Notare (§ 1 zu C) sind innerhalb einer Frist von 14 Tagen nach der Beurkundung — für jeden Rechtsvorgang besonders — dem für die steuerliche Behandlung zuständigen Finanzamt einzureichen (Veräußerungsanzeige). Das Landesfinanzamt kann die Frist anderweit festsetzen.

(2) Die Absendung der Veräußerungsanzeige ist auf der Urschrift der Urkunde zu vermerken.

(3) Die Veräußerungsanzeigen sind nach Anleitung des Musters 2 einzurichten. Soweit die darin enthaltenen Mitteilungen aus der Veräußerungsurkunde sich ergeben, genügt die Übersendung einer Abschrift der Urkunde.

(4) Die Bestimmung des § 2 Abs. 3 findet entsprechende Anwendung. Falls für den Rechtsvorgang eine Übereignungsanzeige innerhalb der Frist des Abs. 1 erstattet wird, bedarf es einer Veräußerungsanzeige nicht mehr.

(5) Über die Absendung der Veräußerungsanzeigen ist eine Liste zu führen, welche die Nummer des Notariatsregisters oder

das Aktenzeichen, den Tag der Beurkundung des Rechtsvorganges, die Namen der beteiligten Personen und den Tag der Absendung der Anzeige enthält (Mitteilungsliste). Die Liste ist monatlich abzuschließen und mit der Bescheinigung zu versehen, daß alle auf Grund des Gesetzes mitzuteilenden Fälle in die Liste aufgenommen und sämtliche Mitteilungen an das zuständige Finanzamt abgesandt sind.

Anzeigen der steuerpflichtigen Personen.

§ 5.

(1) Die Anzeige nach § 1 zu D hat innerhalb eines Monats zu erfolgen, nachdem der Steuerpflichtige von dem anzeigepflichtigen Rechtsvorgange Kenntnis erhalten hat.

(2) Die Anzeigepflicht entfällt, soweit die Anzeige innerhalb der Anzeigefrist seitens eines von mehreren Pflichtigen bewirkt ist.

(3) Die Anzeige ist an das für die steuerliche Behandlung des Rechtsvorganges zuständige Finanzamt zu richten.

(4) Die Anzeige hat die in dem Muster 3 bezeichneten Angaben zu enthalten und kann zu Protokoll des Finanzamts erklärt werden. Vordrucke nach diesem Muster sind von den Finanzämtern vorrätig zu halten und dem Anzeigepflichtigen auf Wunsch kostenfrei zu verabfolgen.

Prüfung des Einganges der Mitteilungen und Anzeigen.

§ 6.

(1) Der pünktliche Eingang der Mitteilungen und Anzeigen ist durch die Finanzämter zu überwachen. Bei unterlassener rechtzeitiger Mitteilung sind die etwa bekannten Mitteilungs- und Anzeigepflichtigen mit kurzer Frist zu mahnen. Mit der Mahnung des Steuerpflichtigen ist der Hinweis auf die Folgen der Nichterfüllung der Anzeigepflicht zu verbinden. Nach fruchtlosem Ablauf der Frist ist in den Fällen des § 1 zu A bis C Beschwerde bei der vorgesetzten Aufsichtsbehörde zu führen, in den Fällen des § 1 zu D und E erforderlichenfalls das Strafverfahren einzuleiten.

(2) Erforderlichenfalls wird dem Finanzamt von dem Landesfinanzamt ein Verzeichnis der in seinem Bezirke befindlichen Grundbuchämter, Registergerichte und -behörden sowie der Notare

und sonstigen Urkundsbeamten und -behörden mitgeteilt und ihm von Veränderungen fortlaufend Kenntnis gegeben.

II. Veranlagung.

Eintragungen in die Grunderwerbsteuerliste.

§ 7.

(1) Die in den Mitteilungen und Anzeigen enthaltenen Rechtsvorgänge eines Rechnungsjahrs sind unter fortlaufenden Nummern in die Grunderwerbsteuerliste zu übernehmen. Die Nummer der Grunderwerbsteuerliste ist zu den Akten (Mitteilungen, Anzeigen) zu vermerken. Falls ein Rechtsvorgang bereits infolge einer früheren Mitteilung oder Anzeige in die Liste übernommen ist, bedarf es aus Anlaß der Übereignungsanzeige keiner neuen Vormerkung; die Übereignung ist in diesem Falle nur nachrichtlich bei dem früheren Eintrag zu vermerken.

(2) Die Grunderwerbsteuerliste ist nach Anleitung des Musters 4*) einzurichten. Sie ist für je ein Rechnungsjahr zu führen und spätestens nach Ablauf des folgenden Rechnungsjahrs abzuschließen. Steuerfälle, die bis dahin nicht erledigt sind, sind in die laufende Grunderwerbsteuerliste zu übertragen.

Feststellung der Steuerfreiheit.

§ 8.

(1) Das Finanzamt stellt zunächst fest, ob der mitgeteilte Rechtsvorgang Veranlassung zur Veranlagung einer Steuer gibt oder ob ein gesetzlicher Befreiungsgrund oder ein Fall der Freiveranlagung nach § 18 des Gesetzes vorliegt.

(2) Erscheint nach dem Inhalt der Mitteilungen und Anzeigen die Annahme begründet, daß eine Steuer nicht zu erheben sein wird, ohne daß dies mit Sicherheit festzustellen ist, so sind die erforderlichen Feststellungen, falls sie sich nicht von Amts wegen bewirken lassen, durch mündliche oder schriftliche Verhandlung mit dem Steuerpflichtigen zu treffen.

(3) Sobald sich ergibt, daß der gemeine Wert des Grundstücks oder der an seine Stelle tretende Betrag (§§ 12 bis 14 des Gesetzes) einhundertfünfzig Mark nicht übersteigt oder daß ein gesetzlicher Befreiungsgrund vorliegt, ist das Verfahren einzustellen.

(4) Von der Einstellung des Verfahrens ist dem Steuerpflichtigen Mitteilung zu machen, falls dieser den Steuerfall angemeldet hat oder falls mit ihm bereits verhandelt worden ist.

§ 9.

Die Feststellung der Steuerfreiheit ist aktenkundig zu machen. Die gesetzliche Vorschrift, auf der die Steuerfreiheit beruht, ist in der Grunderwerbsteuerliste zu vermerken.

Steuerberechnung.

§ 10.

(1) Liegen die Voraussetzungen der Steuerbefreiung oder der Freiveranlagung nicht vor, so ist eine Berechnung der Steuer für die Akten zu fertigen.

(2) Bei Berechnung der Abgabe im Einzelfalle sind Pfennigbeträge derart nach unten abzurunden, daß sie durch 10 teilbar sind.

Mitteilungen zur Erbschaftssteuerveranlagung.

§ 11.

(1) Bei Veräußerung eines Grundstücks der im § 47 Abs. 2 des Erbschaftssteuergesetzes vom 10. September 1919 (Reichs-Gesetzbl. S. 1543) bezeichneten Art hat das Finanzamt, wenn ihm bekannt wird, daß dieses Grundstück nach dem 31. August 1919 Gegenstand eines Erbschaftssteuerfalls gewesen ist, dem zur Besteuerung dieses Falles zuständigen Finanzamt die Veräußerung des Grundstücks und den ermittelten Veräußerungspreis mitzuteilen. Die Absendung der Mitteilung ist in der Bemerkungsspalte der Grunderwerbsteuerliste zu vermerken.

(2) Insoweit aus Anlaß der Veräußerung seitens des Finanzamts amtliche Ermittlungen oder Verhandlungen mit dem Steuerpflichtigen zu erfolgen haben, ist hierbei festzustellen, ob das veräußerte Grundstück nach dem 31. August 1919 Gegenstand eines Erbschaftssteuerfalls gewesen ist.

Grunderwerbsteuerbescheid.

§ 12.

Nach Berechnung der Steuer ist ein Grunderwerbsteuerbescheid nach den Mustern 5, 6 zu erteilen und dem Steuerpflichtigen zuzustellen.

III. Erhebung der Steuer.

Buchführung.

§ 13.

(1) Über die Erhebung der Steuer werden zwei Bücher geführt, ein Grunderwerbsteuer-Sollbuch nebst einem Anhang über die erstatteten (zurückgezahlten) Steuerbeträge und ein Grunderwerbsteuer-Einnahmebuch. Beide Bücher umfassen den Zeitraum des Rechnungsjahrs.

(2) Das Sollbuch ist nach Anleitung des Musters 7[1]) zu führen. Durch das Sollbuch ist zugleich der rechtzeitige Eingang der Steuerbeträge zu überwachen.

(3) Das Sollbuch wird spätestens sechs Monate nach Ablauf des Rechnungsjahrs abgeschlossen. Von einem an der Kassenführung nicht beteiligten Beamten ist in dem Sollbuch zu bescheinigen, daß die in den Grunderwerbsteuerlisten eingetragenen Steuerfälle und die in den Grunderwerbsteuerakten festgestellten, in Abgang gebrachten, erlassenen, niedergeschlagenen oder erstatteten Steuerbeträge in das Sollbuch oder dessen Anhang richtig und vollständig eingetragen sowie daß die zur Zeit des Abschlusses rückständig gebliebenen Steuerbeträge in das Sollbuch für das folgende Rechnungsjahr übertragen worden sind.

(4) Das Einnahmebuch ist nach Anleitung des Musters 8[2]) zu führen.

Behandlung der Zinsen.

§ 14.

Zinsen nach § 30 Abs. 2 des Gesetzes bleiben unerhoben, wenn der Betrag im Einzelfall eine halbe Mark nicht erreicht. Im übrigen ist bei Berechnung der Zinsen nach § 10 Abs. 2 zu verfahren.

Stundung und Sicherstellung.

§ 15.

(1) Stundung oder Teilzahlungen können vom Finanzamt auf Antrag bewilligt werden, wenn die sofortige Einziehung der Steuer mit erheblichen Härten für den Steuerpflichtigen verbunden sein würde und der Anspruch durch die Stundung nicht gefährdet wird.

---

[1]) Hier nicht abgedruckt. [2]) Hier nicht abgedruckt.

(2) Stundung oder Bewilligung von Teilzahlungen sind gegebenenfalls nur gegen Verzinsung nach § 30 Abs. 2 des Gesetzes und in der Regel nur gegen Sicherheitsleistung zulässig.

(3) Die Gewährung von Teilzahlungen ist an die Bedingung zu knüpfen, daß bei dem Ausbleiben auch nur einer Teilzahlung die sofortige Beitreibung der ganzen noch rückständigen Steuerschuld erfolgen würde. Die Beitreibung hat jedoch erst zu geschehen, wenn eine Mahnung zur Entrichtung der fälligen Teilzahlung erfolglos geblieben ist.

Niederschlagung.

§ 16.

Zur Niederschlagung der Steuer wegen Uneinbringlichkeit sind nur die Landesfinanzämter zuständig. Die Niederschlagung darf nur erfolgen, wenn feststeht, daß die Beitreibung keinen Erfolg haben wird, oder daß die Kosten der Beitreibung außer Verhältnis zu dem Betrage stehen.

Erstattung der Steuer.

§ 17.

Soweit die Steuer infolge eines offenbaren Versehens zu Unrecht gezahlt worden ist, hat eine Erstattung auf Antrag des Steuerpflichtigen und, wenn die Überhebung mindestens 5 Mark beträgt, von Amts wegen durch das Finanzamt zu erfolgen. Im übrigen bedarf es zur Erstattung zu Unrecht gezahlter Steuern der Zustimmung des Landesfinanzamts.

§ 18.

Der Erlaß oder die Erstattung sind in der Steuerliste und in dem Sollbuch zu vermerken. Außerdem ist die Erstattung im Anhang zum Sollbuch einzutragen.

IV. Übergangsbestimmung.

Anrechnung bisher erhobener Abgabenbeträge auf die Grunderwerbsteuer.

§ 19.

(1) In den Fällen des § 37 Abs. 4 des Gesetzes haben die mitteilungspflichtigen Stellen (§ 1) in den Anzeigen zu ver-

merken, inwieweit aus Anlaß des der Grunderwerbsteuer unterliegenden Rechtsvorganges Abgaben nach den bisherigen Vorschriften erhoben sind, und welche Abgabenbeträge im einzelnen nach den Vorschriften des Reichsstempelgesetzes, der Landesgesetze und der Satzungen der Gemeinden (Gemeindeverbände) auf die am Steueraufkommen beteiligten Verbände (§ 32 des Gesetzes) entfallen.

(2) Das Finanzamt hat diese Angaben, nötigenfalls unter Einsichtnahme der in Betracht kommenden Urkunden, zu prüfen und demnächst in der Steuerberechnung die auf die Grunderwerbsteuer anzurechnenden Beträge einzeln aufzuführen.

(3) Die angerechneten Beträge sind nach Abschluß der Steuerberechnung in eine Nachweisung nach Muster 9[1]) aufzunehmen. Von einem an der Führung der Nachweisung nicht beteiligten Beamten ist zu bescheinigen, daß sämtliche auf Grund des § 37 Abs. 4 des Gesetzes angerechneten Abgabenbeträge einschließlich der Zu- und Abgänge in die Nachweisung aufgenommen sind.

(4) Soweit festgestellt wird, daß die nach § 37 Abs. 4 des Gesetzes angerechnete Steuer sich natürlich infolge Rechtsmittelverfahrens oder aus einem sonstigen Grunde erhöht oder vermindert, hat das Finanzamt die hieraus sich ergebende Nacherhebung an Grunderwerbsteuer zu bewirken oder die sich ergebende Erstattung zu veranlassen.

(5) Die für die Veranlagung anrechnungsfähiger Abgaben zuständigen Behörden haben dem Finanzamt von der nachträglichen Erhöhung oder Verminderung der Abgabe alsbald Mitteilung zu machen.

V. Schlußbestimmung.

Änderungsbefugnis des Reichsministers der Finanzen.

§ 20.

Der Reichsminister der Finanzen ist ermächtigt, die Muster zu ändern und neue Muster einzuführen.

---

[1]) Hier nicht abgedruckt.

[Seite 1.]

Eingegangen den ....
Grunderwerbsteuerliste Nr. .....

Muster 1.
(Ausführungsbestimmungen § 2 Abs. 2.)

Übereignungsanzeige

des Grundbuchamts ....

An

das Finanzamt

in

....

Anmerkung: Handelt es sich um völlige oder teilweise Zerschlagung des eine wirtschaftliche Einheit bildenden Grundstücks (§ 19 des Grunderwerbsteuergesetzes), so ist dies in Spalte 8 zu vermerken.

[Seite 2.]

a) Des Veräußerers (bisherigen Berechtigten) b) Des Erwerbers (neuen Berechtigten)			Des Grundstücks		
Name, Vorname	Stand	Wohnort, Straße, Hausnummer	genaue Bezeichnung nach Grundbuch, Kataster, Straße, Nr. usw., Angabe, ob bebaut oder unbebaut	Größe in ar	qm
1			2	3	

[Seite 3.]

a) Wert (falls bekannt), b) Veräußerungspreis				Tag der Eintragung des Eigentumsüberganges in das Grundbuch	Bezeichnung des zugrundeliegenden Rechtsvorganges nach Tag, Rechtsgeschäft und Urkundsperson	Zeitpunkt und Rechtsgrund des seinerzeitigen Erwerbes durch den Veräußerer	Bemerkungen
für Liegenschaften und Gebäude ℳ	₰	für andere mitveräußerte Gegenstände ℳ	₰				
4		5		6	7	8	9

Datum, Unterschrift.

[Seite 1.]

Eingegangen den ....
Grunderwerbsteuerliste Nr. .....

Muster 2.
(Ausführungsbestimmungen § 4 Abs. 3.)

Veräußerungsanzeige

von Behörden, Beamten oder Notaren.

An

das Finanzamt

in

....

Anmerkung: Handelt es sich um völlige oder teilweise Zerschlagung des eine wirtschaftliche Einheit bildenden Grundstücks (§ 19 des Grunderwerbsteuergesetzes), so ist dies in Spalte 9 zu vermerken.

[Seite 2.]

Aktenzeichen, Nummer des Notariatsregisters	Tag der Beurkundung des Rechtsvorganges	a) Des Veräußerers (bisherigen Berechtigten) b) Des Erwerbers (neuen Berechtigten)		
		Name, Vorname	Stand	Wohnort, Straße, Hausnummer
1	2	3		

[Seite 3.]

Des Grundstücks genaue Bezeichnung nach Grundbuch, Kataster, Straße, Nr. usw., Angabe, ob bebaut oder unbebaut	Größe in		Art und Tag des zugrundeliegenden Rechtsvorganges	a) Wert (falls bekannt) b) Veräußerungspreis				Zeitpunkt und Rechtsgrund des seinerzeitigen Erwerbes durch den Veräußerer	Bemerkungen
				für Liegenschaften und Gebäude		für andere mitveräußerte Gegenstände			
	qm	ar		ℳ	₰	ℳ	₰		
4	5		6	7		8		9	10

Datum, Bezeichnung der Behörde usw.
Unterschrift.

Eingegangen den ....
Grunderwerbsteuerliste Nr. ....

Muster 3.
(Ausführungsbestimmungen § 5 Abs. 4.)

Grunderwerbsteueranzeige

des

....

....

betreffend die Übereignung d.. Grundstück..................

....

.. ..

Veräußerung der Berechtigung ....

....

....

....

Übertragung von Anteilen der ....

....

.... mit dem Sitze in ....

An
das Finanzamt
in

....

Name, Stand und Wohnort a) des Veräußerers (bisherigen Berechtigten) b) des Erwerbers (neuen Berechtigten)	Bezeichnung des Grundstücks der grundstücksgleichen Berechtigung oder des Anteilrechts (Lage und Größe des Grundstücks oder der Berechtigung, Bezeichnung der Personenvereinigung und des Umfanges des Gesellschaftsanteils), Angabe, ob bebaut oder unbebaut	Bezeichnung des Rechtsvorganges, nach a) Art, b) Zeitpunkt	a) Wert, b) Preis ℳ	₰	Zeitpunkt und Rechtsgrund des seinerzeitigen Erwerbes durch den Veräußerer	Bemerkungen
1	2	3	4		5	6

Ich versichere die Richtigkeit und Vollständigkeit dieser Anmeldung.

..............., den ....

....
(Unterschrift.)

Heftrand

Finanzamt ....
Grunderwerbsteuerliste Nr. .../19..
Sollbuch Nr. ....

Muster 5.
(Ausführungsbestimmungen § 12.)

Grunderwerbsteuerbescheid.

Für $\frac{\text{den Eigentumsübergang an}}{\text{die Veräußerung}}$ d...... Grundstück............. Gemeinde .... Grundbuch .... Band .... Nr. ... von .... an .... wird die Grunderwerbsteuer nach der nachstehenden Berechnung auf ...... ℳ ... ₰ festgesetzt.

Der Betrag ist binnen zwei Wochen nach Zustellung dieses Bescheids an .... zu zahlen.

Gegen diesen Bescheid ist binnen .... von .... ab .... bei .... zulässig.

Durch die Einlegung dieses Rechtsmittels wird die Frist zur Zahlung der Steuer nicht verlängert.

.............., den .... 19..

Finanzamt.
(Unterschrift.)

> § 30 Abs. 2 des Grunderwerbsteuergesetzes bestimmt für Steuerbeträge über 100 ℳ: Wird die Steuer nicht innerhalb dreier Monate nach dem steuerpflichtigen Rechtsvorgange...... gezahlt, so sind neben der Steuer vom Tage des steuerpflichtigen Rechtsvorganges an Zinsen in Höhe von 5 v. H. zu entrichten.

Steuerberechnung.

Empfangsbestätigung.

Der angeforderte Betrag von ..... ℳ ... ₰ — zuzüglich 5 v. H. Zinsen vom .... 19.. ab in Höhe von ..... ℳ ... ₰ — ist heute eingezahlt und im Einnahmebuch unter Nr. .... nachgewiesen.

(Ort) ...., den .... 19..

Finanzamt.

(Amtsstempelabdruck.) (Unterschrift.)

Finanzamt.

Hierbei ein Vordruck zur Zustellungsurkunde. Vereinfachte Zustellung.

An

....

....

Reichsdienstsache. in ....

....

Zugestellt am ....

....

Postbote.

Finanzamt ....
Grunderwerbsteuerliste Nr. .../19..
Sollbuch Nr. ....

Muster 6.
(Ausführungsbestimmungen § 12.)

☞ § 30 Abs. 2 des Grunderwerbsteuergesetzes bestimmt für Steuerbeträge über 100 ℳ: Wird die Steuer nicht innerhalb dreier Monate nach dem steuerpflichtigen Rechtsvorgange...... gezahlt, so sind neben der Steuer vom Tage des steuerpflichtigen Rechtsvorganges an Zinsen in Höhe von 5 v. H. zu entrichten.

Grunderwerbsteuerbescheid.

Für die Übertragung der Berechtigung — der Rechte am Vermögen der ....
....
....
mit dem Sitze in .... von ....
an .... am ....
wird die Grunderwerbsteuer nach der nachstehenden Berechnung auf ..... ℳ ... ₰ festgesetzt.

Der Betrag ist binnen zwei Wochen nach Zustellung dieses Bescheids an ....
.... zu zahlen.

Gegen diesen Bescheid ist binnen ....
von .... ab .... bei ....
.... zulässig.

Durch die Einlegung dieses Rechtsmittels wird die Frist zur Zahlung der Steuer nicht verlängert.

.............., den .... 19..

Finanzamt.
(Unterschrift.)

Steuerberechnung.

Empfangsbestätigung.

Der angeforderte Betrag von ..... ℳ ... ₰ — zuzüglich 5 v. H. Zinsen vom .... 19.. ab in Höhe von ..... ℳ ... ₰ — ist heute eingezahlt und im Einnahmebuch unter Nr. .... nachgewiesen.

(Ort) ...., den .... 19..

Finanzamt.

(Amtsstempelabdruck.) (Unterschrift.)

Finanzamt.

Hierbei ein Vordruck zur Zustellungsurkunde. Vereinfachte Zustellung.

An

....

....

Reichsdienstsache. in ....

....

Zugestellt am ....

....

Postbote.

Sachregister.

(Die Zahlen bedeuten die Seiten)

L.

M.

N.

O.

VIII. 26. — 15 000.

Nr. 13. **Konkurs-O. u. Anfechtungs-G.** Von R. Sydow. Fortgef. von L. Busch und O. Krieg. 14. Auflage. — 1926. Rm 10,—

Nr. 14. **Gerichtsverfassungsgesetz.** Von R. Sydow. Fortgeführt von L. Busch. 10. Auflage. 1925. Rm 6,—

Nr. 15. **Das deutsche Gerichtskostengesetz.** Von R. Sydow. Fortgeführt von L. Busch u. F. Koehler. 11. Aufl. In Bearb.

Nr. 16. **Rechtsanwaltordnung.** Von R. Sydow. 5. Auflage v. M. Jacobsohn. Mit Nachtrag von 1910. — 1907. Vergriffen.

Nr. 17. **Gebührenordn. f. Rechtsanw. u. d. Pr. Gebührengesetz.** Von R. Sydow. Fortgef. v. L. Busch u. O. Krieg. 13. Aufl. In Bearbeitung.

Nr. 18. **Reichsstempelgesetz.** Von P. Loeck. Vergriffen. Wird durch Kapitalverkehrssteuerges. ersetzt. Erl. Ausg. in Bearb.

Nr. 19. **Die Seegesetzgebung.** Von W. E. Knitschky. 5. Auflage von O. Rudorff. — 1913. Rm 8,—

Nr. 20. **Krankenversicherungsgesetz** siehe Nr. **107, 161.**

Nr. 21. **Die Konsulargesetzgebung.** Von Ph. Zorn. 8. Auflage von K. Zorn. — 1911. Rm 4,50

Nr. 22. **Patentgesetz.** Von R. Lutter. 8. Auflage. — 1920. Mit Nachtrag. — 1924. Rm 4,—. Nachtrag apart Rm 0,40

Nr. 23. **Gewerbe-Unfallversicherungsgesetz** s. Nr. **108, 161 a.**

Nr. 24. **Aktiengesellschaft u. Kommanditgesellschaften auf Aktien.** Von H. Keyßner und H. Veit Simon. 7. Aufl. In Bearbeitung.

Nr. 25. **Brausteuergesetz.** Von A. Düffe. 2. Aufl. — 1910. Rm 2,— (Siehe auch Reichsgesetz Nr. **54** Bd. II.)

Nr. 26. **Münz- und Notenbankwesen.** Von R. Koch. 7. Aufl. von Reichsbankpräsident Schacht. 1925. Rm 14,—

Nr. 27. **Gesundheitswesen im Deutschen Reich.** Von E. Goesch und J. Karsten. — 1888. Vergriffen.

Nr. 28. **Bau-Unfallversicherungsgesetz** siehe Nr. **108.**

Nr. 29. **Erwerbs- und Wirtschaftsgenossenschaften.** Von L. Parisius und H. Crüger. 18. Auflage. — 1925. Rm 4,—

Nr. 30. **Invalidenversicherungsgesetz** s. Nr. **109, 161** u. **161 a.**

Nr. 31. **Gewerbegerichtsgesetz.** Von W. Cuno. Vergriffen, Siehe auch Nr. **112, 112 a.**

Nr. 32. **Gesellschaften mit beschränkter Haftung.** Von L. Parisius u. H. Crüger. 17. Aufl. — 1926. Rm 3,50

Nr. 33. **Vereins- und Versammlungsrecht.** Von E. Ball. 2. Auflage von F. Friedenthal. — 1907. Rm 2,—

Reichs-Vereinsgesetz vom 19. April 1908 siehe Nr. **88.**

Nr. 34. **Die Abzahlungsgeschäfte.** 3. Auflage von E. Wilke. — 1910. Rm 1,20

Nr. 35. **Die Reichs-Eisenbahngesetzgebung.** Von W. Coermann. — 1895. (Siehe auch Nr. **66.**) Rm 2,—

Nr. 36. **Privatrechtliche Verhältnisse der Binnenschiffahrt und Flößerei.** Von E. Löwe. 6. Auflage. — 1923. Rm 4,—

Nr. 37. **Unlauterer Wettbewerb.** Von A. Pinner. 7. Auflage von A. Elster. — 1921. Rm 1,40

Nr. 38/39. **Bürgerliches Gesetzbuch nebst Einführungsgesetz.** Von A. Achilles. In Verbindung mit F. André, O. Meyer, O. Strecker, K. v. Unzner herausgegeben von M. Greiff. 12. Auflage. — 1926. Im Druck.

Nr. 40. Gesetz, betr. die **Pflichten der Kaufleute bei Aufbewahrung fremder Wertpapiere [Depotgesetz].** Von F. Lusensky. 3. Auflage. — 1916. Mit Nachtrag 1924. Rm 1,—

Nr. 41. **Börsengesetz.** Von Th. Hemptenmacher. 3. Auflage von O. Meyer. — 1915. Rm 3,50

Nr. 42. **Grundbuchordnung.** Von O. Fischer. 8. Auflage. — 1924. Rm 3,—

Nr. 43. **Zwangsvollstreckung.** Von J. Krech und O. Fischer. 9. Auflage von O. Fischer. — 1922. Rm 3,50

Nr. 44. **Auswanderungswesen.** Von F. Stoerk. — 1899. Rm 2,—

Nr. 45. **Entmündigungsrecht.** Von P. Koll. — 1900. Rm 1,20

Nr. 46. **Freiwillige Gerichtsbarkeit.** Von H. Jastrow. 6. Auflage von Herm. Günther. — 1921. Rm 4,50

Nr. 47. **Deutsches Vormundschaftsrecht.** Von M. Schultzenstein und P. Köhne. 2. Auflage. — 1901. Rm 2,50

Nr. 48. Gesetze, betr. den **Drogen-, Gift- und Farbenhandel** außerhalb der Apotheken. Von J. Broh. — 1899. Rm 1,20

Nr. 49. **Deutsche Kolonialgesetzgebung.** Von Ph. Zorn. 2. Auflage von Sassen. — 1913. Rm 5,—

Nr. 50. **Der Viehkauf [Viehgewährschaft].** Von H. Stölzle und H. Weiskopf. 6. Auflage. — 1926. Rm 15,—

Nr. 51. **Hypothekenbankgesetz.** Von H. Göppert. 2. Auflage von Seidel. — 1911. Mit Nachtrag. 1926. Rm 2,20

Nr. 52. **Rechte der Besitzer v. Schuldverschreibungen.** Von H. Göppert. 2. Aufl. v. E. Trendelenburg. — 1915. Rm 1,50

Nr. 53. **Reichspreßgesetz.** Von A. Born. 3. Auflage. — 1924. Rm 4,—

Nr. 54. Verkehr mit **Nahrungsmitteln, Genußmitteln und Gebrauchsgegenständen.** Von G. Lebbin. — 2. Aufl. in 2 Bänden.

Bd. II. **Getränkegesetze u. Getränkesteuergesetze** (Wein, Bier, Branntw., Mineralw.). Unt. Mitw. v. Dr. Kniebe. Rm 10

Nr. 55. **Beschlagnahme von Lohn- und Gehaltsforderungen.** Von G. Meyer. 5. Auflage. — 1914. Durch Nachträge ergänzt 1925. (Nachträge allein Rm 0,70) Rm 2,30

Nr. 56. **Bekämpfung gemeingefährlicher Krankheiten.** Von B. Burkhardt. — 1900. Rm 1,20

Nr. 57. **See-Unfallversicherungsgesetz** siehe Nr. **108** u. **161a.**

Nr. 58. **Recht der unehelichen Kinder.** Von H. Jastrow. — 1901. Mit Nachtrag 1925. Rm 1,60

Nr. 59. **Beurkundung des Personenstandes und die Eheschließung.** Von F. Fidler. 2. Auflage. — 1912. Rm 2,30

Nr. 60. **Das Urheberrecht an Werken der Literatur und der Tonkunst.** Von O. Lindemann. 4. Auflage. — 1921. Rm 1,80

Nr. 61. **Verlagsrecht.** Von B. Marwitz. 3. Auflage. — 1922. Rm 1,60

Nr. 62. **Private Versicherungsunternehmungen.** Von H. Könige. 3. Auflage. Im Druck.

Nr. 63. **Gesetzestafel des deutschen Reichsrechts.** Von H. Bruhns. 2. Auflage. — 1913. Rm 3,—

Nr. 64. Gesetzsammlung, betr. den **Handel mit Drogen und Giften.** Von H. Sonnenfeld. 3. Auflage. — 1926. Rm 12,—

Nr. 65. **Weingesetz.** Von G. Lebbin. 2. Aufl. — 1909. Rm 2,— (Siehe auch Reichsgesetz Nr. **54** Bd. II.)

Nr. 66. **Die Eisenbahn-Gesetzgebung.** Von W. Bietsch. 2. Auflage. — 1913. (Siehe auch Nr. 91.) Vergriffen.

Nr. 67. **Militär-Strafgesetzbuch.** Von A. Romen und C. Rissom. 3. Auflage. — 1918. Rm 5,—

Nr. 68. **Fleischbeschaugesetz.** Von G. Lebbin und G. Baum. — 1903. Vergriffen.

Nr. 69. Reichsgesetz über die **Naturalleistungen der bewaffneten Macht im Frieden.** Von W. v. Hippel. — 1903. Rm 1,—

Nr. 70. **Das Reichs-Haftpflichtgesetz.** Von G. Eger. — 1903. Vergriffen. — (Als Ersatz **Kommentar** von **Seligsohn.** — 1920. Rm 8,—, geb. Rm 9,50)

Nr. 71. **Kinderarbeit in gewerblichen Betrieben.** Von H. Spangenberg. 2. Auflage. — 1904. Rm 1,20

Nr. 72. **Unfallversicherungsgesetz** siehe Nr. **108** und **161a.**

Nr. 73. **Entschädigung für unschuldig erlittene Verhaftung und Bestrafung.** Von A. Romen. — 1904. Rm 1,70

Nr. 74. **Die Kaufmannsgerichte.** Von M. Apt. 3. Auflage. — 1904. (Siehe auch Nr. **112** und **112a.**) Vergriffen.

Nr. 75. **Konsulargerichtsbarkeit.** Von A. F. Borwerk. 2. Ausgabe, mit den Schutzgebietsgesetzen. — 1908. Rm 1,60

Nr. 76. **Die Rechtshilfe im Verkehr mit den ordentlichen Gerichten.** Von A. Friedländer. — 1906. Rm 1,50

Nr. 77. **Das Erbschafts-StG.** Von B. **Hendel.** 1920. Rm 5,— Neue Fassung v. H. Schachian. 3. Auflage. — 1925. Rm 2,50

Nr. 78. **Zigarettensteuergesetz.** Von Cuno. Vergriffen.

Nr. 79. **Die Militärpensionsgesetze.** Von A. Romen.
a) I. Teil: **Offizierpensionsgesetz. — 1907.** Rm 2,—
b) II. Teil: **Mannschaftsversorgungsgesetz.** Mit **Kapitalabfindungsgesetz.** — 1908. Rm 2,—
Militärversorgungsgesetze siehe auch Nr. **152** und **152a.**

Nr. 80. **Gerichtliche Registerführung.** Von O. Lindemann. — 1906. Rm 2,40

Nr. 81. **Urheberrecht an Werken der bildenden Künste und der Photographie.** Von L. Fuld. 2. Auflage. — 1926. Rm 6,—

Nr. 82. **Reichsbeamtengesetz.** Von A. Arndt. 3. Auflage. —1923. Mit Nachtrag, enth. die Änderungen bis 1924. Rm 3,50

Nr. 83. **Versicherungsvertrag.** Von P. Hager und E. Bruck. 5. Auflage. — 1926. Rm 14,—

Nr. 84. **Sammlung kleinerer privatrechtlicher Reichsgesetze.** Von G. Müller. — 1908. Rm 5,50

Nr. 85. **Scheckgesetz.** Neue Auflage im Druck. (Siehe auch Reichsgesetze Nr. **5** und **162.**)

Nr. 86. **Die Auslieferungsverträge des Deutschen Reiches.** Von A. Cohn. — 1908. Rm 4,—

Nr. 87a. **Das deutsche Warenzeichenrecht.** Von Freund und Magnus. 6., neubearb. Aufl. von Jüngel und Magnus. Teil I: **Die internationalen Verträge.** — 1924. Rm 9,—

Nr. 88. **Vereinsgesetz.** Von A. Romen. 5. Aufl. — In Bearb.

Nr. 89. **Vogelschutzgesetz.** Von L. v. Boxberger. – 1909. Rm 1,—

Nr. 90. Die Haager Abkommen über das **Internationale Privatrecht.** Von G. Bogeng. — 1908. Rm 2,—

Nr. 91. **Eisenbahn-Verkehrsordnung.** Von E. Blume. 3. Auflage von Weirauch. Im Druck.

Nr. 92. **Verkehr mit Kraftfahrzeugen.** Von R. Kirchner. 3. Auflage. — 1915. Mit Nachtrag, enth. alle Neuerungen bis Ende 1925. Rm 5,—. (Nachtrag einzeln Rm 1,50)

Nr. 93. **Sicherung der Bauforderungen.** Von E. Harnier. 3. Auflage. — 1912. Rm 1,50

Nr. 94. **Die Beamtenhaftpflichtgesetze des Reiches und der Länder.** Von H. Delius. 3. Auflage. — 1921. Rm 3,20

Nr. 95. Die Berner Übereinkunft über **Internationales Urheberrecht.** Von H. Dungs. — 1910. Rm 1,—

Nr. 96. **Branntweinsteuergesetz.** — **Branntweinmonopolgesetz** siehe Nr. **54** Bd. II.

Nr. 97. **Schutzgebietsgesetz.** Von J. Gerstmeyer. — 1910. Rm 2,50

Nr. 98. **Sechs Haager Abkommen über Internationales Privatrecht.** Von H. Dungs. — 1910. Rm 1,50

Nr. 99. **Die Abkommen d. Haager Friedenskonferenz.** Vergr. Jetzt: Wehberg, **Völkerbundakte.** Rm 4,— (Außerh. d. Samml.)

Nr. 100. **Kaligesetz.** Von B. Voelkel. — 1910. Rm 2,40

Nr. 101. **Zuwachssteuergesetz.** Von W. Cuno. — Vergriffen.

Nr. 102. **Urheberrecht an Mustern und Modellen** und Schutz von **Gebrauchsmustern.** Von J. Neuberg. — 1911. Rm 2,40

Nr. 103. **Reichs-Viehseuchengesetz.** Von W. v. Hippel. 2. Auflage. — 1912. Rm 4,—

Nr. 104. **Versicherungsgesetz für Angestellte** siehe Seite 12.

Nr. 105. **Das Geldwesen in den deutschen Schutzgebieten.** Von W. Hintze. — 1912. Rm 1,80

Nr. 106—109. **Reichs-Versicherungsordnung.** Von F. Caspar und A. Spielhagen. 1913—1921. 4 Bände. Komplett. Rm 18,—

Reichsversicherungsordnung in neuester Fassung von K. Lippmann s. Nr. 161 und 161a.

Nr. 110. **Wehrbeitragsgesetz.** Von A. Fernow. 2. Auflage. — 1913. Rm 1,60

Nr. 111. **Reichs- und Staatsangehörigkeitsgesetz.** Von A. Romen. 2. Auflage. In Bearbeitung.

Nr. 112. **Kaufmannsgerichtsgesetz.** Von H. Depène. — 1914. Rm 2,60

Nr. 112a. **Kaufmanns- u. Gewerbegerichtsgesetz nebst Schlichtungsordnung.** (Ergbd. z. Nr. 112.) V. H. Depène. 1924. Rm 3,50

Die Nr. 112 u. 112a enthalten zusammen den vollständigen Text des Gewerbegerichtsgesetzes.

Nr. 113. **Postscheckgesetz.** Von J. Weiland. — 1914. Mit Nachtrag 1918. Rm 1,50

Nr. 113a. **Postscheckordnung.** Von J. Weiland. — 1914. Mit Nachtrag 1918. Rm 1,50

Nr. 114. **Waffengebrauch und Festnahmerecht des Militärs.** Von A. Romen und C. Rissom. — 1914. Rm 1,80

Nr. 115. **Das vertragliche Wettbewerbsverbot [Konkurrenzklausel].** Von G. Baum. — 1914. Rm 3,—

Nr. 116. **Kriegs-Zivil- u. Finanzgesetze.** 3. Aufl. — 1915. Rm 1,50

Nr. 116a. Zweite Folge: Jahr 1915. — 1916. Rm 1,20

Nr. 117. **Darlehnskassengesetz.** — 1915. Rm 1,80

Nr. 118. **Militärhinterbliebenengesetz.** Von Reh. Mit **Kapitalabfindungsgesetz.** — 1915. (Siehe auch Nr. 152, 152a und 160.) Rm 2,20

Nr. 119. **Kriegsleistungsgesetz.** Vergriffen.

Nr. 120. **Telegraphenwegegesetz.** Von Wolf. — 1916. Rm 1,—

Nr. 121. **Direkte Kriegssteuer.** Von A. Mrozek. 1916. Rm 3,50

Nr. 122. **Belagerungszustand.** Von H. Pürschel. 1916. Rm 3,50

Nr. 123. **Warenumsatzstempel.** Von Lindemann. — 1916. (**Umsatzsteuergesetze** siehe Nr. **132.**)

Nr. 124. **Todeserklärung Kriegsverschollener.** Von J. Bartsch. — 1917. Rm 2,—

Nr. 125. **Vaterländischer Hilfsdienst.** 3. Auflage. — 1917. Rm 1,—

Nr. 126. **Besitzsteuergesetz.** Von A. Mrozek. Vergriffen.

Nr. 127. **Geschäftsaufsicht zur Abwendung des Konkurses.** Von G. Klien u. Ernst Jaeger. — 1917. Durch Nachträge ergänzt. Rm 3,—

Nr. 128. **Verhaftung und Aufenthaltsbeschränkung.** Von A. Romen. — 1917. Rm 1,20

Nr. 129. **Zivilrechtkriegsgesetze.** Von Fischer. — 1918. Rm 1,50

Nr. 130. **Ersatzlebensmittelverordnung.** — 1918. Rm 1,50

Nr. 131 a. **Reichsfinanzgesetzgebung 1918.** Bd. I. **Getränkesteuern.** Von G. Mayer. — 1918. Rm 2,50

Nr. 131 b. **Reichsfinanzgesetzgebung 1918.** Bd. II. **Einkommen, Umsatz** usw. Von G. Mayer. — 1919. Rm 1,50

Nr. 132. **Umsatzsteuergesetz.** Von Otto Lindemann. 4. Auflage. — 1926. Rm 10,—

Nr. 133. **Reichswuchergesetzg.** Von Ad. Lobe. — 1918. Rm 2,80

Nr. 134. **Der Ostfrieden.** Von Karl Strupp. — 1918. Rm 3,—

Nr. 135. **Erbbaurecht.** Von H. Günther. — 1919. Rm 2,—

Nr. 136. **Militärvers.-Ges.** Von H. Günther. — 1919. Rm 2,30

Nr. 137. **Reichsverfassung.** Von Arndt. 2. Aufl. — 1921. Rm 2,50

Nr. 138 a. **Arbeiterschutz und Arbeitsrecht.** Von A. Günther. 1920. Rm 5,—

Nr. 138 b. **Betriebsrätegesetz.** Von A. Günther. — 1920. Vergr.

Nr. 139. **Grunderwerbsteuergesetz.** Von Otto Lindemann. 2. Auflage. — 1926. Im Druck.

Nr. 140. **Die Siedelungsgesetzgebung im Reich und in Preußen.** Von W. Holzapfel. — 1920. Rm 8,—

Nr. 141. **Sozialisierungsgesetze.** Von Reier. — 1920. Rm 2,20

Nr. 142. **Wirtschaftliche Demobilmachung.** Von Gg. Fischbach. — 1920. Rm 1,—

Nr. 143. **Reichsabgabenordnung.** Von Nieberl. — 1922. Mit Nachtrag, enth. die Änderungen von 1924. Rm 4,—

Nr. 144. **Versicherungsgesetz für Angestellte.** Von Lippmann. — 1920. Neue Fassung siehe S. 12.

Nr. 145. **Steuer- und Kapitalflucht.** Von E. H. Meyer. 2. Auflage. — 1921. Rm 1,60

Nr. 146. **Tabaksteuergesetz.** Von Wündisch. — 1920. Mit Nachtrag 1925. Rm 4,—

Nr. 147. **Filmzensur.** Von Szczesny. — 1920. Rm 1,50

Nr. 148. **Reichsausgleichsgesetz.** Von Decke. — 1920. Rm 1,50

Nr. 149. **Reichsnotopfergesetz.** Von Friedmann und Brzeszinsky. — 1921. Rm 4,—

Nr. 150. **Reichsschädengesetze.** Von Adolf Hohenstein und Wenzel Goldbaum. — 1922. Rm 4,—

Nr. 151. **Einkommensteuer und Körperschaftsteuer.** Von Hollaender. — 1926. Im Druck.

Nr. 152. **Wohlfahrtsgesetze.** Von Behrend und Stranz-Hurwitz. Teil I. 1923. Rm 5,—

Nr. 152 a. Desgl. Teil II. 1925. Rm 9,—

Nr. 152 und 152 a zusammen bezogen Rm 12,—

Nr. 153. **Zwangsanleihegesetz.** Von Simon und Beutner. 1923. Rm 8,—

Nr. 154. **Jugendwohlfahrtsgesetz und Jugendgerichtsgesetz.** Von Drewes und Sandré. — 1923. Mit Nachtrag, enth. die Ergänzungen bis April 1924. Rm 6,—

Nr. 155. **Reichsknappschaftsgesetz.** Von Max Reuß und Fritz Hense. 2. Auflage. — 1926. In Bearbeitung.

Nr. 156. **Mietrecht und Wohnungsmangelgesetz.** Von Krieg. 3. Auflage. — 1925. Rm 7,—

Nr. 157. **Dritte Steuernotverordnung v. 14. 2. 1924** mit den Vorschriften über **Aufwertung.** 2. Auflage unter dem Titel: **Aufwertungsgesetze.** Von Michaelis. — 1925. Rm 16,—

Nr. 158. **Strafprozeßordnung.** Alte und neue Fassung synoptisch gegenübergestellt. Von Reichsanwalt Feisenberger. — 1925. Rm 4,50

Nr. 159. **Industriebelastungsgesetz.** Von Höpker. Rm 4,—

Nr. 160. **Fürsorgepflicht.** Von Sandré. — 1925. Rm 6,—

Nr. 161. **Reichsversicherungsordnung.** Von Lippmann. Rm 11,—

Nr. 161 a. Desgl. **Ergänzungsband,** enthaltend die neue Fassung des **Unfallversicherungsgesetzes** sowie die Änderungen der übrigen Bücher der RVO. Von Lippmann. Rm 4,—

Nr. 162. **Handelsrechtliche Nebengesetze.** Von Schreiber. — 1926. Rm 14,—

Nr. 163. **Notariatsrecht.** Von Szkolny. — 1925. Rm 8,50

Nr. 164. **Aufwertung von Versicherungsansprüchen.** Teil I: **Lebensversicherungen.** Von Berliner und Pfaffenberger. — 1926. Rm 6,50

Nr. 164 a. Desgl. Teil II: **Sach-** (Feuer-, Glas-, Wasser- usw.) **und Transportversicherung, Unfall- und Haftpflichtversicherung.** — 1926. Rm 3,50

B. Preußische Gesetze.

Nr. 1. **Die Verfassung des Freistaats Preußen.** Von A. Arndt. — 1921. Rm 2,—
Ausführlicher Kommentar von Stier-Somlo. — 1921. Rm 5,—

Nr. 2. **Preußische Beamten-Gesetzgebung.** Von K. Pfafferoth. 5. Auflage. — 1916. Rm 2,40

Nr. 3. **Notteſtamente.** Von E. Kurtz. — 1904. Rm 1,50

Nr. 4. **Gebührenordnung für Notare.** Vom 28. Oktober 1922. Von Rausnitz. 6. Auflage. — 1925. Rm 7,—

Nr. 5—9 vergriffen.

Nr. 10. **Einkommensteuergesetz** siehe Reichsgesetze Nr. 151.

Nr. 11. **Gewerbesteuergesetz.** Von A. Fernow. Vergriffen.

Nr. 12. **Allgemeines Berggesetz.** Von Schlüter und Hense. 4. Auflage. — In Vorbereitung.

Nr. 13. **Ergänzungssteuergesetz.** Von A. Fernow. 5. Aufl. Rm 3,—

Nr. 14. **Kommunalabgabengesetz.** Von F. Adickes. 6. Auflage von Falk. — 1922. Rm 3,50

Nr. 15. **Die Kreisordnungen.** Von O. Kolisch. — 1894. Vergriffen.

Nr. 16. **Konzessionierung gewerblicher Anlagen.** Von W. v. Rüdiger. 2. Auflage. — 1901. Vergriffen.

Nr. 17. **Preußisches Gerichtskostengesetz.** Von P. Siméon. 8. Auflage. In Vorbereitung.

Nr. 18. **Preußisches Stempelsteuergesetz.** Von P. Loeck und W. Seyffarth. 10. Auflage von Eiffler. — In Bearbeitung.

Nr. 19. **Jagdscheingesetz.** Von F. Kunze. 2. Aufl. — 1899. Rm 2,—

Nr. 20. **Die preußischen Erbschaftssteuergesetze.** Von U. Hoffmann. — 1905. Rm 3,—
(**Reichs**-Erbschaftssteuergesetz siehe Seite 12.)

Nr. 21. **Handelskammern.** Von F. Lusensky. 2. Auflage. — 1909. Rm 3,—

Nr. 22. **Anstellung und Versorgung der Kommunalbeamten.** Von W. Ledermann. 2. Auflage von L. Brühl. — 1914. Rm 2,—

Nr. 23. **Ausführungsgesetze zum Bürgerlichen Gesetzbuche.** Von P. Siméon. 3. Auflage. — 1914. Rm 2,20

Nr. 24. Die Hinterlegungsordnung (1879). Von G. Bartels. 2. Auflage. — 1908. Rm 2,—
Abänderungsgesetz vom 21. April 1913 siehe Nr. 53.

Nr. 25. Preußische Kommunalbeamtengesetzgebung. Von F. Kremski. — 1901. Rm 3,—

Nr. 26. Diensteinkommen der Lehrer und Lehrerinnen. Von E. Cremer. — 1900. Rm 2,20

Nr. 27. Warenhaussteuer. Von G. Strutz. — 1900. Rm 1,20

Nr. 28. Die Fürsorgeerziehung Minderjähriger. Von P. F. Aschrott. 3. Auflage. — 1917. Rm 2,80

Nr. 29. Ärztliche Ehrengerichte, das Umlagerecht und die Kassen der Ärztekammern. Von F. Fibler. — 1901. Rm 1,50

Nr. 30. Preußisches Staatsschuldbuch und **Reichsschuldbuch.** Von J. Mücke. — 1902. Rm 2,—

Nr. 31. Die preußischen Gesindeordnungen. Zwei Bände. Von St. Gerhard.

- **31 a.** Altpreußische Provinzen und Rheinland. 2. Auflage. — 1914. Rm 3,—
- **31 b.** Hannover, Schleswig-Holstein, Hessen-Nassau und Hohenzollern. — 1902. Rm 2,50

Nr. 32. Städteordnung. Von W. Ledermann und G. Brühl. 2. Auflage. — 1913. Rm 6,—

Nr. 33. Rentenguts- und Anerbenrechts-Gesetzgebung. Von M. Peltasohn und B. Peltasohn. — 1903. Vergriffen.

Nr. 34. Sammlung der wichtigsten **preußischen Strafgesetze.** Von Lindemann. 2. Auflage. — 1912. Rm 3,50

Nr. 35. Geschäftsordnung für Gerichtsvollzieher Von E. Exner. — 1904. Rm 3,—

Nr. 36. Polizeiverordnungen in Preußen. Von O. Lindemann. — 2. Auflage. 1912. Rm 2,50

Nr. 37. Enteignung von Grundeigentum. Von O. Meyer. 2. Auflage. — 1911. Vergriffen.

Nr. 38. Kreis- und Provinzial-Abgabengesetz. Von F. Schmidt. — 1906. Rm 1,20

Nr. 39. Unterhaltung der öffentlichen Volksschulen. Von A. Marcks. — 1906. Rm 1,80

Nr. 40. Verwaltungsstrafverfahren. Von R. Katzenstein. — 1907. Rm 3,50

Nr. 41. Die preußischen Jagdpolizeigesetze. Von F. Kunze und R. Kühnemann. 2. Auflage. — 1907. Vergriffen.

Nr. 42. **Allgemeine Landesverwaltung** und **Zuständigkeit der Verwaltungs- und Verwaltungsgerichtsbehörden.** Von K. Friedrichs. 2. Auflage. — 1921. Rm 3,—
Nr. 43. **Verschuldungsgrenze** für land- und forstwirtschaftlich benutzte Grundstücke. Von R. Leweck. — 1908. Rm 2,40
Nr. 44. **Quellenschutzgesetz.** Von E. Voelkel. — 1909. Rm 1,—
Nr. 45. **Rechtsverhältnisse der Juden in Preußen.** Von M. Kollenscher. — 1910. Rm 2,40
Nr. 46. **Austritt aus der Landeskirche.** Von H. Caro. — 1911. Rm 2,40
Nr. 47. **Feuerbestattung.** Von W. Lohmann. — 1912. Rm 1,50
Nr. 48. **Zweckverbandsgesetz für Groß-Berlin.** Von L. Brühl, K. Gordan und W. Ledermann. — 1912. Rm 4,—
Nr. 49. **Gesetze gegen die Verunstaltung landschaftlich hervorragender Gegenden.** Von O. Goldschmidt. — 1912. Rm 2,40
Nr. 50. **Gesetz, betr. die Anlegung und Veränderung von Straßen und Plätzen in Städten und ländlichen Ortschaften.** Von O. Meyer. — 1913. Rm 3,—
Nr. 51. **Das preußische Disziplinargesetz für die nichtrichterlichen Beamten.** Von E. v. Dultzig. — 1914. Rm 4,20
Nr. 52. **Preußisches Wassergesetz.** Von G. Wulff und F. Herold. — 1913. Rm 4,50
Nr. 53. **Hinterlegungsordnung** von 1913. Von Hagemann. — 1914. Rm 2,20
Nr. 54. **Anlegung von Sparkassenbeständen in Inhaberpapieren.** Von H. Döhring. — 1914. Rm 2,80
Nr. 55. **Preußisches Wohnungsgesetz.** Von B. Schmittmann. — 1918. Rm 2,60
Nr. 56. **Das preußische Tumultschadengesetz.** Von Bruno Friedländer. — 1919. Rm 0,80
Nr. 57. Gesetz über **Landeskulturbehörden.** Von W. Holzapfel. — 1919. Rm 2,—
Nr. 58. **Arbeitsnachweis.** Von P. Wölbling. — 1920. Rm 1,—
Nr. 59. **Bildung der neuen Stadtgemeinde Berlin.** Von P. Wölbling. 2. Auflage. — 1920. Rm 1,40
Nr. 60. **Umlegungsordnung.** Von W. Holzapfel. — 1921. Rm 1,80
Nr. 61. **Preußische Verwaltungsgebührenordnung.** Von K. Eiffler. Mit Nachtrag. — 1925. Rm 6,—

C. Textausgaben

ohne Anmerkungen **mit** Sachregister.

Aufwertungsgesetze mit Einleitung. Von Michaelis. Rm 1,50
Betriebsrätegesetz. Vergriffen.
Bürgerliches Gesetzbuch. 14. Auflage. Rm 5,—
Erbschaftssteuergesetz. Neue Fassung von H. Schachian. 3. Auflage. Rm 2,50
Freiwillige Gerichtsbarkeit. — 1920. Rm 1,—
Handelsgesetzbuch mit **Seerecht.** 11. Auflage. — 1924. Rm 2,60
Konkursordnung. 2. Auflage. — 1915. Mit Nachtr. 1925. Rm 1,—
Militärstrafgerichtsordnung m. **Einführungsges.** — 1901. Rm 1,30
Militär-Strafgesetzbuch. 2. Auflage. — 1916. Rm 0,50
Reichsfinanzgesetze von 1909. — 1909. Rm 2,60
Reichsmietengesetz. — 1922. Rm 0,50
Reichsnotopfergesetz. Vergriffen.
Reichssteuergesetze 1925 (Steuerüberleitungsgesetz mit Durchführungsbestimmungen — Einkommensteuer, Körperschaftsteuer, Reichsbewertungsgesetz, Vermögensteuer, Erbschaftssteuer). Rm 4,—
Reichsversicherungsordnung. Vergriffen.
Strafgesetzbuch. — 1925. Rm 3,—
Strafprozeßordnung. 5. Auflage. — 1924. Rm 2,50
Umsatzsteuergesetz. — 1920. Vergriffen.
Verkehrs- u. Kohlensteuer u. Kriegssteuerzuschlag. 1917. Rm 0,60
Verfassung des Deutschen Reiches. Vergriffen.
Verfassung des Freistaates Preußen. Rm 0,60
Versicherungsgesetz für Angestellte. — 1924/25. Rm 2,—
Wechselordnung. — 1908. Rm 0,50
Wehrbeitrag und **Besitzsteuer.** — 1913. Rm 0,50
Zivilprozeßordnung mit **Gerichtsverfassungsgesetz** und **Einführungsgesetzen.** — 1924. Rm 3,50
Zuwachssteuergesetz. — 1911. Rm 0,50
— **Ausführungsbestimmungen.** — 1911. Rm 0,40
Preuß. Ausf.-Anweis. zur **Gewerbeordnung.** — 1904. Rm 1,—

Schlagwort-Register

R. — Nummer der Sammlung Deutscher Reichsgesetze.
P. — Nummer der Sammlung Preußischer Gesetze.
S. — Seite.

Schlagwort-Register. (R. = Reichsgesetz, P. = preuß. Gesetz.)

Schlagwort-Register. (R. — Reichsgesetz, P. — preuß. Gesetz.)

Schlagwort-Register. (R. = Reichsgesetz, P. = preuß. Gesetz.)

Nachtrag
zu
Lindemann, Grunderwerbsteuergesetz
2. Auflage.

(Guttentagsche Sammlung Deutscher Reichsgesetze Nr. 139.)

Bekanntmachung der neuen Fassung des Grunderwerbsteuergesetzes.

Vom 11. März 1927 (RGBl. I S. 72).

Auf Grund des Artikel VII § 1 Abs. 2 des Gesetzes zur Änderung der Verkehrsteuern und des Verfahrens vom 10. August 1925 (Reichsgesetzbl. I S. 241) wird der Wortlaut des Grunderwerbsteuergesetzes mit Zustimmung des Reichsrats nachstehend neu bekanntgemacht.

Berlin, den 11. März 1927.

Der Reichsminister der Finanzen

Im Auftrag

Zarden.

Grunderwerbsteuergesetz.

§ 1. Beim Übergange des Eigentums an inländischen Grundstücken wird eine Grunderwerbsteuer erhoben. Dem Übergange des Eigentums steht gleich der Erwerb von herrenlosen Grundstücken.

§ 2. Den Grundstücken stehen Berechtigungen gleich, auf welche die Vorschriften des bürgerlichen Rechtes über Grundstücke Anwendung finden; ausgenommen sind unbewegliche Bergwerksanteile.

§ 3. Werden alle Anteile einer Personenvereinigung (einer Aktiengesellschaft, Kommanditgesellschaft auf Aktien, Gesellschaft mit beschränkter Haftung, Gewerkschaft, offenen Handelsgesellschaft, Gesellschaft des bürgerlichen Rechtes, Genossenschaft usw.), zu deren Vermögen Grundstücke gehören, in der Hand eines

Teilhabers vereinigt oder, nachdem sie in der Hand eines Teilhabers vereinigt sind, auf einen anderen übertragen, so wird die Vereinigung oder Übertragung dem Übergange des Eigentums an dem Grundstück gleichgeachtet. Ehegatten sowie Eltern und Kinder gelten im Sinne dieser Vorschrift als eine Person.

§ 4. Die Steuerpflicht wird begründet durch die Eintragung der Rechtsänderung in das Grundbuch oder, wenn es einer solchen zum Übergange des Eigentums nicht bedarf, durch den Vorgang, der die Rechtsänderung bewirkt.

Sofern das Grundbuch noch nicht als angelegt anzusehen ist, tritt an die Stelle der Eintragung die Umschreibung in öffentlichen Büchern.

§ 5. Ein zur Übertragung des Eigentums verpflichtendes Veräußerungsgeschäft wird steuerpflichtig, wenn der Übergang des Eigentums nach Ablauf eines Jahres nach Abschluß dieses Veräußerungsgeschäfts nicht erfolgt ist.

Ist die Steuerpflicht nach Abs. 1 eingetreten und erfolgt sodann der Eigentumsübergang (§ 4), so wird die Steuer für diesen nur insoweit erhoben, als sie die Steuer des Abs. 1 übersteigt.

Liegen mehrere Veräußerungsgeschäfte innerhalb eines Jahres vor und führt eines von ihnen vor Ablauf des Jahres zum Eigentumsübergange (§ 4), so tritt gleichzeitig mit der Steuerpflicht des Eigentumsüberganges die Steuerpflicht derjenigen Veräußerungsgeschäfte ein, die dem zur Ausführung kommenden Veräußerungsgeschäfte vorangehen und ihrerseits nicht zum Eigentumsübergange geführt haben.

Als Veräußerungsgeschäfte im Sinne des Abs. 1 sind auch anzusehen:

1. die Übertragung der Rechte der Erwerber aus Veräußerungsgeschäften;
2. die Übertragung von Rechten aus Anträgen zur Schließung eines Veräußerungsgeschäfts, die den Veräußerer binden, sowie aus Verträgen, durch die nur der Veräußerer zur Schließung eines Veräußerungsgeschäfts verpflichtet wird;
3. nachträgliche Erklärungen des aus einem Veräußerungsgeschäfte berechtigten Erwerbers, die Rechte für einen Dritten erworben oder die Pflichten für einen Dritten übernommen zu haben;
4. die Abtretung der Rechte aus dem Meistgebot und die Erklärung des Meistbietenden, daß er für einen anderen geboten habe;
5. Rechtsgeschäfte, durch die jemand ermächtigt wird, ein Grundstück ganz oder teilweise auf eigene Rechnung zu veräußern.

§ 6. Steuerpflichtig ist auch ein Rechtsvorgang, der es ohne Übertragung des Eigentums einem andern ermöglicht, über das Grundstück wie ein Eigentümer zu verfügen.

§ 7. Die Besteuerung wird nicht dadurch ausgeschlossen, daß ein nach diesem Gesetze steuerpflichtiger Rechtsvorgang durch einen anderen verdeckt wird.

§ 8. Die Steuer wird nicht erhoben:

1. beim Erwerbe von Todes wegen oder auf Grund einer Schenkung unter Lebenden im Sinne des

Erbschaftsteuergesetzes, sofern nicht die Form der Schenkung lediglich gewählt ist, um die Grunderwerbsteuer zu ersparen. Bei Schenkungen mit einer Auflage beschränkt sich die Steuerbefreiung auf den Teil des gemeinen Wertes des Grundstücks, der den Wert der Auflage überschreitet;

2. bei der Begründung, Änderung, Fortsetzung und Aufhebung der ehelichen Gütergemeinschaft;

3. beim Erwerb auf Grund von Verträgen, die zwischen Miterben oder Teilnehmern an einer ehelichen oder fortgesetzten Gütergemeinschaft zum Zwecke der Teilung der zum Nachlaß oder zum Gesamtgut gehörenden Gegenstände abgeschlossen werden, sowie beim Erwerb auf Grund eines Zuschlags, der in den vorgenannten Fällen bei Teilung im Wege der Versteigerung einem Miterben oder Teilnehmer erteilt wird;

4. beim Erwerbe der Abkömmlinge von den Eltern, Großeltern und entfernteren Voreltern, sowie beim Erwerbe der Eltern von den Kindern; den Eltern stehen die Stiefeltern gleich, ebenso die Adoptiveltern, wenn kein Verdacht besteht, daß die Annahme an Kindes Statt zum Zwecke der Steuerhinterziehung vorgenommen ist;

5. beim Einbringen in eine ausschließlich aus dem Veräußerer und dessen Abkömmlingen oder aus diesen allein bestehende Vereinigung. Die Steuerpflicht tritt ein, wenn nachträglich ein Gesellschafter aufgenommen wird, der nicht zu den Abkömmlingen des Veräußerers gehört;

6. beim Einbringen von Nachlaßgegenständen in eine ausschließlich von Miterben gebildete Vereinigung. Die Vorschrift der Nr. 5 Satz 2 findet entsprechende Anwendung;
7. beim Austausch im Inland gelegener Grundstücke zum Zwecke der Zusammenlegung (Flurbereinigung), der Ermöglichung einer besseren landwirtschaftlichen Ausnützung von Grundstücken in Gemengelage, der Grenzregelung oder der besseren Gestaltung von Bauflächen (Umlegung) sowie bei Ablösung von Rechten an Forsten, wenn diese Maßnahmen auf der Anordnung einer Behörde beruhen oder von einer gesetzlich hierfür zuständigen oder durch die oberste Landesfinanzbehörde bezeichneten Behörde als zweckdienlich anerkannt werden;
8. beim Austausch von Feldesteilen zwischen angrenzenden Bergwerken und bei der Vereinigung zweier oder mehrerer Bergwerke zum Zwecke der besseren bergbaulichen Ausnützung, sofern sie nicht zum Zwecke der Steuerersparung erfolgen;
9. bei Grundstücksübertragungen, die der Besiedlung des platten Landes oder der Schaffung gesunder Kleinwohnungen für Minderbemittelte zu dienen bestimmt sind, wenn als Erwerber oder Veräußerer Körperschaften des öffentlichen Rechtes oder solche Personenvereinigungen, die sich mit den genannten Zwecken befassen, beteiligt sind. Die Befreiung der Personenvereinigungen tritt nur ein, wenn der zu verteilende

Reingewinn satzungsgemäß auf eine Verzinsung von jährlich höchstens fünf vom Hundert der eingezahlten Kapitaleinlagen beschränkt, bei Auslosungen, Ausscheiden eines Mitglieds und für den Fall der Auflösung der Vereinigung den Mitgliedern nicht mehr als die eingezahlten Kapitaleinlagen zugesichert und bei der Auflösung der etwaige Rest des Vermögens für gemeinnützige Zwecke bestimmt ist;

10. beim Erwerbe von Grundstücken zwecks Schaffung oder Erweiterung öffentlicher Erholungs-, Wald- und sonstiger Grünanlagen sowie für Zwecke öffentlicher Straßen und Plätze. Falls und insoweit das Grundstück innerhalb einer Frist, die vom Beginne des zweiten Jahres bis zum Ende des fünfzehnten Jahres nach Abschluß des Veräußerungsgeschäfts läuft, für andere Zwecke verwendet wird, erfolgt Nachveranlagung.

§ 9 (bisher § 8 Abs. 2). Zu den Miterben im Sinne des § 8 Nr. 3 und 6 wird der überlebende Ehegatte gerechnet, der mit den Erben des verstorbenen Gatten gütergemeinschaftliches Vermögen zu teilen hat. Die Steuerbefreiungen nach § 8 Nr. 3 und 4 kommen auch Ehegatten von Miterben oder Teilnehmern an einer fortgesetzten Gütergemeinschaft sowie Ehegatten von Abkömmlingen zu, wenn sie auf Grund des bestehenden Güterstandes ohne rechtsgeschäftliche Übertragung Miteigentum erwerben.

§ 10. Die Steuer wird auch erhoben, wenn bei inländischen Grundstücken, die

1. auf Grund von Vorschriften, welche nach den Artikeln 57, 58 und 59 des Einführungsgesetzes zum Bürgerlichen Gesetzbuch von dessen Bestimmungen unberührt bleiben, gebunden sind, oder
2. im Eigentume von Personenvereinigungen, Anstalten oder Stiftungen aller Art oder für diese im Eigentum einer natürlichen Person zu treuen Händen stehen,

zwanzig Jahre seit der Bindung (Nr. 1) oder dem Erwerbe (Nr. 2) oder dem letztmaligen Eintritt der Steuerpflicht nach dieser Vorschrift verflossen sind.

Grundstücke, zu deren rechtsgültigen Veräußerung weder eine behördliche Genehmigung noch die Zustimmung von Familienmitgliedern oder Dritten erforderlich ist und deren Veräußerungserlös nach den gesetzlichen, hausverfassungsmäßigen oder stiftungsmäßigen Bestimmungen der freien Verwendung des Veräußerers unterliegt, gelten nicht als gebunden im Sinne des Abs. 1 Nr. 1. Den im Abs. 1 Nr. 1 genannten Grundstücken stehen die Grundstücke von Gesamtgeschlechtern gleich.

§ 11. Die Steuer wird von dem gemeinen Werte des Grundstücks zur Zeit des steuerpflichtigen Rechtsvorganges, im Falle des § 10 zur Zeit des Eintritts der Steuerpflicht, berechnet.

§ 12. Ist der Veräußerungspreis höher als der gemeine Wert des Grundstücks, so tritt er an die Stelle des gemeinen Wertes.

Der Veräußerungspreis bestimmt sich nach dem Gesamtbetrage der Gegenleistung, einschließlich der vom Erwerber übernommenen oder ihm sonst infolge der

Veräußerung obliegenden Leistungen und der vorbehaltenen oder auf dem Grundstück lastenden Nutzungen und bei Verträgen über Leistung an Erfüllungs Statt nach dem Werte, zu dem die Gegenstände an Erfüllungs Statt angenommen werden. Die auf einem nicht privatrechtlichen Titel beruhenden Abgaben und Leistungen, die auf dem Grundstück kraft Gesetzes lasten (gemeine Lasten), werden nicht mitgerechnet. Ist einem der Vertragschließenden ein Wahlrecht oder die Befugnis eingeräumt, innerhalb gewisser Grenzen den Umfang der Gegenleistung zu bestimmen, so ist der höchstmögliche Betrag der Gegenleistung maßgebend.

Wenn die Beteiligten zum Zwecke der Steuerersparung einen Teil des Entgelts in die Form einer Vermittlungsgebühr, einer den üblichen Zinssatz erheblich übersteigenden Verzinsung des gestundeten Preises oder einer sonstigen Nebenleistung kleiden, so ist der als Teil des Entgelts anzusetzende Betrag durch Schätzung zu ermitteln.

§ 13. Bei dem Übergang im Wege der Zwangsversteigerung tritt an die Stelle des Veräußerungspreises (§ 12) der Betrag des Meistgebots, zu dem der Zuschlag erteilt wird, unter Hinzurechnung der vom Ersteher übernommenen Leistungen. Dabei tritt im Falle der Abtretung der Rechte aus dem Meistgebot und der Erklärung des Meistbietenden, daß er für einen anderen geboten habe, an die Stelle des Meistgebots der Wert der Gegenleistung, wenn sie höher ist als das Meistgebot.

§ 14. Ist das Grundstück in der Zwangsversteigerung von einem Hypotheken-, Grundschuld-, Rentenschuld- oder Reallastgläubiger erworben worden, so hat das Landesfinanzamt auf Antrag des Steuerschuldners zu bestimmen, daß die Steuer nur von dem Teile des gemeinen Wertes des Grundstücks oder des Meistgebots erhoben wird, welcher den Gesamtbetrag der Hypotheken-, Grundschuld-, Rentenschuld- oder Reallastforderung des Erwerbers und der dieser vorgehenden gleichartigen Forderungen übersteigt, sofern

1. sich aus den Umständen ergibt, daß der Erwerb des Grundstücks erfolgte, um die Hypothek, Grundschuld, Rentenschuld oder Reallast zu retten und kein Anhalt besteht, daß der Erwerber sich die Hypothek, Grundschuld, Rentenschuld oder Reallast zur Ersparung von Abgaben bei dem beabsichtigten Erwerbe des Grundstücks habe bestellen oder abtreten lassen, und
2. die Hypothek, Grundschuld, Rentenschuld oder Reallast dem Erwerber bereits seit einem Jahre vor der ersten Beschlagnahme des Grundstücks zustand. Dabei ist die Zeit, in der die Hypothek, Grundschuld, Rentenschuld oder Reallast einem Erblasser des Erwerbers oder seines Ehegatten zustand, diesem anzurechnen; und ferner
3. entweder das Meistgebot oder der Gesamtbetrag in vorstehendem Sinne mindestens achtzig vom Hundert des gemeinen Wertes des Grundstücks beträgt.

Entsprechendes gilt beim Erwerbe durch einen Bürgen für eines der im Abs. 1 genannten Schuldverhältnisse.

Der Reichsminister der Finanzen kann die Entschließung über Anträge nach Abs. 1 und 2 auf Behörden übertragen, die den Landesfinanzämtern untergeordnet sind.

§ 15. Geht ein Grundstück, das mehreren zur gesamten Hand gehört, an einen oder mehrere Mitberechtigte über, so wird die Steuer so berechnet, als ob die Beteiligten nach Bruchteilen berechtigt wären; der Bruchteil der Erwerber bleibt unberücksichtigt. Die Höhe der Bruchteile ist nach den Anteilen zu bestimmen, zu denen die Beteiligten an dem Vermögen zur gesamten Hand berechtigt sind, oder nach Verhältnis dessen, was ihnen bei Auflösung der Gemeinschaft zufallen würde.

Abs. 1 gilt insoweit nicht, als die Anteilsberechtigung des Erwerbers, oder wenn die Erben eines Mitberechtigten oder Gesellschafters Erwerber sind, die Anteilsberechtigung des Erblassers nach dem Inkrafttreten dieses Gesetzes durch den Erwerb von Anteilen anderer Mitberechtigter oder Gesellschafter mittels Rechtsgeschäfte unter Lebenden begründet worden ist.

Die Vorschrift des Abs. 1 gilt sinngemäß, wenn eine Gemeinschaft zur gesamten Hand ein Grundstück von einem Mitberechtigten erwirbt. Der nach Abs. 1 zu ermittelnde Anteil des Veräußerers bleibt unberücksichtigt.

§ 16. Beim Tausche von Grundstücken ist die Steuer für jedes Grundstück gesondert zu berechnen.

§ 17. Die Steuer beträgt drei vom Hundert, in den Fällen des § 10 zwei vom Hundert des gemeinen Wertes des Grundstücks oder des nach §§ 12 bis 14 an seine Stelle tretenden Betrags.

§ 18. Die Steuer wird nicht erhoben, wenn der gemeine Wert des Grundstücks oder der nach den §§ 12 bis 14 an seine Stelle tretende Betrag fünfzig Reichsmark nicht überschreitet.

§ 19. Die Steuer erhöht sich um zwei vom Hundert, wenn ein Teil eines Grundstücks, das eine wirtschaftliche Einheit bildet, innerhalb dreier Jahre, von dem Zeitpunkt der in den §§ 4, 5 und 6 bezeichneten Rechtsvorgänge an gerechnet, auf Grund planmäßigen Vorgehens, das gewerbsmäßig auf völlige oder teilweise Zerschlagung der wirtschaftlichen Einheit gerichtet ist, weiterveräußert wird; der erste Erwerber des weiterveräußerten Teiles erhält auf seinen Antrag den Unterschied zwischen der erhöhten Steuer und dem Steuersatze nach § 17 vergütet, wenn er das Teilgrundstück zur Begründung oder Abrundung einer selbständigen Ackernahrung oder zur Kleinsiedlung verwendet. Der Antrag ist innerhalb dreier Jahre nach dem Erwerbe bei dem Landesfinanzamt zu stellen.

§ 20. Zur Entrichtung der Steuer sind der Erwerber und der Veräußerer gesamtschuldnerisch verpflichtet. Beim Erwerb im Zwangsversteigerungs- oder im Enteignungsverfahren kann die Steuer von demjenigen, gegen den sich das Verfahren richtete, nicht gefordert werden.

Im Falle des § 10 Nr. 1 ist die Steuer von dem Inhaber des gebundenen Grundstücks, im Falle des § 10 Nr. 2 von dem Eigentümer des Grundstücks zu entrichten.

Der Inhaber des gebundenen Grundbesitzes ist mit Genehmigung der Aufsichtsbehörde befugt, den Betrag der Abgabe aus dem gebundenen Vermögen zu entnehmen und zu diesem Zwecke über die zu dem Vermögen gehörenden Gegenstände zu verfügen. Hierdurch wird die Befugnis des Inhabers nicht berührt, auf Grund solcher gesetzlicher, hausgesetzlicher oder stiftungsmäßiger Vorschriften, welche die Verfügung unter anderen Voraussetzungen zulassen, über das gebundene Vermögen zu verfügen. Fehlt eine Aufsichtsbehörde oder ist es ungewiß, welche Behörde zur Aufsicht berufen ist, so gilt als Aufsichtsbehörde im Sinne dieser Vorschriften das Oberlandesgericht, in dessen Bezirk das gebundene Vermögen sich seinem Hauptbestande nach befindet. Ist die Genehmigung von einem Oberlandesgericht erteilt, so kann nicht geltend gemacht werden, daß das Oberlandesgericht für die Genehmigung nicht zuständig gewesen sei. Die Landeszentralbehörde kann bestimmen, daß an Stelle des Oberlandesgerichts eine andere Behörde tritt.

§ 21. Kriegsbeschädigte und Hinterbliebene von Kriegsteilnehmern, die bei Abfindung ihrer militärischen Bezüge auf Grund des Kapitalabfindungsgesetzes Grundstücke erwerben, sind nach näherer Bestimmung des Reichsrats von der Steuer befreit. Bei der Beteiligung dieser Personen ermäßigen sich die in den §§ 17 und 19 genannten Steuersätze im Verhältnis ihrer Beteiligung.

Die Steuer wird nicht erhoben bei dem Übergange von Eigentum gelegentlich der Übernahme einer Körperschaft des öffentlichen Rechtes durch eine andere oder der Grenzveränderungen unter solchen Körperschaften sowie gelegentlich der Auseinandersetzung zwischen Ländern und Kirchen.

Von der Steuer des § 10 sind befreit:

1. das Reich, die Länder, die Gemeinden und Gemeindeverbände;
2. deutsche Kirchen und andere mit Rechtspersönlichkeit ausgestattete, in einem Lande öffentlich zugelassene Religionsgesellschaften sowie Anstalten, Stiftungen und Personenvereinigungen, die ausschließlich kirchlichen, Unterrichts-, gemeinnützigen oder milden Zwecken dienen. Das gleiche gilt für Anstalten, Einrichtungen und Vermögensmassen der freien Wohlfahrtspflege, die der Erfüllung von Aufgaben der öffentlichen Wohlfahrtspflege dienen; ferner für Träger der Reichsversicherung und an ihre Stelle tretende Ersatzkassen, Krankenkassen der selbständigen Handwerker sowie Vereinigungen von Trägern der Reichsversicherung bei der Erfüllung ihrer gesetzlichen oder satzungsmäßigen Aufgaben.

Im Falle der Nr. 2 beschränkt sich die Befreiung auf diejenigen Grundstücke, die unmittelbar zu den daselbst bezeichneten Zwecken bestimmt sind; bei den Personenvereinigungen setzt die Befreiung außerdem voraus, daß der zu verteilende Reingewinn satzungsgemäß auf eine Verzinsung von jährlich höchstens fünf vom Hundert der eingezahlten Kapitaleinlagen beschränkt, bei Auslosungen, Ausscheiden eines Mitglieds oder für den Fall der Auflösung der Personenvereinigung nicht mehr als die eingezahlten Kapitaleinlagen zugesichert und bei der Auflösung der etwaige Rest des Vermögens für Zwecke der genannten Art bestimmt ist.

§ 22. Das Landesfinanzamt soll die Steuer auf Antrag bei Grundstückserwerbungen durch milde Stiftungen erlassen, wenn das zu erwerbende Grundstück den Stiftungszwecken unmittelbar dient und die Vermögensverhältnisse der Stiftung den Erlaß rechtfertigen.

§ 23. Die Steuerstelle hat die Steuer auf Antrag zu erlassen oder zu erstatten

a) im Falle der Steuerpflicht nach § 1:

1. bei Nichtigkeit der Auflassung oder des sonstigen den Eigentumserwerb begründenden Rechtsvorganges,
2. bei Rückerwerb des Eigentums infolge Nichterfüllung der Vertragsbedingungen des Veräußerungsgeschäfts,
3. bei Rückerwerb des Eigentums innerhalb zweier Jahre seit der Veräußerung,
4. bei Preisminderung nach den §§ 459, 460 des Bürgerlichen Gesetzbuchs, soweit sie eine Ermäßigung der Steuer zur Folge haben würde;

b) im Falle der Steuerpflicht nach § 5:

1. bei Nichtigkeit des Rechtsgeschäfts,
2. bei Aufhebung des Rechtsgeschäfts durch Vereinbarung oder infolge Ausübung eines vorbehaltenen Rücktrittsrechts,
3. wenn die Veräußerung infolge Nichterfüllung der Vertragsbedingungen rückgängig gemacht wird,
4. wenn der Antrag zur Schließung eines Veräußerungsgeschäfts sowie der nur den Veräußerer bindende Vertrag über Schließung eines

Veräußerungsgeschäfts (§ 5 Abs. 4 Nr. 2) fortgefallen ist, ohne daß das Veräußerungsgeschäft zustande gekommen ist,

5. bei Preisminderung nach den §§ 459, 460 des Bürgerlichen Gesetzbuchs, soweit sie eine Ermäßigung der Steuer zur Folge haben würde.

Der Antrag muß innerhalb eines Jahres vom Tage der Entrichtung oder Beitreibung der Steuer ab gestellt werden. Wird er auf Tatsachen gestützt, die erst nach der Entrichtung oder Beitreibung eingetreten sind, so beginnt die Frist mit dem Tage, an dem der Antragsteller von diesen Tatsachen Kenntnis erhalten hat.

§ 24. Die Eintragung des Erwerbers in das Grundbuch darf erst stattfinden, wenn dem Grundbuchamt eine Bescheinigung der Steuerstelle beigebracht ist, daß die Steuer für den Eigentumsübergang gestundet oder ein der voraussichtlichen Höhe der Steuer entsprechender Betrag geleistet oder eine Steuer nicht zu erheben ist. Die näheren Bestimmungen erläßt der Reichsminister der Finanzen.

§ 25. Den Steuerstellen haben nach näherer Bestimmung des Reichsrats Mitteilung zu machen:

1. die Grundbuchämter
   von den Eintragungen des Eigentumsüberganges von Grundstücken in das Grundbuch;
2. die Registergerichte und -behörden
   von Eintragungen in das Handels- und Genossenschaftsregister und von Einreichungen zum Handelsregister, soweit sie im Verfolg

eines steuerpflichtigen Rechtsvorganges vorgenommen werden;

3. allgemein die Behörden und Beamten des Reichs, des Landes und der Gemeinden sowie die Notare

von allen von ihnen beurkundeten Rechtsvorgängen, die den Übergang des Eigentums an inländischen Grundstücken zum Gegenstande haben oder zu den im § 5 bezeichneten Rechtsgeschäften gehören.

Die Landesregierungen sind ermächtigt, im Einverständnisse mit dem Reichsminister der Finanzen die Mitteilungspflicht anderen als den in Nr. 1 und 2 genannten Stellen zu übertragen.

§ 26. Wer an einem steuerpflichtigen Rechtsvorgange beteiligt ist, hat innerhalb eines Monats der Steuerstelle Anzeige zu erstatten, es sei denn, daß der Steuerstelle bereits nach § 25 von dem Rechtsvorgange Mitteilung zu machen ist.

§ 27. Der Reichsminister der Finanzen kann anordnen, daß es der in den §§ 25 und 26 vorgesehenen Anzeigen und Mitteilungen nicht bedarf, wenn die Anzeigen und Mitteilungen bereits aus anderem Anlaß, insbesondere wegen der Wertzuwachssteuer, erfolgt sind.

§ 28. In dem Falle des § 10 haben die Inhaber der gebundenen Grundstücke und die gesetzlichen Vertreter der dort genannten Vereinigungen, Anstalten und Stiftungen mindestens zwei Monate vor Ablauf des zwanzigjährigen Zeitraums der Steuerstelle Anzeige zu erstatten.

Die Steuerpflicht nach § 10 tritt zum ersten Male mit dem 1. Januar 1929 oder an dem späteren nach dem Inkrafttreten des Gesetzes liegenden Tage ein, an dem ein zehnjähriger Zeitraum seit der Bindung (§ 10 Abs. 1 Nr. 1) oder dem Erwerbe (§ 10 Abs. 1 Nr. 2) abläuft. Die Steuer wird das erstemal nur in Höhe von eins vom Hundert erhoben.

§ 29. Die Steuerstelle setzt die Steuer fest und erteilt dem Steuerpflichtigen einen Bescheid.

Deckt sich die Steuer mit der nach § 24 geleisteten Zahlung, so genügt eine Mitteilung hierüber.

§ 30. Die Steuer ist binnen einer Woche nach der Bekanntgabe des Steuerbescheids zu leisten, soweit sie die nach § 24 geleistete Zahlung übersteigt.

§ 31 (bisher § 35). Die Entscheidung über Anträge auf Erlaß der Steuer aus Billigkeitsgründen hat die Zuschläge nach dem Finanzausgleichsgesetze zu umfassen. Bei der Entscheidung solcher Anträge sollen insbesondere diejenigen Fälle berücksichtigt werden, in denen der Erwerb von Grundstücken durch einen Hypotheken-, Grundschuld-, Rentenschuld- oder Reallastgläubiger zur Rettung seiner Hypothek, Grundschuld, Rentenschuld oder Reallast erfolgt.

Der Reichsrat ist ermächtigt, allgemein Rechtsvorgänge für steuerpflichtig zu erklären, die es einem anderen ermöglichen, über das Grundstück wie ein Eigentümer zu verfügen. Diese Erklärungen sind dem Reichstag, wenn er versammelt ist, sofort, andernfalls bei seinem nächsten Zusammentreten vorzulegen. Sie sind mit Wirkung von ihrem Inkrafttreten an außer Kraft zu setzen, soweit der Reichstag es verlangt.

§ 32 (bisher § 36). Die Ausführungsbestimmungen zu diesem Gesetz erläßt der Reichsminister der Finanzen mit Zustimmung des Reichsrats.

§ 33 (bisher § 37). Die Vorschriften des Reichsstempelgesetzes, der Landesgesetze und der Satzungen der Gemeinden (Gemeindeverbände), welche die Erhebung einer Abgabe von Grundstücksübertragungen oder der im § 10 genannten Art betreffen, treten mit Wirkung vom 1. Oktober 1919 außer Kraft, unbeschadet der Durchführung des Erhebungsverfahrens für die bis zum 30. September 1919 steuerpflichtig gewordenen Rechtsvorgänge. Dies betrifft auch Abgaben, welche die Steuerpflicht nicht an den Eigentumserwerb, sondern an den Abschluß des Veräußerungsgeschäfts anknüpfen oder welche die Fälle des § 10 in der Form einer jährlichen Abgabe besteuern, nicht dagegen Abgaben auf die Bindung eines Grundstücks.

Neue Abgaben der im Abs. 1 genannten Art dürfen von den Ländern, Gemeinden und Gemeindeverbänden nicht eingeführt werden.

Ist ein Rechtsvorgang nach dem Grunderwerbsteuergesetze zu besteuern, der bereits nach den durch die vorstehende Vorschrift aufgehobenen Rechtssätzen zur Erhebung einer Abgabe Anlaß gegeben hat, so ist diese Abgabe auf die Grunderwerbsteuer anzurechnen, und zwar zunächst auf den Anteil desjenigen am Aufkommen an der Grunderwerbsteuer beteiligten Verbandes, zu dessen Gunsten die frühere Abgabe erhoben wurde.

Kolibri 360 GmbH
Ferdinand-Jühlke-Straße 7
99095 Erfurt, Deutschland
produktsicherheit@kolibri360.de